天皇はいかに受け継がれたか

―天皇の身体と皇位継承

歴史学研究会編
［編集責任］加藤陽子

The Emperor's Bodies
and History of Succession to the Japanese Throne
by REKISHIGAKU KENKYUKAI
SEKIBUNDO Publishing Co. Ltd
ISBN978-4-88116-134-0

はじめに

読者へ

この本を手に取るのは、どのような人々だろうか。

たとえば、昨今活況を呈している朝幕関係（その時々の武家政権と天皇・朝廷との関係）の視角から、江戸時代を通じた皇位継承の全体像を知りたいと考えるような人などまずは考えられよう。歴史の研究にある程度の「土地勘」をもつような人々だ。いっぽう、今年二〇一九年（平成三一）四月三〇日に予定されている天皇の退位（譲位）という事態に対し、同時代的な関心から本書を手に取る人もいるだろう。二〇一六年八月八日になされた退位（譲位）表明の天皇メッセージに始まり、一七年六月一六日に急遽公布された「天皇の退位等に関する皇室典範特例法」にもとづく退位（譲位）が、一八一七年の光格天皇以来約二百年ぶりと報じられたことは、多くの人にとって興味を引かれる話題だったのではないか。

つまり、歴史研究の最前線を知りたいと考える人だけでなく、崩御によらない譲位による天皇の代替わりに立ち会う関心から手に取られた人も多いと思われる。この「はじめに」は、本書の魅力と内容を紹介する役割をも負っている。よってここでは、後者、すなわち、同時代的興味から本書に手が伸びる人をまずは念頭に置いて説明し、その後、各章の特筆すべき論点に解説を加え、前者の関心にも応じられるようにしたい。その過程で、読めばつい誰かに話さずにはいられないような、エピソードも交えたいと思う。

シンポジウムを元に

本書はもともと、二〇一八年四月一四日に開催された、歴史学研究会総合部会例会「天皇の身体と皇位継承——歴史から考える」を元に編集されたものである。東大文学部一番大教室を満員にして立ち見も出た例会には、本書の論文の執筆者のうち、荒木敏夫、池享、藤田覚、河西秀哉の四名が登壇し、筆者は司会を務めた。論集として組むにあたって、例会に参加し質疑にも加わった仁藤智子、新田一郎、西川誠、金子修一、中澤達哉の五名にも論文寄稿をお願いし、また、一〇年後のこのような論集が組まれた折には、論文を寄せるべき優れた若手の方々一二名にコラムを書いていただき、豊かな論集になるように努めた。

そもそも歴研が本シンポジウムを企画したのは同時代的な問題意識によるものだった。名称こそ、大日本帝国憲法と同時に制定された旧「皇室典範」と同一ではあるものの、一九四七年（昭和二二）に制定された純然たる法律である皇室典範の規定（第四条「天皇が崩じたときは、皇嗣（こうし）が、直ちに即位する」）により、現天皇は近代の他の天皇と同じく終身在位となるはずだった。だが、この仕組みは、先にも述べた現天皇による譲位の希望表明を契機として、変更が加えられることとなった。国民へのメッセージ一つで、譲位を是とする国民の圧倒的支持をさらってしまった現天皇の象徴としての「力」を、驚きの目をもって見つめた歴史研究者は多かったのではないか。

ならば、歴史上の時々の支配権力は、皇位をいかに安定的に継承させ、その地位の正当化を図り、その正統性を説明してきたのか。それらを明らかにすべく、天皇をめぐる歴史を通史的に漏れなく押さえ、また世界史のなかで相対化することは、歴史家が真剣に取り組むべき問題なのではないかと考えた。天皇を主語として換言すれば、天皇は自らの地位の存続のため、政治・社会の展開や変化にいかに対応してきたのか。この「問い」を動態的に解き、天皇制

「存続」の歴史具体的な要因を明らかにすることが本書の編まれた一つの理由である。

むろん、「存続」とひと口にいってもその歴史は当然のことながら紆余曲折に富んでいたはずである。古代史の荒木敏夫が「在位中に殺害される王がまったく稀で、譲位する王が、これほど多く存在する歴史をもつ国は、世界でも珍しい」（一一頁）と述べれば、同じく古代史の仁藤智子が、八人一〇代にも及ぶ女性天皇の出現は東アジアの王権でも珍しく（二九頁）、清和天皇が九歳の幼主として即位できたのは、実質的な皇太后が幼帝を補佐しえた多極的構造があったからではないかと解明する（三八頁）。

続いて、中世史の新田一郎が、皇位継承に関する明確な準則がなかったゆえに、時代を経るごとに継承法式の推移が見られ、「擬制的な直系」の創出がめざされた様相や論理構造を大きくまとめる（六五頁）。近世史の藤田覚は、ある公家が継承の難しさを「微々如縷（びびいとのごとし）」と評した史料を紹介し、近世の皇統が短命の天皇が続いたゆえに不安定なものだったことを解りやすく述べた（一二三頁）。そして、中世史の池享が全体をまとめたように、それはほとんど、「異質化」というべき程の深い変動を含んだ「連続」にほかならなかった（七六頁）。

同時代的興味から歴史へ

さて、同時代的な興味から歴史を見ようとするとき、そこには「さかのぼり」的な視線の移動が内包される。崩御によらない譲位の直近の先例が光格天皇のときだといわれたとき、私たちの頭には、ならば光格はいつ頃の天皇で、譲位の儀式はいかに執行されたのかとの「問い」が自然に浮かぶ。歴史学の眼の動かし方の始めの一歩だ。本書所収の藤田の論考をひもとけば、一八一七年（文化一四）、数え年四七歳の光格が、当時としては異例に長かった三八年間の在位を終えて譲位した経緯が明らかになる（一三四頁）。ならば、その折の儀式はいかなるものだったのか。光格は剣璽（けんじ）（皇位の象徴と考えられていた宝剣と印璽）をともなった状態で、これまでの住まいであった禁裏御所（きんりごしょ）を宜秋門（ぎしゅうもん）から出て、新たな住まいとなる仙洞御所へと譲位行幸を行った。光格が仙洞御所へと入った後、剣璽だけが仙洞御所から建春門、日華門を経て禁裏御所の清涼殿へと戻された。

譲位の儀礼の中心を占めていたのは、この剣璽の移動（剣璽渡御）だとの含意が藤田論文から読みとれる。これらを知っておけば、二〇一九年四月三〇日から五月一日にかけて行われる継承儀礼も相対化しつつ見ることができるだろう。

大嘗祭批判――秋篠宮と柳田国男

さらに、同時代的な関心から歴史をさかのぼる面白さを実感できる事例を、本書の記述からはやや離れるが挙げておきたい。たとえば、二〇一八年一一月二二日の記者会見で秋篠宮（天皇代替わり後の皇嗣予定者）が、大嘗祭を公費支出でまかなうことなく、「身の丈にあった」儀式にしてはどうかと述べた一件は、世の中の注意を引いた。そこで、宗教的な儀礼である大嘗祭をいかに執行すべきか、という点について、過去にもさまざまな批判があったことをまずは想起してみたい。その一つに、一九一五年（大正四）一一月、大正天皇の即位礼の時に一体としてなされた大嘗祭に対して、柳田国男が加えた批判があった。民俗学者として知られる柳田だったが、当時は貴族院書記官長を務め、即位礼を担うための大礼使事務官の一人でもあった。

柳田はいう。大嘗祭は、昔ながらの形式で、簡朴かつ神秘性を留めてなされるべきなのに、このたびの大嘗祭は、「近世的分子」や「現代的思潮」（傍点は引用者、以下同じ）が入り過ぎたと批判した［柳田　一九八八］。参列者が八百人にもなった大嘗祭では、現代的に過ぎると批判されても仕方あるまい。ここで、柳田が大正期の大嘗祭を批判した理由を推測しておこう。柳田自身、尚古癖ゆえに批判したと諧謔的に述べていたが、より深い理由としては、ある儀礼が国家の将来に関わると信じられていた宗教儀礼であったとき、それが適切に執行されないようでは国家の安危に関わるとの発想が根底にあったのではないか。司馬遷の父・司馬談は、中国古代の太史令という職を務めたが、この職は、いっぽうで歴史を記録することで過去の時間に干与し、他方、儀礼に関わることで未来の時間にも干与したとされる［武田　一九九七：五〇］。武田泰淳はこれを簡潔に、過去と未来に関わる者と評した。司馬談は、泰山を奉る盛儀であった「封禅」［金子　二〇〇一：一一九］、とくに前漢の武帝が行った封禅を、「現代化」された儀礼だと批判していたとみられる。先の柳田の批判と同じ論理構造をもっているのが興味深い。司馬談は、封禅の現代化・通俗化を、文化の堕落、国家衰微の兆ととらえていたのだろう［武田　一九九七：五六］。秋篠宮や柳田の批判に戻れば、儀礼の適否が、政教分離の原則、財政上の得失以上の問題としてとらえられていた可能性を指摘できる。

続いて藤田の論考を読んでいけば、近世期の改元は、践祚から一、二年後になされるのが普通であり、間髪を入れぬ改元などなかったことが知られる。大嘗祭についても、中世以来、霊元天皇（在位、一六六三—一六八七）まで行われず、東山天皇（在位、一六八七—一七〇九）のとき、二百数十年ぶりに再興された旨が描かれる。このように「縦」から見ることで、明治から現代に至る践祚・改元の、日本史上から見たときの特殊性も浮き彫りになるだろう。

中国史とヨーロッパ史からの視座

いっぽう、同時代の感覚を相対化するには、「横に」歴史を見ることも有効だ。明治の皇室典範によって創出された制度の特異性は、「横」から見ても明らかとなる。中国古代の皇帝祭祀・儀礼の専門家である金子修一の論考は、冒頭から、ある違和感を率直に述べていて貴重だ。金子は、一九八九年一月七日の昭和天皇の崩御後、直ちに現天皇が践祚・即位し、当日中にかねて決定済の元号（年号）が公布されたことに強い違和感をもったという。中国では皇帝が亡くなった年、その一年は前の皇帝の年号のまま送り、最初の正月を迎えて初めて新しい治世が開始されたとして新たな年号を発布する。これをふまえれば、即日改元は「前の天皇の記憶を早々に消し去る行為」に見えたという。

「横」は中国古代史だけではない。ヨーロッパの中近世史からの知見も有効だ。中澤達哉の論考からは、日本史からのみ世界を見る怖さを教えられる。ヨーロッパには、二つの王政と二つの継承原理が併存していた。世襲王政（イングランド、フランス、スペインなど西欧）と、選挙王政（ポーランドなど中東欧）である。このように、二つの継承原理が育まれてきた欧州においては、マキアヴェルリ『ローマ史論』、シェークスピア『ハムレット』、ルソー『社会契約論』などが描いてきたように、世襲と選挙の二つの制度への相互参照が不断になされ、制度改良のための理論と実践が試みられていたという。その中澤が読み手に問いかける。あまりにも私たちは世襲を自明のこととして、天皇の譲位を論じてしまってはいないかと。具体的には、「現代日本において世襲を疑わなくともよい歴史認識が浸透しているということだろうか」と問いかけたのである（三〇三頁）。

奥平康弘のいう「脱出の権利」

「はじめに」をこうして書いているのは、日本近代史を専門とする人間なので、中国史やヨーロッパ史の専門家から述べられた問題意識と、日本の歴史認識や言論空間に対する違和感を前にすると目が覚めたような思いがする。本書に結集した書き手による論考を通じて、これに対する答えを模索していきたいと考える。その作業に入る前に、天皇制という世襲王政の一つのかたちが、はたして、現代の日本社会において「世襲を疑わなくともよい」との歴史認識のうえに立っているのかどうか、先の中澤による「問い」を早い時期から一人で考え抜いていた憲法学の奥平康弘の業績『「萬世一系」の研究――「皇室典範的なるもの」への視座』を見ておきたい。

奥平の研究は、明治国家が法制官僚を通じ、「萬世一系の天皇」という観念体系によって天皇制をいかに構築していったのかとの「問い」に導かれて書かれたものだ〔奥平　二〇〇五：三〕。奥平の「問い」は、敗戦後、天皇制存続に全存在をかけた日本の為政者らが、天皇制を残すことに成功するや、「萬世一系」という理論をあたかも政治思想史博物館に収めてしまって涼しい顔をして忘れ去ったこと、また国民も忘れてしまったことへの違和感にもとづくものだった〔同前：六〕。

奥平がこの点にこだわった理由は、先の研究書を研究者仲間へ贈る際の送り状の文章から明らかとなる。いわく、「日本国憲法体系からすれば、天皇制というものはどうにも異質な制度なのであって、本来憲法体系とは両立し得ないはずのものである。〔中略〕この制度は、現在の政治状況においては、残念ながら、おいそれと廃止できないであろう。しかしながら、憲法原理に照らしていえば、可能的に早い時期に無くしてしまうべき運命にある」〔長谷部二〇一七：一二〕。誤解を避けるために付言すれば、奥平が天皇制廃止を望む最大の理由は、天皇と皇族メンバーの人権（人としての生来の権利）を深刻に侵害している天皇制は、廃止されるにしくはないという見方にあり、皇室の「脱出の権利」を認めるべきだとの考え方にあった。

同じ憲法学の長谷部恭男の読み込みでは、日本国憲法と国会が議決した皇室法（皇室典範）の摺り合わせと解釈の仕方しだいでは、任期付の選挙天皇制への途も選択肢としては可能なのだという。先の中澤の問いに対する憲法学からの一つの解答は以上のようなものとなろう〔同前：一七〕。

明治国家と天皇

ひと口に「譲位」といっても、階級構成、国制秩序、政治的イデオロギーによって、時代ごとに意味するところが変わることは、荒木、仁藤、新田、藤田、池の考え方に言及しつつ先に述べた部分からも理解できるだろう。そして、いささか日本語として収まりの悪い本書のタイトルについて、ここで説明を加えておきたい。天皇と普通の人々、国家と国民、その双方が、「天皇」をいかに認識し、いかに位置づけようとしてきたのか。そこに本書に結集した執筆者らの共通の興味があった。タイトル中の「天皇は」という部分で、是非とも一呼吸置いて読んでいただきたい。その理由は、「天皇は」が主語でありながら、目的語の位相をも併せもっているからである。

本書中の池享の論考は、律令体制の成立から幕藩体制の消滅までの日本には、前近代的天皇制という国制があったとする水林彪の研究を次のようにまとめる。すなわち、「最上位の権力〔中略〕をそれとして合法化ないし正当化し、かつ、重層的諸権力を上位下位のヒエラルヒーに秩序づける機能を果たす法システム（官位制）を正当に作動させる資格を有する唯一の権威」が天皇であったと。水林の議論を基本的には評価したうえで池は、官位叙任機能は天皇制の本質というよりは、天皇制存続のための必要条件、天皇による生き残り戦略だったのではないかと本書で述べる（九七頁）。天皇制の動態的把握が重要となるゆえんだ。

それでは、明治以降の近代国家による、天皇制の新たな位置づけには、いかなる特徴があったのか。これを簡潔かつ包括的に論じたものが、西川誠の論考である。擬制的な直系を母集団から安定的に供給していくための古代国家の政治技術については、仁藤智子の論考が鮮やかに描き（四六頁）、王権を支える豊かな多極構造（太上天皇、皇太子、皇后、皇太后）を古代国家はもっていたことが知られる。しかし、近世と同じく明治、大正までの皇統は「危うい継承」を重ねた（一五三頁）。危ない橋を渡っていた近世期の記憶がいまだ生々しかったはずの明治国家が、女系・女帝の否定、養子の不可（庶出は認める）、退位（譲位）の不可、皇族永世主義を諸特徴とする皇室典範を、なぜ、また、いかに作成していったのか。

女系否定と臣籍降下

この問いは、先の奥平康弘が提起した問題を引き継いでいる。女系・女帝の否定については、明治国家の指導者でいえば、伊藤博文は賛成で、井上毅（こわし）は反対だったという点などはよく知られていよう。これに対して西川は、明治憲法や皇室典範の起草準備過程を精査し、女系否定の根幹に、次のような観念体系があったことを指摘する（一六一頁）。たとえば、一八八〇年（明治一三）段階で早くも、皇女の結婚による子孫は「異姓」となるから、異姓の子が帝位を継承すると「万世一系の皇統」が守れないので駄目だ、との論理が登場していた。万世一系を支えるのは太陽神の子孫だとの信仰が、宗教というよりは、一つの政治観念として抱かれていたことについては、筆者の論考中に登場する山県有朋の議論をみれば納得できるだろう。一九二〇年（大正九）、臣籍降下の準則を定めるための皇族会議で、皇族らが自らの利害を念頭に降下の準則案に反対していると考えた山県（西園寺公望もまた元老会議の席で皇族の姿勢を「町人根性」と評していた）は、裕仁皇太子が臨席している場で、皇族成年男子を叱責した。いわく、「日本国民と皇室との関係を密接にし、国民同祖挙国一姓の観念を養い、以て国民団結の中心を皇室に置くの美風を助長する」役割を、本来は皇族が担うべきはずなのに、このような態度はなっていない、と怒りを露わにした（二〇一頁）。女系・女帝不可については、配偶者と姻戚による政治的影響への危惧から語られがちだが、「挙国一姓」という神話の変容を許さない観念がより重く影響していたとの指摘は重要だろう。西川と筆者の論考を併せて読めば、天皇の祖先と国民の祖先が一致することに君民協治の理念の根拠を求めようとした発想の根強さがわかるはずである。

西川はまた、女系不可の論理を指摘しただけでなく、臣籍降下問題についても重要な指摘を行った。一八八七年段階の「皇室法典初稿」（皇室典範の草案の一つ）時には臣籍降下の規定はあったというのだ。この段階の伊藤などは、世襲親王家制の廃止、親王宣下の廃止を主張していただけでなく、五世以下の降下をも主張した。天皇から血統的に遠い伏見宮系皇族への違和感、財政への配慮によっていた。だが、一八八八年の枢密院諮詢案段階では、この臣籍降下規程は削除されてしまっており、実際の典範でも皇族永世主義が貫かれた（一六五頁）。後の一九〇七年、明治も終わろうとする時期に明治天皇の裁可を受けて、典範増補の形式をとって、臣籍降下の原則のみが皇室典範に加筆されはしたのだが。

臣籍降下に反対し、皇族永世主義をとった井上毅の論拠をやや詳しくみておきたい。井上は、五世以下を皇族としないのであれば、継体天皇の継承という「過去」が説明できなくなり、また臣籍降下した宇多天皇の即位はどうなるのか、さらに大宝令に降下の規程がないこと等、「歴史」をもちだして、皇族の臣籍降下に反対した。この井上の議論が通って、実際の皇室典範の規程となっていた。

「皇統の備え」としての皇族

この問題は、不安定な継承が続いた近世以来、「皇統の備え」として設けられた世襲親王家や他の皇族らを、近代国家の財政システムの下にいかに処遇すべきかという、大きな問題へと連なってゆく。大正天皇のもとでは、異例なことに、後の昭和天皇以外に三人の弟宮が誕生していた。維新を経た元勲、元老、内閣の面々は、「皇統の備え」としての皇族の存在意義を軽視するようになっていた。最も若い元老の一人であった西園寺が、臣籍降下したがらない皇族を「町人根性」と批判した先の言葉を思い出したい。

神なき国の近代化を図る必要があった近代日本にとって、「人心帰一の機軸」は西欧諸国のようにキリスト教ではありえなかった。よって明治憲法体制を創った伊藤の時代にあっては、皇室（天皇と皇族）を機軸としてゆく精神的制度的構えがあったが、大正、昭和と時代が降るに従って、天皇と皇族をあわせた皇室集団の安定性を、若き天皇が図るのは、至難となっていった（一八一頁）。筆者が描いた論考は、この宮中という憲法の例外領域の一つに対し、美濃部達吉が一九二〇年から「帝室制度史」の編纂、とくに皇室典範と国体部分の中核部分の編纂を通じて干与しようとした意義について考察した（一八四―一八五頁）。

明治政府が、前近代の伝統とは異なる新たな伝統や儀式を創造したということは、これまでの研究史でも強調されてきたように、基本的には正しい。だが、井上毅が、「歴史」をもちだして臣籍降下論の排除に成功した事例に鑑みれば、明治国家は自らが掲げた政治的観念（万世一系）の存在ゆえに、過去の歴史との辻褄を常に合わせる必要があったという点で、過去の伝統に縛られた存在ともなっていたことを看過してはならない。筆者の論考部分となるが、一九二一年に摂政となった裕仁皇太子と牧野伸顕（まきののぶあき）宮内大臣ら宮中官僚がぶつかった壁は、たとえば光格天皇例祭において、大正天皇の皇后と、摂政である皇太子の拝礼順序をいかにすべきかという、一見きわめて小さな事例だった。摂政の班位は皇太子より下であり、皇后より先に摂政が拝礼することの是非が、宮内省内でも議論となった（二〇五頁）。実際は、代拝の人間を立てることで、問題の回避が図られた。

天皇の生存戦略

天皇の動態的把握、天皇制の生存戦略を探るという本書のテーマからいえば、敗戦後を生きのびたその動態は最も重要となる。河西秀哉による論考は、昭和天皇と明仁天皇による象徴天皇制の模索を、大衆天皇制の時代にふさわしく、雑誌や新聞などジャーナリズムの論調から跡づけた。ともすれば、主語が国家や為政者となりがちな近現代史だが、『週刊現代』、『週刊新潮』、『アサヒ芸能』等から同時代人の声を丹念に拾った河西の論考は、意外にも、天皇と国民との間に懸隔があった時期、「飽きられ」ムードが漂った時期など、少なからずあったことを明らかにしており貴重だ。

昭和天皇に対する退位論も、若返り退位論、明るい退位論、思いやり退位論などと名づけうるほど多様なものがあったこともわかった。天皇の自意識は何かという問題を、記者会見記録から読み取り、天皇にとっては「退位」くらいしか人間としての意思を示す場所がないのではないかと踏み込む。「「人間」としての天皇の意思の発露としての退位」というフレーズが河西の論考には何度か登場し、この位置づけが河西の見方だとわかる（二二三頁、二二四頁）。過去の天皇は不執政が基本との歴史認識をもち、嵯峨天皇や後奈良天皇の事蹟に言及しつつ、国民と苦楽を共にするのが象徴との自己認識をもつ明仁天皇にとって、退位の意思表明は、「象徴」としての「理想形」を求めてきたことの帰結、とのまとめは説得的だ（二四四頁）。

天皇における公と私

さて、賢明な読者であれば、筆者が新田一郎の論考に、ここまであまり言及してこなかったことにお気づきだろう。新田の論考は、中世の前半、「譲位」の制度化がなされる地点までを描きつつ、古代から現代までを軽々と視野に収めて天皇と上皇の役割分担の特徴を描いているので、どうしても抽象度の高い議論を展開することになる。よって、他の論考との摺り合わせは難しいが、分析視角の面白さでは群を抜く。

まず、研究史も明らかにしてきたように、中世の「家」は、私法的な親族組織とみなされるべきではなく、家が担い、継承すべき役割と結びつくことによって、「公家社会を支えるオフィシャルな仕組みとして成立」（六六頁）したと新田は考える。新田の面白さは、南北朝に分岐した二つの皇統に対しても、持明院統・大覚寺統それぞれが、いわば「天皇を極官（きょっかん（こっかん））とする家」として競争的に並立した状態ととらえる点にある（六二頁）。

新田の議論はここから、天皇の職の核を、祭祀儀礼などの公事遂行と内廷経営の二つとしてまずはおさえる。そのうえで、たとえば上皇が「治天（ちてん）の君」（その時々の天皇が属する系統の長、天皇の場合も上皇の場合もある）となった時、その職の核にくるのは、祭祀や内廷経営といったものではなく、天皇の周囲に構築された国政処理のための政務全般となる（六七頁）。

持明院統・大覚寺統を、天皇を極官とする家ととらえ、その家は私法的な親族組織ではなく、「公家社会を支えるオフィシャルな仕組み」としてとらえる新田の考えを、より進めるならば、皇室（天皇＋皇族）は私的な集団か公的な集団なのか、といった問題の系が生じうることに気づくだろう。これは、二〇一六年八月になされた天皇による退位（譲位）希望のメッセージが発出されたとき、天皇は国政に関する権能を有しないとされる日本国憲法第四条一項との関係からの批判が、政治学者などから出されたことなどご記憶の方もいるだろう。

天皇には、自ら、もしくは自らの「家」に関して発言権を持ちえないかどうかについては、微妙な問題をはらむのではないか。この間の政治過程を見ると、新皇室典範を審議した一九四六年五月三日の枢密院審査委員会で美濃部達吉が述べていた疑義がどうしても思い出されるのだ。いわく、皇室典範は国法であるとともに皇室内部の法でもある、よって天皇に発案権がないのはおかしい、と。中世の「家」からの発想で近現代の皇室を語ってしまうのは、超歴史的な考察かもしれないが、以上のような美濃部が提起した疑義は、明治における旧皇室典範審議の際の議論の記憶も呼び覚ます。またもや井上毅が登場するが、井上は帝国議会の介入を許さないがために皇室法（旧皇室典範）を私事としてとらえるようにした（一六〇頁）。

井上にとっては帝国議会の勢力と天皇が結託するような事態を避け、天皇を内閣とともに常にあるようにさせるための「私事」認定であったかもしれないが、皇室に関する法が公的なものなのか、私的なものなのかは、帝国議会の干与を禁ずるための理由とは分けて論ずる必要もありそうだ。今後も考えていきたい論点の一つだ。

最後となったが、この「はじめに」は「あとがき」も兼ねているので、ここで謝辞を書かせていただく。本書が出来上がるまでには、多くの方々の手を患わせたが、特にお一方のみ名前を挙げて謝意を表したい。昨年四月の例会シンポジウムの打合せ段階から伴走してくださった績文堂出版編集部の野田美奈子さんに、深く感謝申し上げる。シンポジウムの活気そのままが本に表現されるように、また新たな書き手を加え、幾層倍にも深い内容の本にしてくださった。コラムや「もっと知りたい人のための参考文献」などを加え、読者の傍らに常に在り続けられる本にしてくださった。個性が豊かで、また締め切り感覚という点では多様性をもつ、総勢二二名の書き手の論考の一手管理は本当に大変だったと思われる。

索引作成にあたっては、木下竜馬（国立国会図書館）、吉田ますみ（東京大学大学院人文社会系研究科博士課程、以下同じ）、アン・ジェイク、賀申杰、塚原浩太郎、飯島直樹、三村佳緒の諸氏にご協力いただいた。記して謝意を表したい。

二〇一九年一月

加藤　陽子

文献一覧

奥平康弘『「萬世一系」の研究――「皇室典範的なるもの」への視座』岩波書店、二〇〇五年
金子修一『古代中国と皇帝祭祀』汲古書院、二〇〇一年
武田泰淳『司馬遷 史記の世界』講談社学術文庫、一九九七年
長谷部恭男「日本国憲法における天皇制の姿」樋口陽一・中島徹・長谷部恭男編『憲法の尊厳――奥平憲法学の継承と展開』日本評論社、二〇一七年
柳田国男「御大礼参列感話」佐伯有清『柳田国男と古代史』吉川弘文館、一九八八年

目　次

I

譲位の誕生と幼帝の出現——古代の天皇

「譲位」の誕生

荒木　敏夫

はじめに

今上の「退位」の表明、有識者会議による「退位」の承認を経て、二〇一九年四月三〇日に今上は、退位する。これは、一八八九年（明治二二）の旧「皇室典範」および戦後の「皇室典範」も認めなかった天皇の「譲位」の復活であり、光格(こうかく)天皇の一八一七年（文化一四）以来、絶えてなかった「譲位」の復活でもある。

だが、二百余年ぶりの復活という稀な事態の出現が予定されているにもかかわらず、世の中の受け止め方は、大きな驚きもなければ、深い悲しみもみられないが、「退位」の意志の表明に素直な同意で応えている。高齢のゆえ、「公務」の遂行が困難になったので、「退位」するのは、自然のことであり、当然のことと考えるからであろう。

「譲位」した太上天皇（上皇）やさらに出家した法皇の事例を日本史の学習を通じて知っている多くの国民からすれば、今回の「退位」は、至極当然のことととらえて不思議でない。

しかし、日本史上に数多く生まれた「譲位」は、こうした理解にとどまらない重要な意味をもっている。

本稿は、「譲位」の誕生とその制度化の経緯を、研究蓄積の多い「太上天皇」の誕生・制度化をみることで、「譲位」

とは何であったのかをあらためて考えてみるものである。

1　日本における「譲位」の誕生

戦後の古代天皇制研究

戦後の日本古代史研究の主要な課題であったのは、天皇制の「成立史」であり、それと不可分の「古代国家」・「古代社会」に関わるテーマであった。これらの課題に迫るためには、家族・氏族・共同体等の研究が、天皇制の基礎構造を理解するうえで必須の研究課題とされた。

そのためもあり、「天皇制」の研究は、基礎構造の解明に資する研究が多く蓄積され、また、直接、天皇に関わる研究も蓄積されたが、天皇制の仕組みを構成する太上天皇・皇太子・皇后・皇太后等の個別の制度的研究は、石尾芳久・井上光貞・岸俊男等の先駆的な研究を除くと乏しかった〔石尾　一九五九、井上　一九六五、岸　一九六六〕。

譲位についても、当初より、常識的な事実として知られてはいたが、やがて、譲位そのものの歴史的な意味やその意義が問われるようになり、近年の活況をみるにいたっている(1)。

最初の譲位

日本における「譲位」は、六四五年（皇極四）、大王の皇極（こうぎょく）女帝の「譲位」が最初の例である。これが、今日の通説ともいえるものである。この通説を疑う指摘も出ているが〔水谷　二〇〇三〕、異論の域にとどまっており、通説は揺らいでいない。

そこで、大王皇極の譲位の経緯をみてみる。譲位した最初の大王皇極は、大王舒明（じょめい）と〈オジ―メイの異世代近親婚〉

を結び、葛城（中大兄）皇子（天智）・大海人皇子（天武）・間人皇女（大王孝徳のキサキ）を生んでいる。在位四年目にあたる六四五年六月には、「大化改新―蘇我入鹿殺害事件」がおこり、事件の翌日に譲位している。『日本書紀』は、それを次のように記している。

①皇極四年六月庚戌（十四）日条

位を軽皇子に譲りたまふ。中大兄をたてて、皇太子とす。

②孝徳即位前紀、天豊財重日足姫天皇四年六月庚戌条

天豊財重日足姫天皇、位を中大兄に伝へたまはむと思欲して、詔して曰く、云々。〈中略〉天豊財重日足姫天皇、璽綬を授けたまひて、位を禅りたまふ。策して曰く、咨、爾軽皇子、云々。軽皇子、再三固辞び。〈中略〉是に由って、軽皇子、固辞ぶることを得ずして、壇に升りて即祚す。時に、大伴長徳字は馬飼連、金の靫を帯び、壇の右に立ち、犬上健部君、金の靫を帯び、壇の左に立つ。百官・臣・連・国造・伴造・百八十部、羅列りて匝りて拝みたてまつる。是の日、号を豊財天皇に奉りて、**皇祖母尊**と曰さしむ。中大兄を以て、皇太子とす。阿倍内摩呂臣を以て、左大臣とす。蘇我倉山田石川麻呂臣を右大臣とす。大錦冠を以て、中臣鎌子連に授け、内臣とす。〈下略〉

二つの史料は、皇極が葛城皇子に王位を伝えるために、譲位する旨を記している。この記述を、そのまま理解すれば、譲位は、息子の葛城皇子への王位継承の必要性から生まれたものとすることができる。しかし、言うまでもなく王位継承は、大王皇極の以前から行われており、譲位が王位継承の必要性から生まれたとする指摘は、誤りで

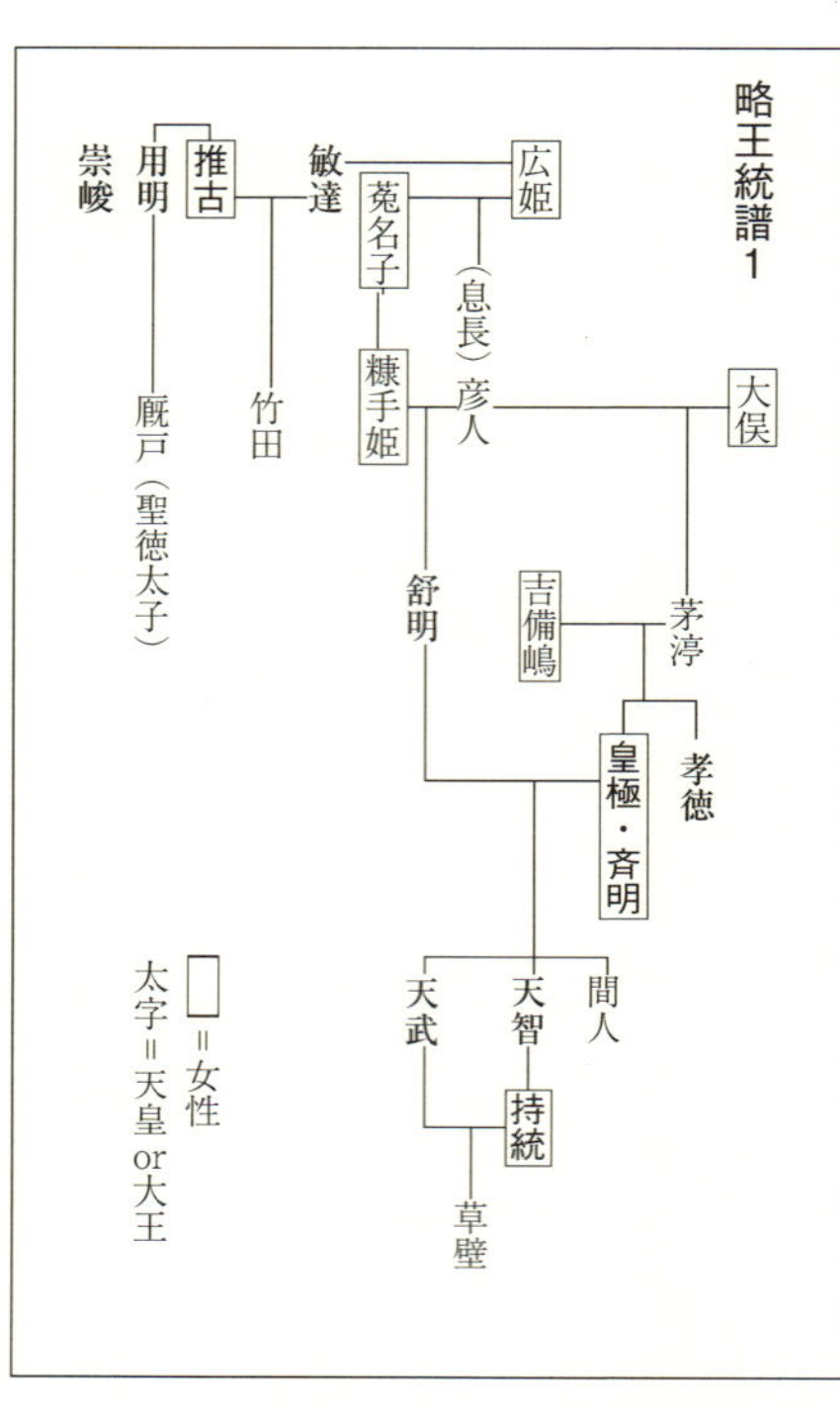

はないが、譲位がもつその歴史的意義をとらえた指摘ではない。そこで、まず、譲位とは何であるか、をみておきたい。

禅譲と放伐

史料①・②は、現大王が次の大王にふさわしいとした人に王位を伝えることを、「譲位」・「伝位」・「禅位」と記し、多様な記し方のあることを示している(2)。

これらの語と同様の意味をもつ語に「禅譲（ぜんじょう）」という語がある。「禅譲」は、「放伐（ほうばつ）」と対語をなし、「禅譲放伐」と熟語をなすこともある。これらの語と深く関わるのが、孟子の「湯武放伐」論である。

孟子の「湯武放伐」論は、皇帝からの禅譲がかなわぬ場合、時として、皇帝の放伐もありうること、その正当性を説いたもので、中国における「易姓革命」論とも関連するものである。

『孟子』梁恵王章句（下—八）

斉宣王問曰、湯放桀、武王伐紂、有諸、孟子対曰、於傳有之、曰、臣弑其君可乎、曰、賊仁者謂之賊、賊義者謂之残、残賊之人謂之一夫、聞誅一夫紂矣、未聞弑君也。

その大意は、斉の宣王が問うに、「殷の湯王が夏の桀王を追放し、周の武王が殷の紂王を討伐したが、臣が君を弑（しい）しても可（よ）いのか」、との問いに対して、「「仁」を賊（そこ）なうを「賊」といい、「義」を賊なうのを「残」といい、桀王や紂王は「残賊之人」であり、ただの人（一夫）にすぎないのであるから、「君」を弑したわけではない」というものである。

上記したように、中国では、こうした意味をもつ「放伐」の語は、「禅譲」の語と対をなしているが、日本では、「放伐」の語は、『日本書紀』以下の正史において使用されることがなく、「禅譲」と対をなしているとは考えられない。

このことに関わって、留意すべきは、中国古代では、王朝交替時、「禅譲」の形式をとった王朝の簒奪がみられることである。それは、事実上の「放伐」にほかならない。この点をふまえれば、日本古代においても、「禅譲」と同様の意味とされる「譲位」・「伝位」・「禅位」の語が使用される場合、「放伐」の意味が含まれることがありうるのである。

すなわち、譲位が退位する王の意志によってのみ生まれるものでなく、退位させられる「譲位」もあることに留意しておかねばならない。

この点をふまえれば、皇極の譲位は、皇極の自発的（＝王権主導の）譲位とみるのではなく、譲位させられたという意味が含まれる「強制譲位（退位）」とみることも、充分に可能なのである。

六・七世紀の王位継承

皇極が譲位したことの歴史的意義を理解するために、皇極が即位・譲位した頃を含む六・七世紀の王位継承がどのように行われていたのかを確かめておこう。

この点については、以前、整理したことがあるが、主要な論点となったのは、次の四点である。

1　イ　皇太子制の成立は、六八九年（持統三）の飛鳥浄御原令以後である

　　ロ　皇太子制の成立は、飛鳥浄御原令以前にすでに存在する（a厩戸皇子から、b葛城皇子から、c草壁皇子から）

2　イ　次期の王位継承資格者の選定基準があった（a生母＝キサキの地位・出自、b皇子の地位・出自、c世代・年齢、d世代内異母集団）

　　ロ　次期の王位継承資格者の選定基準は存在しない

3　イ　次期の王位継承資格者は一人であった（a大后の長子、b「直系」皇子）

　　ロ　次期の王位継承資格者は複数が同時に存在しうる

4　イ　次期の王位継承資格者として特定できる呼称があった（たとえば「大兄」・「太子」）

　　ロ　特定できる呼称はない

これらとは、別の視角から、大王に即位するにふさわしい年齢が考慮され、また、時代・時期によって異なる内政・外交の課題等を処する執政能力の有無を核とする大王になる人格・資質＝「大王たるべき器」を備えているかが、「大臣」—「大夫」（「群臣」・「群卿」とも書く）等によって日々試され、彼らによる大王への推戴が必要要件になっていたと考えられている［荒木　二〇〇六a・二〇一三］。

先に示した「略王統譜1」の大王欽明の子の世代にあたる敏達—用明—崇峻—推古から舒明—皇極—孝徳—斉明—天智—天武—持統へと継承された大王位は、それぞれの大王が、上記した条件のいくつかを保持していたことで、即位できたのである。

六・七世紀の王位継承は、血統を重視して「大王の長子」ならば、即位できる、といった簡単なものでない。たとえば、「大王の長子」といっても、大王のキサキは複数存在し、それぞれに長子がおり、どの長子を優先するかを決めるの

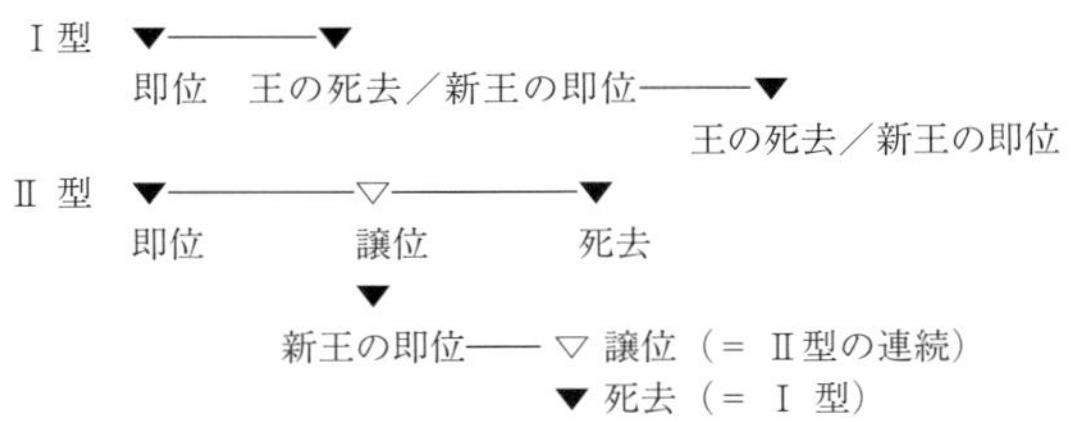

図１　王位継承の二類型

に、キサキの出自（王族か葛城氏や蘇我氏などの非王族氏族か）・皇子の出生順（＝年齢）、その他等々の条件を考慮して大王に擁立されるのである。

皇極は、息長（おきなが）系大王の舒明と同じ息長系の血筋をひく皇女であり、オジ―メイの異世代婚姻で結ばれ、キサキとなったが、このことが宝皇女（皇極）の大王に即位できた最大の理由であろう。だが、推古に続く二人目の女帝として大王に就任した皇極には、これまでの大王とは異なる歴史の展開が待っていた。それこそが、大王在位の途中で大王位から退く「譲位」の途の選択であった。

すなわち、皇極以前の大王は、「終身在位」を原則とし、王位継承は大王の死去を俟って次代の王が即位するものであり、皇極の在世中におきた「譲位」は、大王の死を俟つことなく、在位の途中で新しい王を生み、旧王と新王の二人が併存する世を誕生させるものであったのである。これらを王位継承の二つの型として、図化すれば、上のようになる。

王殺しと皇極譲位の歴史的意義

次に、譲位が大王皇極のときに誕生した理由を考えてみよう。このことを考えるうえで留意すべきは、五九二年（崇峻五）一一月の大王崇峻の殺害事件である。

『日本書紀』崇峻五年十一月癸卯朔乙巳条

馬子宿禰、群臣を詐（かす）めて曰はく、今日、東国の調を進（たてまつ）る、という。乃（すなわ）ち、東漢直（やまとのあやのあたひ）

駒（こま）をして、天皇を弑（し）せまつらしむ。或本に云はく、東漢直駒は、東漢直磐井の子なりという。

この事件は、大王が臣下（蘇我馬子—東漢直駒）によって殺害されるという前代未聞の事件であり、皇極譲位の直近の前史として看過しがたい大事件である(3)。

これは、倭王権—大夫等が、列島内の統治や外交をめぐって意見の対立が深まり、その調整が充分にできないとき、大王の殺害される場合があることを知らせるものである。

この大王崇峻の殺害は、「殺害による王の交代」と解釈でき、これは、ジェームズ・ジョージ・フレイザー（James George Frazer）が『金枝篇（きんしへん）』で述べた「王殺し（regicide）」に通じるものであり、先に述べた「放伐論」にも関連させて考えてみることもできる。

フレイザーは、「王の身体の衰弱は、王に在位する資格に欠け」ることから、「王殺し」を生む、として、次のように記している。

『初版　金枝篇』（吉川信訳　ちくま学芸文庫、二〇〇三年）

第三章神殺し、第二節樹木霊を殺すこと

〈前略〉人である神の命の尊さゆえに、これを老齢による不可避の衰えから守る唯一の方法として、非業の死が必要とされた点も見てきたとおりである。森の王についても、これと同じ理由が考えられる。つまり、森の王もまた、その中に宿る神の霊が、十分活力に満ちている状態で後継者に移しかえられるよう、殺されなければならなかった。彼がその地位にいられるのは、より強靱な者が彼を殺すまでである。〈後略〉

日本古代の大王は、一度即位したら終身在位する慣行をつくり、王位の継承を重ねてきたが、皇極譲位によって、大王が在位の途中で王位を退くことができるようになったのである。

この歴史的意義は、大王崇峻の殺害のような王の殺害によって事態を打開する途を避け（「王殺し（regicide）」の回避）、王が中途で交代できることを確保したうえで、事態打開の迂回の途を開いたことを意味する。日本の歴史が、公然の「王殺し」の事例を残すことが少ないのは、譲位が制度化され、王位継承の際の選択肢に組み込まれたことにあると考えられる。

こうした点をふまえれば、皇極から孝徳への王の交代は、日本の王権史上のひとつの分水嶺をなすものともいえ、その後の歴史が「譲位」を制度化することをみれば、日本の王権を特徴づける重要な出来事であり、日本の王権史上の画期ともいえるものなのである〔荒木　二〇〇六ａ〕。

小学校・中学校・高等学校を通じて、日本の歴史を学んできた人にとって、天皇が譲位して太上天皇になり、平安時代後期には「上皇」・「法皇」が国政を主導する院政が始まる歴史は、常識的な事実になっている。

しかし、そうした人たちの多くは、在位中に殺害される王がまったく稀で、譲位する王が、これほど多く存在する歴史をもつ国は、世界でも珍しいものであることを知らない。日本の歴史を、世界史のなかでみることが少なかったからである。

世界史的にみれば、日本の古代が生んだ「譲位」とその後の制度化は、日本の歴史の特記すべき特色であり、世界史的に意義あるものといえるのである。

譲位後の皇極――「皇祖母尊」

『日本書紀』は、皇極が王位を孝徳に譲ると、「皇祖母尊」の号を奉じたことを記している。これは、譲位後の皇極の処遇を示すために記されたもので、王族内の女性長老の処遇を受けたものとみられている。それを『日本書紀』は、「皇祖母」と記したが、本来は「大祖母」であり、「オホミオヤ」と呼ばれていた、と考えられる。

かくして、「譲位」によって退いた皇極は、王族の女性長老を意味する「大祖母尊」と呼ばれる存在となったが、それは、古代社会の年齢階梯制に根をはる〈古老〉に位置づくものであった。

しかし、その後の日本王権の歴史は、譲位によって退いた王を〈古老〉としてではなく、いま一人の王、〈天皇の語に、最高を意味する「太上」を冠した「太上天皇」〉として制度化する歴史を選択する。(4)

2　太上天皇制の展開

太上天皇の制度化

譲位が誕生するまで、日本古代の王位継承は、先に図1に示した「王の終身在位」の連鎖するⅠ型だけであったが、譲位によって王位が継承されるⅡ型を生みだし、太上天皇の制度化によって、二人の王を同等で並立させる王権を生み出すことになる。

こうして、古代の譲位が生み出したⅡ型の王位継承は、以後も断続的に採用され、Ⅰ型ないしⅡ型の王位継承が、その時々の政治的・客観的状況に左右され、選択されてきたのが日本の王権＝天皇制の歴史である。

八世紀に原型が整った「日本型王権」は、天皇を中心極とし、太上天皇・皇太子・皇后・皇太后・太皇太后等のそれぞれの極が、対立の芽を含みつつも、補完する関係をもつ多極構造として、歴史的に成立した。図2は、譲位が「太上天皇」として制度化され、王権が多極構造化する歴史を示したものである。

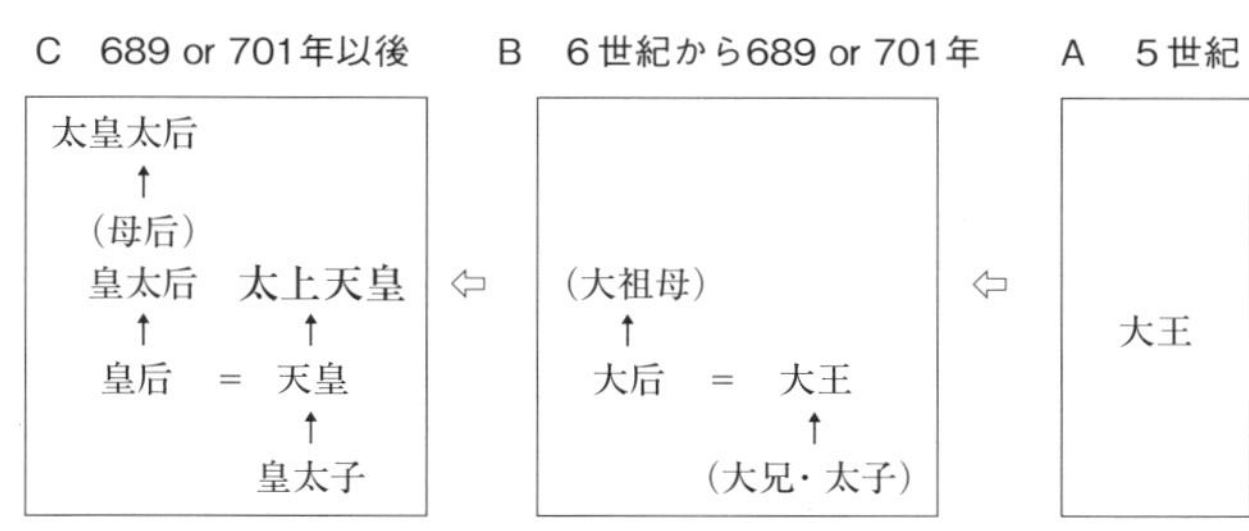

図2　王権の多極構造化の歴史

令文のなかの太上天皇

太上天皇制は、その制度化の時期をめぐって、意見が分かれるが、大宝令制（七〇一年）で制度化された、とみるのが、妥当と考える。太上天皇の日本令の本文への反映は、儀制令天子条、同皇后条、公式令平出条等からわかり、それを養老令文でもって示せば、次のようになる。

儀制令1　天子条　天子〈祭祀に称するところ〉、天皇〈詔書に称するところ〉、皇帝〈華夷に称するところ〉、陛下〈上表に称するところ〉、**太上天皇**〈譲位の帝に称するところ〉、乗輿〈服御に称するところ〉、車駕〈行幸に称するところ〉。

儀制令3　皇后条　凡そ皇后・皇太子以下、率土の内、**天皇・太上天皇に上表せむときは**、同じく臣妾名、称せよ。〈対揚には名を称せよ〉。皇后・皇太子・太皇太后・皇太后に於きて、率土之内、三后・皇太子に於きて上啓せむときは、殿下と称せよ。自ら称せむときは、皆臣妾とせよ。〈対揚には名を称せよ〉。

公式令23　平出条　23皇祖、同24皇祖妣、同25皇考、同26皇妣、同27先帝、同28天子、同29天皇、同30皇帝、同31陛下、同32至尊、同33**太上天皇**、同34天皇諡、同35太皇太后〈太皇太妃・太皇太夫人同じ〉、同36皇太后〈皇太妃・皇太夫人同じ〉、同37皇后右、皆平出とせよ。

儀制令天子条は、「天子」以下「太上天皇」を含め「車駕」の語を記すのは、どのような場合の時かを規定した条文であり、儀制令皇后条は、上表・上啓の場合の呼称に関する規定であり、皇后・皇太子が上表する時、「臣妾名、称せよ」、とあるように、太上天皇は、天皇に准じる扱いをうけるものであった。

公式令平出条は、『令義解（りょうのぎげ）』が「平出」を「平頭抄出」の略としており、「皇祖」以下「太上天皇」を含め「皇后」までの語を用いる際に、改行を行い、当該の語を行頭に置いて書き出すことを規定した令文である。

中国唐代では、退位した皇帝は、「太上皇（帝）」の尊号を付与されることはあっても、上記の日本令に該当する中国令の令文に「太上皇帝」の語はみえない。「太上天皇」が、日本令に独自のものであることを示す例証である。

次に、上記の点に留意して、持統女帝に始まる太上天皇の制度化とその後の展開をみてみよう。

持統の譲位

譲位の最初の事例である皇極以後、即位した孝徳および重祚（ちょうそ）した斉明と天智・天武の大王らは、譲位することなく、いずれも終身在位であったことから大王と元大王という二人の王が存在することはなかった。

譲位の二例目は、持統女帝である。持統は、二年にわたる夫の天武の葬儀（殯（ひん））を執行し、六八六年（朱鳥（あかみとり）元）から四年間を大王代行（「称制（しょうせい）」）として乗り切ったが、六八九年（持統三）に天武の後継を託した息子草壁皇子の急死にあうや、六九〇年（持統四）に即位を決断する。

大王として即位した持統は、官制の整備や戸籍の作成（庚寅年籍）などに努め、本格的な都城である藤原宮・京の造営をすすめ、六九七年（文武元）、草壁の嫡男で孫にあたる一五歳の幼い文武（もんむ）天皇に譲位する。

王権の多極構造下の持統と文武

譲位した持統は、次の史料が「並に坐す」と記すように、太上天皇として若年の文武天皇を後見し支えた。

『続日本紀』慶雲四年（七〇七）七月十七日条

秋七月壬子。天皇、大極殿に即位きたまふ。詔して曰はく、現神と八洲御宇倭根子天皇が詔旨と勅りたまふ命を、親王・諸王・諸臣・百官人等、天下公民、衆聞きたまへと宣る。関くも威き藤原宮に御宇しし倭根子天皇（持統、筆者補、以下同）、丁酉（六九七年）八月に、此の食国天下の業を日並知皇太子の嫡子、今御宇つる天皇（文武）に授け賜ひて**並に坐して**、此の天下を治め賜ひ、諧へ賜き。〈中略〉

去年（慶雲三年・七〇六）十一月に、威きかも、我が王、朕が子天皇の詔りたまひつらく。朕御身労らしく坐すが故に、暇間得て御病治め賜はむとす。此の天つ日嗣の位は、大命に坐せ大坐し坐して治め賜うべし、と譲り賜う命を、受け賜はり坐して答へ曰しつらく、朕は堪へじと、辞び白して受け坐さずに在る間に、遍多く日重ねて譲り賜へば、労しみ威み、今年（慶雲四年・七〇七）六月十五日に、詔命は受け賜はむと、白しながら、此の重位に継ぎ坐す事をなも、天地の心を労しみ重しみ畏み坐さくと詔命を衆聞きたまへと宣る。〈下略〉

略王統譜2

〈天智〉—志貴—光仁—桓武
天智—**持統**
天武—**持統**
天武—草壁—**元明**
草壁・**元明**—文武・**元正**・吉備
文武—藤原宮子—聖武
聖武—藤原安宿媛（光明子）—**孝謙・称徳**・某（基）王
高市—御名部—長屋

□＝女性
太字＝女帝

ようやく形を整えつつある律令国家を安定的に運営していくには、天皇と太上天皇が相互に補完できる体制をつくることが必要である。持統の律令国家構想の要はここにあったと思える。

持統は、七〇三年（大宝三）一二月に五八歳で死去し、将来を託した孫の文武は、終身在位で七〇七年（慶雲四）に二五歳の若さで死去している。

上掲史料では、文武在位中に、母の阿閇皇女（元明女帝）に譲位の意志をもらしているが、譲位は慰留され、それにいたらなかったことを記している。文武の漏らした譲位の理由は、「朕が御身労坐す故、暇間を得て御病を治さんと欲す」とする病による身体の衰弱であった。

このように天皇が身体の衰弱を理由にあげて、譲位するのは少なくなく、八・九世紀では、元明、聖武、孝謙、光仁、平城　清和、陽成らの天皇が該当する。

こうした点を、譲位詔・譲位宣命によくみられる定型句として機械的な史料処理をしてしまうと、重要な点を看過することになる。先に摘記した『金枝篇』の著者フレイザーの指摘を思い起こしてもらいたい。(5)

元明・元正・聖武・孝謙の譲位

譲位の第三例目は、七一五年（霊亀元）九月一日に譲位した元明太上天皇である。元明（阿閇皇女）は、早逝によって即位がかなわなかった天武と持統の子、草壁皇子の妻であり、文武天皇の母でもあった。譲位詔で「今精華漸く衰え、耄期斯に倦む、深く閑逸を求めて高く風雲を踏まむとす。累を釈き塵を遺るること、脱屣に同じからむとす」と述べ、老齢となり、気力の衰えを譲位の理由のひとつとしてあげているが、太上天皇として孫の首皇太子（聖武）と娘の元正女帝（氷高内親王）を支えるためでもあった。

第四例目は、七二四年（神亀元）二月四日に譲位した元正太上天皇である。元正太上天皇と聖武天皇—光明皇后との対立は、七四四年（天平一六）の頃にはさらに激化し、元正太上天皇が難波宮に遷り、聖武天皇と光明皇后は恭仁宮に遷る事態を迎え、双方で元日儀が挙行される混迷を引きおこし、対立は極点に達し「二所朝廷」の様相を深めていた。

『続日本紀』天平十六年閏正月乙丑朔条によれば、恭仁京と難波京のいずれを都とするかを百官らに聴いたところ、恭仁京とするものが五位以上二四人、六位以下一五七人の計一八一人であり、難波京とするものは五位以上二三人、六位以下一三〇人の計一五三人であった。この対立は、結局、双方が平城に戻ることで、矛を収めることになる。

第五例目は、七四九年（天平勝宝元）に孝謙天皇に譲位した聖武太上天皇である。皇極女帝の譲位からおおよそ一〇〇年を経過してはじめて生まれた男帝の譲位例である。聖武は、太上天皇に七年間在位し、七五六年（天平勝宝八）五月に五六歳で亡くなっている。没後、聖武の遺詔によって立太子した道祖王を廃し、大炊王を立太子させる内紛がおきている。

多極構造のそれぞれの極が変化すると、政治紛争がおきがちである。この例（道祖王廃太子事件）も、聖武太上天皇の没後、孝謙天皇・光明皇太后と結びつきを強めていた藤原仲麻呂が、大炊王立太子そして即位をもくろんだ権力闘争であった。

第六例目は、孝謙太上天皇である。台頭めざましい藤原仲麻呂が、恵美押勝の乱をおこし、押勝は近江で斬首される。その間、孝謙太上天皇は、淳仁天皇との対立を先鋭化させ、淳仁は天皇大権を剝奪され、皇太子なみの権限（「小事」）しか行使を許されず、さらには、親王の地位にまで下ろされた末に、淡路に配され、彼の地で死去している。

3 「譲位」制度の慣例化——古代国家が抱え込む矛盾

王権の消滅そして復旧

淳仁を廃帝化した後、孝謙太上天皇は、天皇に復位して、僧侶の道鏡を随伴させた異例の大嘗祭を挙行し、称徳天皇として重祚する。称徳天皇は、宇佐八幡神の神託を利用して、道鏡の即位を企てるが、失敗に帰し、失意のまま七七〇年（宝亀元）八月に五三歳で亡くなっている。

称徳の治世六年は、天皇一人のみの王権であり、王権内に太上天皇や皇后・皇太后・太皇太后・皇太子などの相互補完の極をもたない典型の時期であった。皇太子を定めずに亡くなった称徳の死によって、古代王権は、その脆さ・危うさ・不安定さが露呈し、瞬間ではあるが無極化する。王権を構成する極がまったく存在しないという瞬間である。

古代貴族等は、称徳の「遺詔」を掲げ、即日に老齢の白壁王を立太子させ、白壁皇太子が局面の政治を処理する「皇太子臨時執政」で対応し、天皇大権に属する「流罪」を断行し、道鏡を下野国に流している［荒木　一九八五］。

白壁王は、光仁天皇として一〇月朔日に即位し、王権の中核部分が無極状態からおおよそ二ヵ月で再構築され、その後の立后・立太子によって王権の多極構造を復旧している。[6]

光仁・平城・嵯峨・淳和の譲位

在位を重ねること十余年、光仁天皇は、七八一年（天応元）四月三日、病気を理由に桓武天皇に譲位し、同年一二月に七二歳で亡くなっている。七例目の譲位の例である。桓武天皇は、終身在位で生涯を閉じ、その子息等にあたる八例目の平城、九例目の嵯峨、一〇例目の淳和は、それぞれ八〇九年（大同四）四月、八二三年（弘仁一四）四月、八三三年（天長一〇）二月、いずれも譲位している。

これまで述べてきた太上天皇と天皇との関係からみておくべきは、平城太上天皇と嵯峨天皇との対立に起因する「藤原薬子の変」であろう。両者の対立は、平安宮と平城宮の「二所朝廷」の状況を生み出している。大同四年四月の譲位後、平城太上天皇は、平城の旧宮を居所と定めただけでなく、八一〇年（弘仁元）、藤原薬子や藤原仲成らに擁立されて、天皇への復位を企てる「藤原薬子の変」を引き起こしている。「変」は、薬子の自殺と仲成の射殺で終息を迎えるが、天皇と太上天皇の対立が生み出した混乱でもあった。「変」の当事者の一人の平城太上天皇は、平城宮を出て、京も出ようとしたが、遮られ、宮に籠もって剃髪・出家し、八二四年（天長元）七月七日に五一歳で亡くなっている。

奈良・平安初期の譲位

以上、八世紀初頭から九世紀初頭までの太上天皇の歴史を、王権の多極構造の〈補完する強さ〉と〈対立する弱さ〉に留意してみてきたが、その間、おおよそ一〇〇年の歴史であらためて注目されるのは、大宝令によって譲位が制度化され、また、先に指摘した王位継承のⅡ型が選択可能となったため、譲位が続出していることである。

略王統譜3

桓武─平城／嵯峨─仁明─文徳─清和─陽成／光孝─宇多─醍醐／淳和

すなわち、最初の太上天皇となる持統から仁明（にんみょう）まで――うち廃帝となった淳仁を除く――一三代の天皇のうち、次頁に示したように、終身在位であったのは＊印を付した文武・称徳・桓武の三代であり、残る一〇代がいずれも譲位しているのである。

譲位の続出は、仁明朝にいたって嵯峨と淳和の二人の太上天皇が出現する「一帝二太上皇」状況を迎える。こうした事態は、藤原冬嗣の言によれば、「但し比年之間、豊稔未だ復さず、若（も）し一

持統　＊文武　元明　元正　聖武　孝謙　淳仁（廃帝）＊称徳　光仁　＊桓武
平城　嵯峨　淳和　仁明（病により出家—死去　譲位）

帝二太上皇を奉じなば、臣、恐るらくは天下堪え難し」といったものであり、好ましい事態であるとみていない[7]。こうした理解が広がると、他方で、九世紀初頭頃から〈対立する弱さ〉を補正する動きが出てくる。

この動きは、太上天皇が一人ならともかく、二人ではとても、といった状態になったから出たものではなく、太上天皇が二人になったため、天皇と前後の太上天皇を臣下が、どのように遇したらよいか、の対応が複雑・困難を増したことから出たものである。

そうした動きのひとつとして、法的には天皇に准じるものとしていた太上天皇の王権内の位置づけの修正がみられるようになり、父子・兄弟・長幼の序、等々による天皇と太上天皇との差別化・差異化がはかられるようになる。以下、それらのいくつかを示せば、次のようなものが挙げられる。

太上天皇の居所と後院

まず、最初に指摘すべきは、譲位後の太上天皇の居所が、大きく変化することである。

譲位後の太上天皇の居所で明瞭なのは、元明・元正・聖武・孝謙等のもので、平城宮内の「西宮」と呼ばれる区域（聖武朝には、内裏は東に移り、当初の内裏は、「西宮」と呼ばれるようになる）に居住しており、宮内にとどまっていた。これは、平城宮にのみ特有のものではなく、恭仁宮においても、その仕上げに差異が目立つ二つの内裏空間（内裏西地区と内裏東地区）が発掘で確認されていることから、天皇と太上天皇は宮域内に居住しているのが原則であったと考

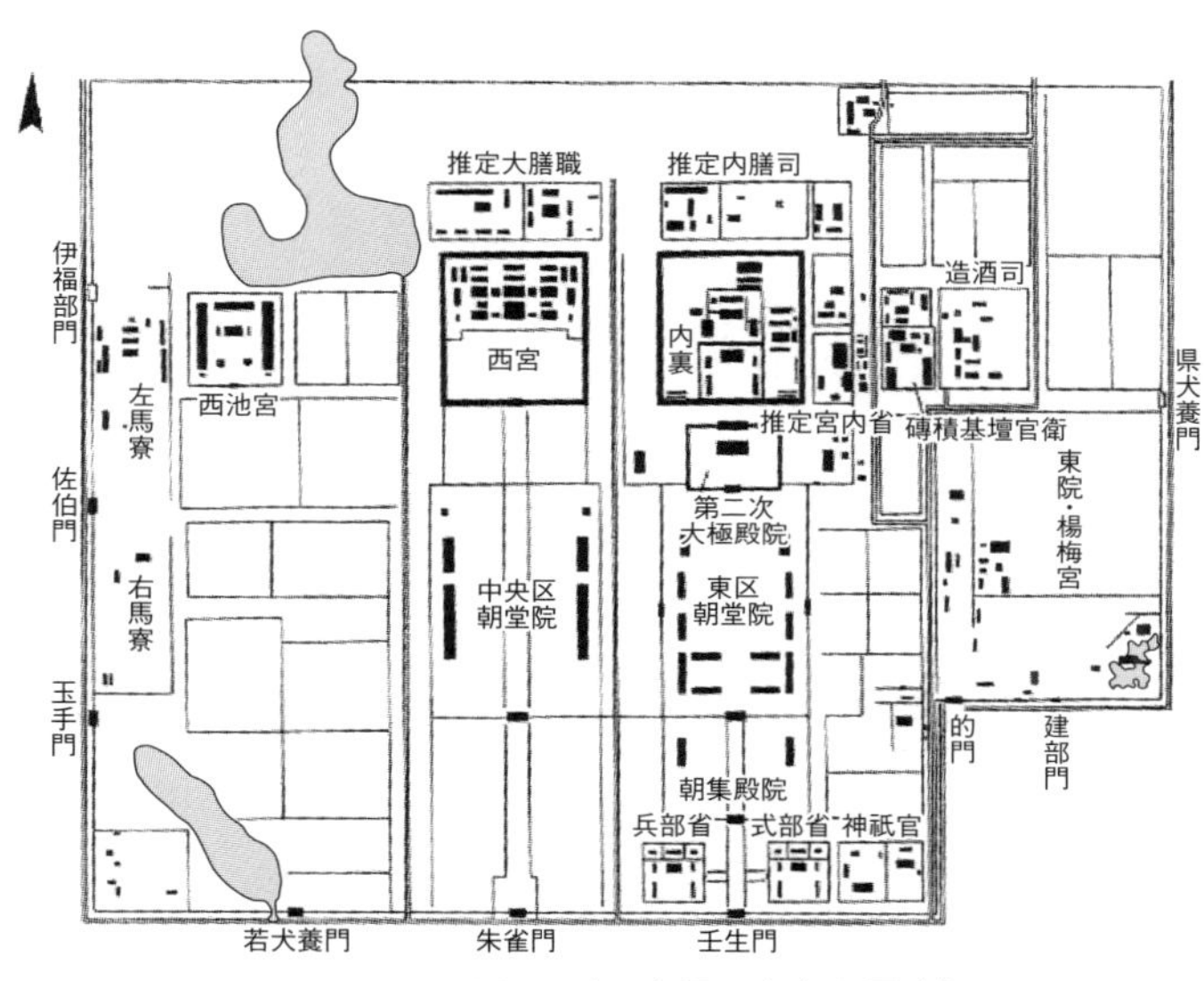

図３　平城宮図（聖武朝の内裏と西宮）

えられる。

ところが、譲位後の嵯峨太上天皇は、これまでの慣例を破り、内裏外の別所の「後院」に居住することになる。

後院は、八一六年（弘仁七）七月以前に創設された嵯峨太上天皇の冷（然）泉院が最初であり、その後、仁明天皇の淳和院、円融天皇の四条院、堀河院、一条天皇の一条大宮院、室町院、ほかに鳥羽院、五条院、朱雀院等々があり、冷泉院と朱雀院が歴代の後院となった。

太上天皇の居所たる御所は、平安時代を通じて「藐姑射」・「仙洞」とも呼ばれるようになり、いずれも神仙思想に根をもつ「仙人」の居所と形容されることもあった。

このうち、前者の「藐姑射」は、『万葉集』に「心をし　無何有の郷に　置きてあらば　藐孤射の山を　見まく近けむ」（一六巻―三八五一番）とみえることから、その日本における語の淵源は八世紀にさかのぼり、吉野を神仙郷と見立て遊んだ天武・持統朝から文武・元明朝の宮廷文化の風潮を太上天皇につなぐ文言として興味深いものがある。

朝覲行幸と尊号の奉呈

朝覲行幸（ちょうきんぎょうこう）は、父子の義を重んじ、あるいは前帝尊崇の意にもとづく儀礼のひとつで、天皇が御所の外に居住する太上天皇や女院に拝礼するための行幸である。その初例は、「嵯峨天皇大同四年八月癸卯、帝、太上皇后（天皇の誤り）に朝（ちょう）す。右大臣従二位藤原朝臣内麿、奉献す。宴飲終日（ひねもす）。物を賜うこと差（しな）あり」とあるように、八〇九年（大同四）一〇月の嵯峨天皇による兄の平城太上天皇への拝覲であった（『類聚国史』巻二八、帝王八、天皇朝覲太上天皇）。

また、八二三年（弘仁一四）四月、嵯峨天皇は、譲位にあたり、自ら天皇の号を除き、人臣の列に入ることを望んだが、新帝淳和天皇はそれを許さず、詔して太上天皇の尊号を奉っている（『類聚国史』巻二五、帝王五、太上天皇、嵯峨天皇）。

以後、譲位のときに、新帝が前帝に尊号を奉る例が始まり、さらに前帝の尊号辞退とそれに対する新帝の報書の応酬が慣例となり、尊号の儀が成立する。

後に、天皇の死に際して、「平生之儀」（「如在之儀」）で対応し、譲位儀を踏んで、太上天皇とし、それを「ただ人」として葬儀を行うことがあるように［堀　一九九八・一九九九、島津　二〇一三］、また、「太上＝最高位」の天皇を意味する「太上天皇」を「おりゐ（降り位）の帝」と呼び、「降り位」と記して天皇と相違することを明示するようになるのも、天皇との差別化・差異化の試みのひとつなのである。

むすびにかえて

こうした〈抱え込んだ矛盾〉の解決の試みは、実施・実行に移されても、王権の秩序の絶対的な安定をもたらすものではなかった。そのことは、その後の歴史にも天皇と太上天皇が反目し合い、ときには激突に至る例の少なくない日本史の特色をみれば明瞭であろう。

世界の各地に展開した王権の歴史が王の終身在位をひとつの大きな特徴とし、譲位・退位を例外的なものとしていることに目を向ければ、日本古代の六四五年（大化元）におきた「譲位」の誕生とその後の制度化は、王権の世界史からみれば、画期的な出来事と評価することができる。

こうした観点からの評価は、さらに新羅が新羅王（「寐錦王」）とは別に「葛文王」を制度化していることやベトナムの皇帝と「太上皇」との関係などとの比較王権研究が進めば、さらにその特色は際立つものと思える。(8) そうした作業を積み上げることで、「日本型王権」の内容を豊かにしていくことが望まれる。

また、譲位が皇極期に誕生し、その後、文武天皇―持統太上天皇期に、法的裏づけをともなった「太上天皇」として制度化される。それは、上記してきたように、幼い文武天皇と持統太上天皇による共同（「並び坐す」）統治によって王権―国家の安定化をはかるものであったが、その後の歴史展開は、太上天皇の存在が、かえって王権―国家の不安定さを生み出す要因になることもあった。

「譲位」の制度化は、退位した天皇を「太上天皇」として遇するもので、王権を分裂させる危険を内包しながらも、制度化された「譲位」は、廃止されることなく、八七三年（貞観一五）から八七七年（貞観一九〈元慶元〉）までの間に成立したとされている『貞観儀式』に譲国儀として整備される。それによれば、譲位の主要な儀礼は、譲位する天皇が譲位の宣命を宣布する儀式（譲国儀）とその後の継承者への剣璽を引き渡す儀式（剣璽渡御儀）であった。

伊藤博文（井上毅）の『憲法義解』は、「譲位」の事例が日本の前近代史に多く認められることをふまえたうえで、「譲位」がもたらす弊害を重くみて、旧「皇室典範」には「譲位」規定を盛り込むべきでないという判断を記している。(9) それは、事実上の複数の王が存在することで生じる政治的不安定の増大する危険を察知してのことであった。

かくして、一八八九年（明治二二）の旧「皇室典範」の制定によって、これまで日本の歴史を特色づける制度として存続してきた「譲位」の制度は否定され、「太上天皇」の生まれる可能性は消滅したのである。

二〇一九年四月三〇日に行われる今上の「退位」は、これまで十分な理解に至っていなかった日本史上の天皇の譲位が、制度化されたことで、どのような意味をもつものであったかをあらためて考える契機になればと思う。少なくとも、譲位の復活が内包せざるをえない「二重権威」の問題は、象徴天皇制が抱え込むひとつの試練である。この一点をみるだけでも、戦後の象徴天皇制は、新しい段階に移行したとみることができると思える。

注

（1）研究史の子細をここで記すことはかなわないので、太上天皇や譲位についての近年の研究史の子細は、本論末尾の参考文献を参照されたい。なお、〔荒木　二〇〇六a・二〇一三〕には、古代の王権・天皇制に関わる研究史を収めている。本論を記すに際してふまえた研究史の一端である。

（2）『日本書紀』は、これらの厳密な使い分けをしていないとみて、本稿では、以下、「譲位」の語で統一して使用する。

（3）『古事記』・『日本書紀』は、五世紀中葉に安康天皇が、眉輪王（仁徳天皇の孫、大草香皇子の子）に殺害されたことを記す。史実としての認定に難があるが、大王・天皇が、殺害されたことを公然と記している点は、もっと注目されてよいと思える。

（4）天皇・皇后・皇太子・皇太后等々の王権内の特定の地位を示す呼称が、いつ、なぜ成立したか、等の問いは、それらが内実の変化をともないながら、どのように成立したかを明らかにする必要があり、呼称の初源探りにとどまるべきでないだろう。

（5）譲位宣命については、〔相磯　二〇〇六〕。なお、「身体の衰弱」が、「譲位」に直結するのを常識的に「当然」ととらえるのではなく、そこで何故とあらためて問うのが、王権論の観点に立つことであると思う。

（6）平城天皇は、譲位後、平城の旧宮に移り、嵯峨天皇との対立が深まると、平城への再遷都を号令したりしている。天皇と同一宮内に居住しないという点では同じであるが、嵯峨太上天皇が宮外の後院である冷然（泉）院に居住したことを同一視してはならない。

（7）『日本紀略』弘仁十四年（八二三）四月十日条。なお、『日本書紀』皇極紀元年是歳条や大化二年三月壬午条等にみえる「天無双日。国無二王」と記す文言は、天皇をさしおいて専権を振るう蘇我氏を批判したものであるが、これも最高・最終の意志決定が複数によって下される（＝「二王」）状況を、否定的にとらえていることを示すものである。こうした理解がある一方で、他方で、太上天皇を制度化している。

（8）新羅の「葛文王」と王権については、［李　一九八二、武田・砺波　一九九七、木村　二〇〇四］を参照。ベトナム史については、［桃木　二〇〇一］、を参照。

（9）『憲法義解』は、「再び恭（つつしみ）て按ずるに、神武天皇より舒明天皇に至る迄三十四世、嘗て譲位の事あらず。譲位の例の皇極天皇に始まりしは、蓋女帝仮摂より来る者なり（継体天皇の安閑天皇に譲位したまひしは同日に崩御あり。未だ譲位の始となすべからず）。聖武天皇・光仁天皇に至て遂に定例を為せり。此を世変の一とす。其の後権臣の強迫に因り両統互立を例とするの事あるに至る。而して南北朝の乱亦此に源因せり。本条に践祚を以て先帝崩御の後に即ち行はるゝ者と定めたるは、上代の恒典に因り中古以来譲位の慣例を改むる者なり」と記している。

文献一覧

荒木敏夫『日本古代の皇太子』吉川弘文館、一九八五年
荒木敏夫『可能性としての女帝――女帝と王権・国家』青木書店、一九九九年
荒木敏夫『日本古代王権の研究』吉川弘文館、二〇〇六年ａ
荒木敏夫『日本の女性天皇』小学館、二〇〇六年ｂ（二〇一四年電子書籍版）
荒木敏夫『日本古代の王権』敬文舎、二〇一三年
相磯達夫「譲位宣命の基礎的考察」『白山史学』四二号、二〇〇六年
石尾芳久『日本古代法の研究』法律文化社、一九五九年
石母田正『日本の古代国家』岩波書店、一九七一年

井上光貞『日本古代国家の研究』岩波書店、一九六五年
内田順子「『譲国儀』の検討——九世紀の王位就任儀礼の検討」岡田精司編『古代祭祀の歴史と文学』所収、一九九七年
遠藤みどり『日本古代の女帝と譲位』塙書房、二〇一五年
小倉慈司「「退位」・「譲位」の誕生」『日本歴史』八四〇号、二〇一八年
筧　敏生『古代王権と律令国家』校倉書房、二〇〇二年
岸　俊男『日本古代政治史研究』塙書房、一九六六年
木村　誠『古代朝鮮の国家と社会』吉川弘文館、二〇〇四年
小林敏男『古代女帝の時代』校倉書房、一九八七年
近藤成一「天皇の譲位と院政——鎌倉時代を中心に」小島毅編『中世日本の王権と禅・宋学』汲古書院、二〇一八年
斉藤　融「太上天皇管見」黛弘道編『古代国家の歴史と伝承』吉川弘文館、一九九二年
佐藤長門『日本古代王権の構造と展開』吉川弘文館、二〇〇九年
佐藤長門「日本古代譲位論——九世紀の事例を中心として」『国史学』二〇〇号、二〇一〇年
島津　毅「中世の葬送と遺体移送——「平生之儀」を中心として」『史学雑誌』一二二編六号、二〇一三年
武田幸男・砺波護『世界の歴史　第六巻　隋唐帝国と古代朝鮮』中央公論社、一九九七年
中野渡俊治『古代太上天皇の研究』思文閣出版、二〇一七年
仁藤敦史『古代王権と官僚制』臨川書店、二〇〇〇年
橋本義彦『平安貴族』平凡社、一九八六年
春名宏昭「太上天皇制の成立」『史学雑誌』九九編二号、一九九〇年
春名宏昭「平安期太上天皇の公と私」『史学雑誌』一〇〇編三号、一九九一年
堀　裕「天皇の死の歴史的位置——「如在之儀」を中心に」『史林』八一巻一号、一九九八年
堀　裕「死へのまなざし——死体・出家・ただ人」『日本史研究』四三九号、一九九九年

水谷千秋『女帝と譲位の古代史』文春新書、二〇〇三年
桃木至朗「唐宋変革とベトナム」・「「ベトナム史」の確立」『岩波講座 東南アジア史2　東南アジア古代国家の成立と展開』岩波書店、二〇〇一年
山本真吾「平家物語に於ける漢語受容の一考察――「上皇御所」の呼称をめぐって」『国語学』一五七集、一九八九年
義江明子『日本古代女帝論』塙書房、二〇一七年
吉川真司「律令太政官制と合議制」『律令官僚制の研究』塙書房、一九九八年
李　基白「新羅時代の葛文王」・「新羅六頭品の研究」『新羅政治社会史研究』学生社、一九八二年

▼もっと知りたい人のための参考文献

伊藤博文『憲法義解』岩波文庫復刻版、岩波書店、一九八九年
伊藤博文（井上毅）による『大日本帝国憲法』および『（旧）皇室典範』の逐条解説書。国民の天皇観に広く深く影響を与えた書であり、明治期の天皇制論、国家論として読まれるべき書である。

吉田　孝『歴史のなかの天皇』岩波新書、岩波書店、二〇〇六年
古代史家の吉田孝が、書き下ろした「天皇」史。その叙述は、広く目配りのきいたスタンダードな「天皇」史であり、「もっと知りたい人」が、最初に読むべき書である。

大津透編『王権を考える――前近代日本の天皇と権力』山川出版社、二〇〇六年
「王権」概念が、日本の天皇と権力を分析するうえで、どれほど有効か、を問うた書で、前近代の国家支配と天皇・天皇制との関連を論じている。

幼帝の出現と皇位継承

仁藤　智子

はじめに

日本古代に天皇の即位を規定する法令はなかった

現在の法令では、天皇として（摂政が置かれずに）即位できるのは成年とされ、その成年とは一八歳であると定められている（一九四七年（昭和二二）制定・皇室典範第一六条・第二二条）。一八歳未満等の場合は摂政が置かれるが、それも皇族に限られる（第一六条・第一七条）。これは、一八八九年（明治二二）に制定された皇室典範も同じである。また、皇室典範の第一条に「皇位は、皇統に属する男系の男子が、これを継承する」とうたわれ、女性天皇は排除・否定された。すなわち、近代以降の天皇は、法令によって一八歳で成年に達した男子は単独で政務・公務に立てるが、それ以下の場合は摂政が皇族のなかから選出され擁立されると規定されていた［鈴木　一九九三］。近代天皇制も成年天皇を原則にしていたということである。日本古代においては、律令に天皇の即位や資格・継承順位に関する規定はみえない。幕末まで、律令は武家法と併存しながらも生きていたと考えると、古代において規定がなかっただけでなく、前述した一八八九年制定の皇室典範と同年の大日本帝国憲法にいたるまで、天皇の即位や資格に関する定めはなかったということになる。日本史上、近代国家の形成過程において初めて、「男系の男子」と「成年」、さらには継承順位が法制上明文化されたということになる。

日本古代は女性天皇と幼帝の時代

しかし、翻ってみれば、日本史上、多くの女性天皇と幼帝が即位している。近代以降に制定された法で否定された女性天皇は、推古・皇極・斉明・持統・元明・元正・孝謙・称徳・明正（めいしょう）・後桜町（ごさくらまち）と八人一〇代に及ぶ。東アジアをみても女帝（女王）は、中国では唐の則天武后一人だけであり、朝鮮半島では新羅の善徳・真徳・真聖女王の三人だけである。日本の八人一〇代というのは特記すべき特色であることになる［荒木　一九九九］。日本古代において、女性天皇については律令に規定もあり、法的にも除外された存在ではなかったことは特筆すべきであろう［仁藤敦史　二〇〇六］。

成年前の幼帝はどうであったであろうか。平安時代の天皇の即位年齢に注目して、一覧表にしてみた。表を見ていただきたい。成年に満たない幼帝も、平安初期九世紀の清和（かぞえ九歳）・陽成（九歳）に始まり、一〇世紀以降

表　天皇の即位年齢
（平安時代）

天皇	誕生年	即位年	即位年齢
光仁	709	770	62
桓武	737	781	45
平城	774	806	33
嵯峨	786	809	24
淳和	786	823	38
仁明	810	833	24
文徳	827	850	24
清和	850	858	9
陽成	868	876	9
光孝	830	884	55
宇多	867	887	21
醍醐	885	897	13
朱雀	923	930	8
村上	926	946	21
冷泉	950	967	18
円融	959	969	11
花山	968	984	17
一条	980	986	7
三条	976	1011	36
後一条	1008	1016	9
後朱雀	1009	1036	28
後冷泉	1025	1045	21
後三条	1034	1068	35
白河	1053	1072	20
堀河	1079	1086	8
鳥羽	1103	1107	5
崇徳	1119	1123	5
近衛	1139	1141	3
後白河	1127	1155	29
二条	1143	1158	16
六条	1164	1165	2
高倉	1161	1168	8
安徳	1178	1180	3
後鳥羽	1180	1183	4
土御門	1195	1198	4
順徳	1197	1210	14

元服前の幼帝はゴチック。

になると醍醐（一三歳）・朱雀（八歳）・円融（一一歳）・一条（七歳）・後一条（九歳）と続く。さらに、一一世紀後半の白河院政期以降は幼帝が常態化し、鎌倉初期の承久の乱までを限ってみても、後白河（二九歳）・二条（一六歳）以外はすべて幼帝である。近代法では忌避された成年前の幼帝は、九世紀の清和天皇を嚆矢とする。それ以前は、男性であれ、女性であれ、成年前の天皇が即位することはなかった。では、日本古代国家において、幼帝の出現という事態はどのようにして生じたのだろうか。そして、この危機をどのように国家は克服していったのだろうか。幼帝の出現を可能にしたものはなにか　皇位継承と王権構造の変化から考えてみたい。

1　文徳天皇の早すぎる死と幼帝の出現

王としての資質や統治能力・経験を求められていた日本の古代国家において、それらを要求できない、あるいは要求されない王が、九世紀に登場する。幼帝である。奈良時代から平安初期は大きく時代が動いた時期にあたるが、摂政・関白の成立については研究の蓄積がある［佐々木　二〇一八、吉江　二〇一五］。

ここではそれらに導かれながらも、なぜ幼帝の登場という事態が生じたのであろうか、どのように危機を乗り切っていったのであろうかという観点から、幼帝の出現の受け皿がどのように形成されたのかということを考えていきたい。

天安二年八月の動揺

八五八年（天安二）八月のことである。突然、文徳（もんとく）天皇は病に倒れた。まだ、三一歳になったばかりであった。もともと体が強いほうではなかったようであるが、その直前には宮中の儀式にも出御しており、あまりにもの急変であった。宮中は大混乱に陥った。

文徳天皇は、諱を道康といい、仁明天皇と女御藤原順子の間に生まれた。順子は、藤原北家の左大臣までのぼった冬嗣と内侍として後宮をとりまとめていた藤原美都子を父母とし、同母兄弟として長良・良房・良相がいた。「姿色は美しく、雅やかで性は和厚」（『日本三代実録』貞観十三年九月二十八日条）であったと伝えられる。頼りにする父冬嗣に先立たれた翌年に道康を生んだが、のちの光孝天皇となる時康ら三男一女をもうけた藤原澤子をはじめに、本康ら一男二女の母である滋野縄子、成康ら一男二女を生んだ藤原貞子らキサキの多い仁明の後宮では、気が休まることはなかったのではないだろうか。そんな順子の転機となったのは、八四二年（承和九）に起きた承和の変で、淳和皇子恒貞が廃太子されたのを受けて、愛息道康が立太子したことであった。道康は、八五〇年（嘉祥三）三月に病に伏せた父仁明天皇の譲位により践祚し、文徳天皇として即位した。その時、文徳天皇は二四歳であった。その直後に東宮時代に入宮していた明子から生まれたのが、惟仁（のちの清和天皇）である。文徳天皇は、東宮時代から東宮（内裏外、大内裏の東部にある雅院）に居住したまま即位し、その後、曽祖父嵯峨上皇が後院として使っていた冷然院（大内裏に隣接する二条堀川にある）に入り、そこで亡くなった（図1）。生涯一度も内裏内の正殿を居所とすることがなかった。藤原良房との確執などが考えられるが、天皇が内裏の正殿に入らなかったことは異様であり、政務のあり方も大きく変わる契機となった［川尻　二〇一四］。

文徳天皇が病に倒れた天安二年夏の様子を、正史である『日本文徳天皇実録』と『日本三代実録』からみてみよう。

八月二三日　文徳天皇の危篤という状況のなか、文徳天皇のいる冷然院は騒然となった。近侍していた男官も女官も急なことであたふたと精を失うほどの混乱ぶりであった。

二四日　病状は深刻な状況となり、とうとう言葉も発せない状況になった。ようやく九歳になったばかりの皇太子

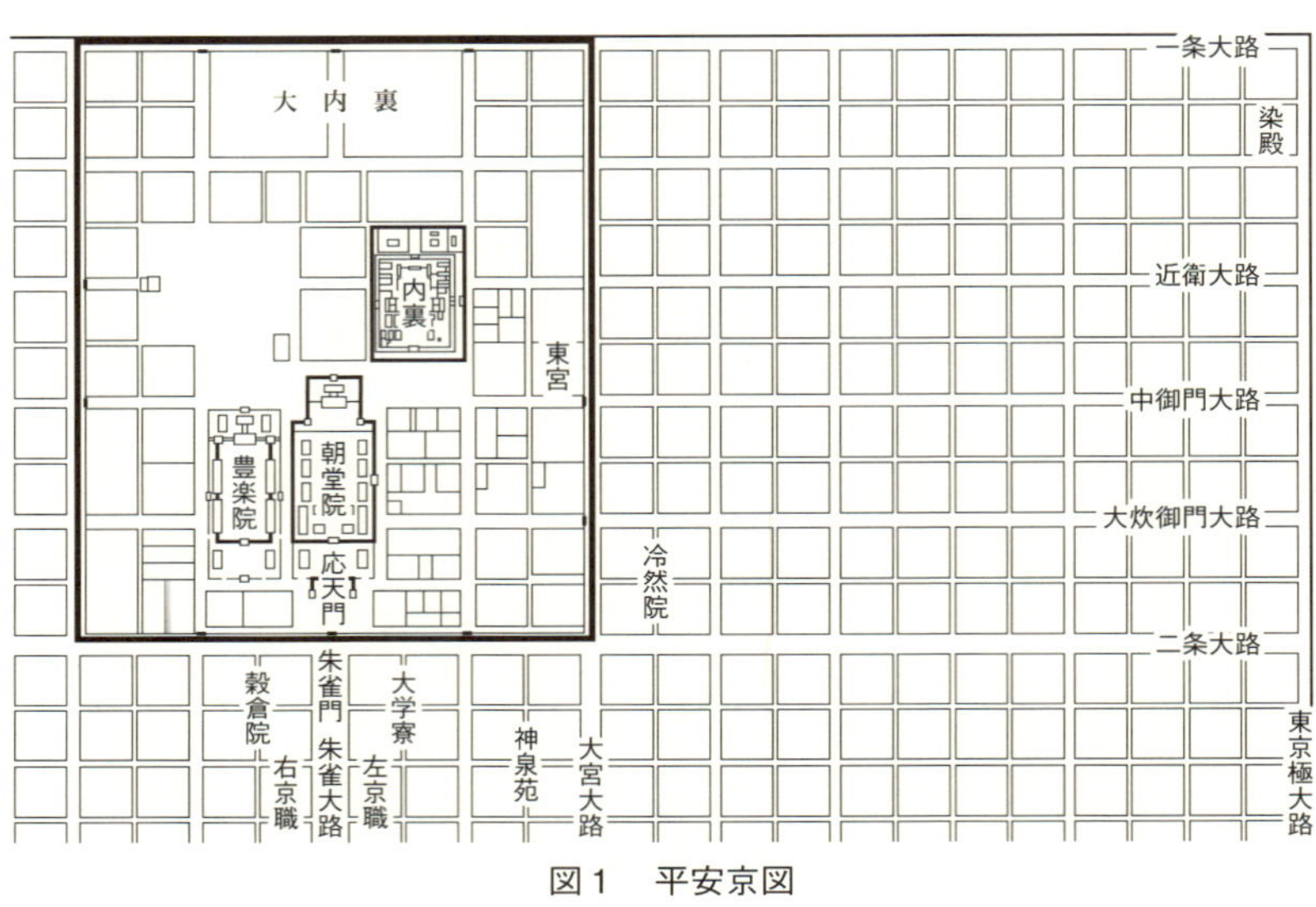

図1　平安京図

惟仁は、嘗薬をもって待機した。公卿たちも陣の頭に伺候した。そのなかで、太政大臣である藤原良房は、文章博士の菅原是善に命じて詔を発給する準備をさせた。

二六日　薬効もなく、状況は緊迫。僧侶が冷然院に呼び入れられ、大般若経の読経が始まった。不測の事態に備えて、固関使（ごげんし）が発遣されて三関の固関と宮中警固が行われた。

固関とは、兵乱や謀反の勃発時、天皇や太上天皇などの崩御時に、伊勢鈴鹿（すずか）関、美濃不破（ふわ）関、近江相坂関（八世紀までは越前愛発（あらち）関）を閉鎖・遮断して、兵乱の拡散、不穏分子の逃亡を阻止することである［仁藤智子　一九九六］。今回は、文徳の急な重篤状態に、恒例の宮中警固や畿内と畿外の境界に固関使が発遣されただけではなく、その内側の京周辺南西方面の要衝の地である宇治・与渡（よど）・山崎を通る幹線も遮断されている。当時の緊張が伝わる緊急措置であった［仁藤智子　二〇〇〇］。

二七日　文徳天皇が冷然院新成殿で崩御した。同日、左右近衛少将であった良峯清風と紀今言が近衛を率いて冷然院の一角に設けられていた皇太子の直曹（じきそう）に陣をしいた。東宮帯刀舎人（たちはきのとねり）はこれをもって解散し、陣を離れた。そのあと、大納言安倍安仁が近衛らを率いて、レガリア（印璽・宝剣・節符・鈴印など）を持って皇太子直曹に入り、新帝へのレガリア渡御が行われた。これをもって践祚が成立した。

践祚とは、天子の位（祚）に就く（践）ことで、先帝の崩御（諒闇践祚）あるいは譲位（受禅践祚）によって行われた。光仁朝に践祚が儀式として確立し、位に就いたことを内外に明らかにする即位とは分離して、平城朝以降からは即位儀は別日に行われるようになった。今回は、文徳の急死という想定外の事態での践祚となった。新帝清和のもとには、太政大臣良房、左大臣源信、右大臣藤原良相が参じ、新体制が確認された。同時に、文徳の葬儀に係わる臨時官司が設置された。

二九日　新帝となった清和は冷然院を離れ、皇太夫人であった祖母の順子が同輿して、大内裏内の東宮（雅院）に入った。その行列は行幸のようであったという。この点については、後で詳細に検討してみたい。

翌九月六日に、文徳天皇が眞原山陵に埋葬され、一六日に大祓が終わると、一気に即位に向けて諸準備が行われた。一一月五日に山陵使が派遣されて、清和の即位が報告された。山陵使とは、告陵使ともいい、国家の大事について天皇の祖先霊を祀っている山陵に報告するために派遣される勅使のことである。このときは、山階山陵（天智天皇）・柏原山陵（桓武天皇）・嵯峨山陵（嵯峨天皇）・深草山陵（仁明天皇）・眞原山陵（文徳天皇）と、外祖母に当たる源潔姫の愛宕墓に勅使が派遣された。清和は、天智に始まる王統の、桓武・嵯峨・仁明・文徳に次ぐ直系継承者であるという意識のもとで、これらの山陵が選ばれている［北　二〇一七］。源潔姫は嵯峨皇女で臣籍に降下し、良房の室となっていた人物であり、母系でも嵯峨天皇につながっていることを強調する意図があったと考えられる。

七日に大極殿にて即位儀が挙行された。同日、清和の生母である明子が皇太夫人に列せられると、祖母順子は皇太后に格上げされ、その家政機関として明子の中宮職、順子の皇太后宮職が設置された。宮中の警固も解かれ、開関も行われて、日常生活を取り戻した。

九歳の天皇の出現

文徳天皇の在位中、生後まもなく皇太子に立てられた惟仁親王については、次のような童謡が残されている。『日本三代実録』清和天皇即位前紀には、

大枝を超えて　走り超えて　騰がり躍り超えて　我や護もる田にや　捜りあさり食む志岐（鴫）や　雄々い志岐（鴫）や

とみえる。大枝とは大兄をさし、鴫にたとえられているのが、兄たちを飛び越えて立太子された惟仁である。このとき文徳天皇にはすでに四皇子がいたことが知られる。第一は惟喬親王、第二は惟條親王、第三は惟彦親王であり、皇太子となった惟仁は第四皇子であった。八五〇年（嘉祥三）三月二五日に良房の娘である明子を母に、良房の邸宅であった東京一条第で誕生した惟仁親王は、わずか生後九ヵ月で三人の兄を越えて立太子されたことを、大切に守ってきた田を食い荒らす鴫にたとえて風刺しているのである。この立太子が文徳天皇の意思でなかったことは、次に示す史料からもうかがえる。

九三一年（承平元）九月四日の夕べに、醍醐皇子の重明親王を尋ねた藤原実頼が、父忠平から聞いた話として、語ったのはこうである。文徳天皇は第一皇子惟喬親王を鍾愛しており、惟仁より先に皇位に就けようとしたが、源信の進言で思いとどまり、良房の孫である惟仁（清和）を立太子せざるをえなかった。後年、応天門の変（八六六年）時、左大臣源信は放火犯と疑われて窮地に陥った。そのとき、良房が清和天皇に、源信は「陛下之大功臣」であるからと進言し、源信を救ったというのである。重明親王の日記『吏部王記』の逸文として伝わるこの話は、応天門の変の裏話としても興味深いが、文徳天皇が第一皇子惟喬親王へ皇位を継承させたいと願っていたことを如実に物語っている。

文徳天皇の急死は想定外であり、皇太子惟仁がいたとはいえ、王権にとっても危機であった。奈良時代から平安初期における幾多の政変のなかで、急務となったのが安定的に皇位を継承することであった。とくに、太上天皇・皇太后も不在であり、明確な意志をもって皇太子を置かなかった称徳女帝の死による政権の動揺は、光仁天皇以降の天皇にとって大きな教訓となった。

そのため光仁朝以降の皇統は、複数の王統が維持され、互いに皇太子を立てる迭立（てつりつ）が志向された。八一〇年に起きた平城（へいぜい）上皇の変で、平城上皇は平城宮にとどめられ、平城系高丘親王が廃太子されると平城系王統は皇位継承から外れることになった。また、八四二年の承和の変では、淳和天皇と嵯峨皇女正子の子どもである恒貞親王が、自らは潔白であると認められながらも、廃太子されて出家したことで、淳和系も外されることになった。このような政変による迭立の解消は、嵯峨―仁明による皇位の独占と王統の収斂をもたらした。平安初期における王統の変遷をふまえた系図を参照していただきたい。この結末として、文徳の想定外の急死による幼帝清和の即位を引き起こすことになった。王統の収斂による直系継承と想定外の天皇の急死によって、危機に直面した古代国家はどのようにこの事態を切り抜けたのであろうか。

光仁[1]―桓武[2]―平城[3]・嵯峨[4]・淳和[5]
嵯峨―源信・正子（淳和皇后）・仁明[6]
仁明―文徳[7]・光孝[10]
光孝―宇多[11]―醍醐[12]―重明親王（吏部王）・朱雀[13]・村上[14]
文徳―惟喬親王・清和[8]
清和―陽成[9]
藤原冬嗣―順子（五条后）・良房（忠仁公）・長良・良相
良房―明子（染殿后）・基経＊
長良―基経＊・高子＊（二条后）
基経―時平・忠平・穏子（醍醐中宮）
忠平―実頼・師輔
良相―常行・多賀幾子（文徳女御）・多美子（清和女御）
＊は養子・養女関係

幼帝清和と陽成をめぐる人間関係図

幼帝の出現の受け皿

この日本歴史上、初めての幼帝の出現を可能にしたものは何であったのであろうか。

かつては、天皇の地位は、個々の天皇の能力とは係わらない一つの制度であった〔吉田　一九八八〕から、男女長幼は問題がなかったと唱えられた。さらには、平安時代に入ると、国政をつかさどる議政官の官僚貴族化が進む一方で、平穏な政治状況のなかで王統が安定した〔早川　一九八七〕ことが指摘された。とくに、平安初期における官僚制の成熟は、衆目の一致するところである。ただ、それだけで、幼帝の出現を受け入れる受け皿が説明しきれたとは考えられない〔吉岡　一九九一〕。そこで、王権の内部構造に目を転じて考えてみたい。

生前譲位の実現によって、大王・天皇と前大王・前天皇（太上天皇）という新旧二つの権威と権力が生まれることになった。両者は明確な境界線がないまま、日本の古代社会に根づくことになった。東アジアにおいて独特の太上天皇制が創生されたのである。両者はときには補完し王権を支えあい、ときには相克し権力の分裂を起こしながら一世紀以上運用されてきた。

次期天皇予定者を天皇の生前に定めておく皇太子制度は、律令の整備とともに七世紀末に成立をみたが、八世紀を通じて運用されることは多くなかった〔荒木　一九八五〕。同じように、律令に規定された天皇の妻たちも、明確な地位をもちえたのは、奈良時代には、文武（もんむ）の妻で聖武の生母であった藤原宮子の皇太夫人（その家政機関としての中宮職）と聖武の妻で孝謙・称徳の生母である光明皇后・皇太后（その家政機関としての皇后宮職・皇太后宮職のちに紫微中台（しびちゅうだい））の二例を数えるばかりである。女性天皇を輩出した時期であることを考慮する必要があるが、この二例は、大化前代的なキサキの存在形態とも、平安時代以降の皇后や皇太后とも一線を画す異質な存在でもあった。

奈良時代の末に、光仁天皇は皇后と皇太子を立てて、多極的な王権構造をめざした。王統の交替による光仁の脆弱な権力基盤を補強、輔弼しなければならないという当該期の課題のためではあったが、「内親王皇后」である聖武皇女井上内親王の立后とその所生である他戸（おさべ）親王が立太子された意義は大きかった。

日本古代に輩出する女帝は、皇太后型女帝と皇太子型女帝に分類できるが、両者の必要十分条件は「内親王（皇女）」であったことは当然であろう。大王推古をはじめとする古代女帝の特質として、皇太后型女帝があげられるが、その母胎は「内親王皇后」であったということができる。内親王（皇女）にして天皇の嫡妻（大后・皇后）であったということである。光仁天皇が、「内親王皇后」井上内親王を廃后したのは、産んだ子どもだけでなく、自らも皇位継承の有資格者となる「内親王皇后」が、当該期の王権にとって諸刃の剣であったためであると考えられる。その後は、皇族ではない臣下諸氏の女性が、「臣下皇后」として相次いで立てられた。桓武天皇の藤原乙牟漏（おとむろ）、嵯峨天皇の橘嘉智子がその例である。しかし、平城、嵯峨、淳和の兄弟での王統迭立期に、淳和天皇は、姪にあたる嵯峨皇女であった正子内親王を立后した。その正子も、承和の変で息子である恒貞皇太子だけでなく自らの女帝の可能性を簒奪されたことで、「内親王皇后」からの女帝の可能性は途絶えた。約一世紀のちの朱雀皇女で冷泉皇后となった昌子内親王まで、「内親王皇后」が立てられることはなかった。女帝が出現しなくなるのも、皇位継承の資格をもつ「内親王皇后」が忌避されるようになったことが原因の一つであると考えられる［仁藤智子　二〇一八］。女帝の終焉が、男系男子への限定的な皇位継承を助長し、幼帝の出現の要因の一つになっているのである。

一方で、九世紀には、自らは皇位継承の資格をもたない「臣下皇后」が立后され、嵯峨皇后であった橘嘉智子が「皇后→皇太后→太皇太后」と進むと、三后制が整備、成立をみることになった。このような后位の整備と連関するかたちで、後宮におけるキサキの序列を可視化するための儀式が整えられた。夫人の下位に、女御や更衣という新たなランクも設けられるようになったのもこの時期である［山本　二〇〇一、仁藤智子　二〇一六］。しかし、前述の淳和皇后正子内親王を最後に、九世紀に皇后が置かれることはなかった。女性が皇位継承から意図的に排除され、女性天皇はもちろん皇后までおかれなかったということができよう。

以上みてきたように、光仁朝以降の王権は、天皇だけでなく、太上天皇・皇太子、皇后・皇太后・太皇太后という多極をもつ構造を意識して形成してきた。これは、ひとえに王権の権力を強化し、安定的に継承するためであった。これらの多極構造は、平常時は天皇の権力に内包されて顕在化することはなかった。天皇の不在や危機時にのみに顕れて、王権を補完・輔弼する存在であった。

では、このような王権の多極構造が、清和という史上初めての幼帝の出現時にどのように機能したのか、みてみよう。

清和の即位に出された詔を分析してみると、従来どおりの表現のなかに、「賢人の良きたすけを得て」という文言があり、実質的には外祖父藤原良房を首班とする政治体制が補完するという論理が看取できる［荒木　二〇〇六］と従来は評価されてきた。しかし注目したいのは、先述したように清和践祚に先立って、皇太子（清和）が皇太夫人順子（祖母）と同輿して東宮にはいったことである。太上天皇も皇太子も皇后も不在という緊急事態において、祖母である皇太夫人順子を後見として平安宮（大内裏）の主となったことは、実質的な皇太后臨朝によって幼帝の出現は補佐・輔弼されたということではないだろうか。さらに注目したいのは、順子が皇太夫人であったことである。皇后にもなれず、王権から疎外されていた「臣下キサキ」が、生母・祖母という天皇との血縁関係によって、王権に包摂される過程として、幼帝の出現をとらえることができる［仁藤智子　二〇一九］。言い換えれば、「臣下キサキ」であった皇太夫人が同輿、同居して直接的に幼帝を輔弼・補完することで、太上天皇も、皇后もいないなかでの幼帝の出現を乗り越えたのである。もちろん、このときはまだ摂政も関白も創出されていなかった。

2　再び幼帝の登場

清和の生前譲位による陽成の即位

先に王権の多極構造にふれたが、それがどのようなものであったのか、説明しておきたい。従来は、天皇制という近代の用語を使用し、天皇一人にすべての権力が具現化されうるという考え方が通説であった。しかし、一九八〇年代から、日本古代社会における大王・天皇の存在を、世界史的に相対化し、その特性を抽出しようとする「王権論」という研究分析が行われるようになった［荒木　一九九七、仁藤敦史　二〇一八］。そのなかで、大王・天皇だけではなく、生前譲位によって派生した日本独自の太上天皇制、律令とともに受容されたものの、なかなか機能しなかった皇太子制や皇后制が、先に述べたように奈良時代後半から平安初期にかけて整備されて、天皇を補完・輔弼する多極を構成するようになった。これを「王権の多極構造」というが、常に天皇の権能を極が分有するような構造ではなく、王権の危機時にのみ顕在化しうるという、動的な特質をもっている［仁藤智子　二〇一九］。このような構造をもちえたからこそ、平安後期の摂関政治や中世移行期の院政といった政治形態が可能であったと考えることができるようになった。

さて、次の陽成天皇も九歳で即位した幼帝である。父清和の場合と決定的に異なっているのは、清和天皇から陽成天皇へ「生前譲位」による幼帝の登場であるということである。

八七八年（貞観一八）一一月の様子を『日本三代実録』からみてみよう。

一一月二七日　清和天皇が内裏から染殿院へ退出した。

二八日　清和天皇の譲位の意志が公表された。今回の染殿院（そめどのいん）行幸は、譲位を行うための第一段階であったという。使いが各所に遣わされて万全の警固体制がとられた。一方で、淳和太皇太后正子から、清和の安否を尋ねる使者が派遣され、染殿院を訪れた。清和天皇は使者に無事を伝え、正子への贈り物を持たせた。

二九日　皇太子貞明親王は牛車で東宮を出て染殿院へ向かった。そこで、清和から陽成への譲位が行われた。清和の勅で、右大臣であった藤原基経に、「幼主を保輔して、天子之政を摂政する」よう命じた。詔によれば、頻繁に熱病を発症し、心身ともに衰弱して朝政を聴くのに耐えられなくなったことと、近年災害が頻発することを憂えていることが退位の理由として掲げられている。さらに、皇太子である貞明が成人になるまで待とうと思っていたが、省みれば自分（清和）も幼帝であったが、「賢臣の保佐」があったのでやってこられた。今回も左大臣源融は「粛疎にして朝務に耐えき」と申し出ていたので、その意志を尊重した。右大臣藤原基経は内外の政に精通しているので補佐を頼むことにする。また、基経は「皇太子の舅氏」であるので、かつて、私が忠仁公に保佐してもらったように陽成を支えてくれるようお願いするという。

染殿院にて践祚が行われ、新帝陽成天皇は平安宮へ鳳輦で還御した。その行列に文武百官が付き従った。

一二月一日　藤原基経が二九日の詔に対して辞意を表明した。その理由は、「忠仁公（良房）のように、幼主を保佐するようにと清和天皇は仰せであるが、忠仁公は人格資質とも申し分がなく、また人望もあり、その功績は偉大である。私は、忠仁公の足元に及ばない。どうかお取り下げ願いたい」というものであった。しかし、この辞表は受け入れられなかった。

二日　再度、基経が辞意を表明した。「私が非力で、保佐に及ばないことは言うまでもありません。前例を見てみると、幼主の御世には（皇）太后が臨朝することになっている。このたびも幼主であることを憂うるのであれば、皇母が臨朝すれば万事問題はないと思われます。なので、私への命令をお取り下げください」というものであった。この基経の辞意も許されず、基経はその任を全うすることになった。

八日　陽成の詔が出て、先に辞退を申し出ていた先帝清和に対して「太上天皇」の尊号と待遇が与えられることになった。

一七日　勅使が伊勢大神宮に派遣されて、来年正月三日に陽成天皇の即位が行われることが報告された。

二一日　開関が行われ、宮中も諸国も警固が解かれた。
二九日　文徳天皇陵に勅使（山陵使）が派遣されて、陽成天皇が受禅したことが報告された。
元慶元年正月三日　豊楽院にて即位儀が行われた。同日、生母であった藤原高子は皇太夫人に上げられ、陽成天皇はすべての行事を終えて、東宮に帰った。後日、高子には皇太夫人の家政機関として中宮職（ちゅうぐうしき）が設置され、さらに、その実父母藤原長良と乙春に外祖父母として贈位・贈官がなされた。

ここで注目したいのが、「幼主を保佐すべきは誰か」と、一一月二九日から翌月二日までかわされたやり取りである。清和は幼帝陽成への譲位に際して、右大臣藤原基経に、「幼主を保輔して、天子之政を摂政する」よう命じた。先例として持ち出したのが、自身が忠仁公良房に補佐してもらったことである。しかし、基経は、自分は人物資質とも良房に及ばないのでと、「保佐」する器量がないことを理由に断っている。それが許されないとわかると、前例にのっとった皇太后臨朝をせまっている。ここでいう皇太后臨朝は、陽成の生母高子の補佐を指す。前例とは、清和の即位時の皇太夫人（まもなく皇太后）順子のことを持ち出したのである。このたびも幼主であることを憂うるのであれば、清和も太上天皇になって存在するのであるから、皇母が臨朝すれば万事問題はないとかわそうとしたのである。結局、基経は陽成を補佐する役目を引き受けたのであるが、「皇太后臨朝」が先例として議論になっていることに留意したい。

居住空間と居住形態の変化

光仁朝以降、天皇をとりまく居住空間と居住形態の変化を考えてみたい。そもそも宮とは、大王・天皇の居所を指す言葉である。都城（宮都）制の導入にともなって、プライベート空間と政務空間が分離し、大内裏と呼ばれる巨大な空間が形成されるようになった。幾度もの変遷ののち、天皇の居住空間の後方に皇后宮や後宮と考えられるキサキたちの居住空間が創出されたのは、光仁朝以降である［橋本　一九九五］。このことは、非常に重要な点である。すなわち、称徳朝以前の王権構造と光仁朝以降の王権構造が質的に異なっていたということである。井上の立后以降、皇后が内裏の住民となり、その家政機関である中宮職あるいは皇后宮職（こうごうぐうしき）も大内裏の中に設営されるようになったことは、多極構造を形成する大きな基盤となったと考えられるからである。

さらに、八一〇年（弘仁元）平城上皇の変で、天皇と太上天皇の対立が「二所朝廷」というかたちで表面化したことを受けて、嵯峨天皇は譲位ののち、内裏を退去し、大内裏外に後院を設けた。これによって、内裏は天皇一人の空間となったのである。このような居住形態の変化は、平安初期の天皇への権力の一元化として評価されるところである。京内の要所には、嵯峨天皇の冷然（泉）院、淳和太上天皇の淳和院、そして清和太上天皇の清和院などが設けられ、先帝は譲位後、皇后をはじめとしてキサキたちを率いて内裏を退去するのが慣例となった。天皇が平安宮の唯一の主となり、内裏は天皇・キサキ・皇子女という天皇ファミリーの空間となったのである。しかし、先にみたように、文徳天皇は内裏に入らず、嵯峨太上天皇が使っていた冷然院に居住したために、平安宮は主なきミヤとなっていた。ついには、そのまま冷然院で没し、清和の践祚は冷然院という宮外で行われた。

清和は践祚の直後に、祖母である藤原順子とともに平安宮に入ったが、内裏には入らず、東宮（大内裏の雅院）に入っただけであった［中町　二〇〇二］。清和の即位を見届けて、皇太后となった順子は一年足らずで東宮を退去した。向かった先は、弟の藤原良相の西京三条第であった。それと入れ替わるように、清和生母の藤原明子が東宮に入り、幼帝と生母の同居が開始された。八六五年（貞観七）に、すでに元服を済ませていた清和は、内裏の仁寿殿（じじゅうでん）に入る（図2）。内裏に天皇が入ったのは、八五〇年（嘉祥三）三月に、病のために文徳に譲位した仁明天皇が亡くなって以来、一五年ぶりのことであった。それと同時に皇太后明子が常寧殿（じょうねいでん）（後宮）へ移る。そもそも後宮とは、天皇のキサキ（妻）たちの居住空間である。その中心殿舎に母后が入るなど前代未聞の出来事であった。これが、成人した天皇が母后と内裏内同居の先例となる［西野　一九九九、服藤　二〇〇五、東海林　二〇一八］。

このような状況のなかで起きたのが、八六六年（貞観八）の応天門の変である。左大臣・右大臣・大納言らが互いに対立し、朝堂は混乱に陥った。成年清和天皇は、緊急時の対応として、良房に全権を委任して事態の収拾をはかった。その結果、政界の権力図が大きく塗り替えられ、良房―基経親子の一人勝ち状態で、「摂政」というポストまで手に入れたと評価されてきた。一歩進めて考えてみると、別の側面が浮かび上がってくる。この事件で罪人として政界から駆逐された伴善男が、太皇太后宮大夫という肩書をもっていたことに注目すると、自身の家政機関のトップを政争で失った順子の受けた打撃は大きかったと思われる。また、順子が頼りにしていた弟良相も事実上の政界引退を余儀なくされたことを考えると、「順子＝良相・伴善男」対「明子＝良房・基経」という権力闘争であったとも解することができる。その結果、良房の養女で、基経の同母妹である高子が、明子が取り仕切る後宮に入内できた。キサキの実権は、順子から明子に移ったのである［仁藤智子　二〇一五］。

さて、陽成は即位すると、内裏の仁寿殿へ、皇太夫人となった生母高子は後宮の常寧殿へ入る。一方で、太上天皇となった清和は内裏を退去し、染殿院へ向かった。内裏には幼帝陽成天皇と母后高子が母子同居する一方で、染殿院（のちの清和院）では太皇太后明子と清和太上天皇が母子同居するという異様な事態になった。従来、譲位後退去する太上天皇に付き従って大内裏を去るのがキサキであったが、高子はその慣例を破ったのである。その世間的な理由として、基経のいう「皇太后臨朝」という言葉は、重みをもっていた。皇太后である高子は、幼帝陽成を「保佐」しなければならないのであるから、先帝清和とは行動を共にできない、という理屈である。

このように、皇太夫人とはなったが立后されなかった「臣下のキサキ」が、幼帝との同輿・同居という居住空間の変化を利用して、王権の多極を担う存在へと変貌したのである。その点で、幼帝の出現は、妻后（皇后）から母后（皇太后）への権力の移行を可能にしたともいうこともできよう。

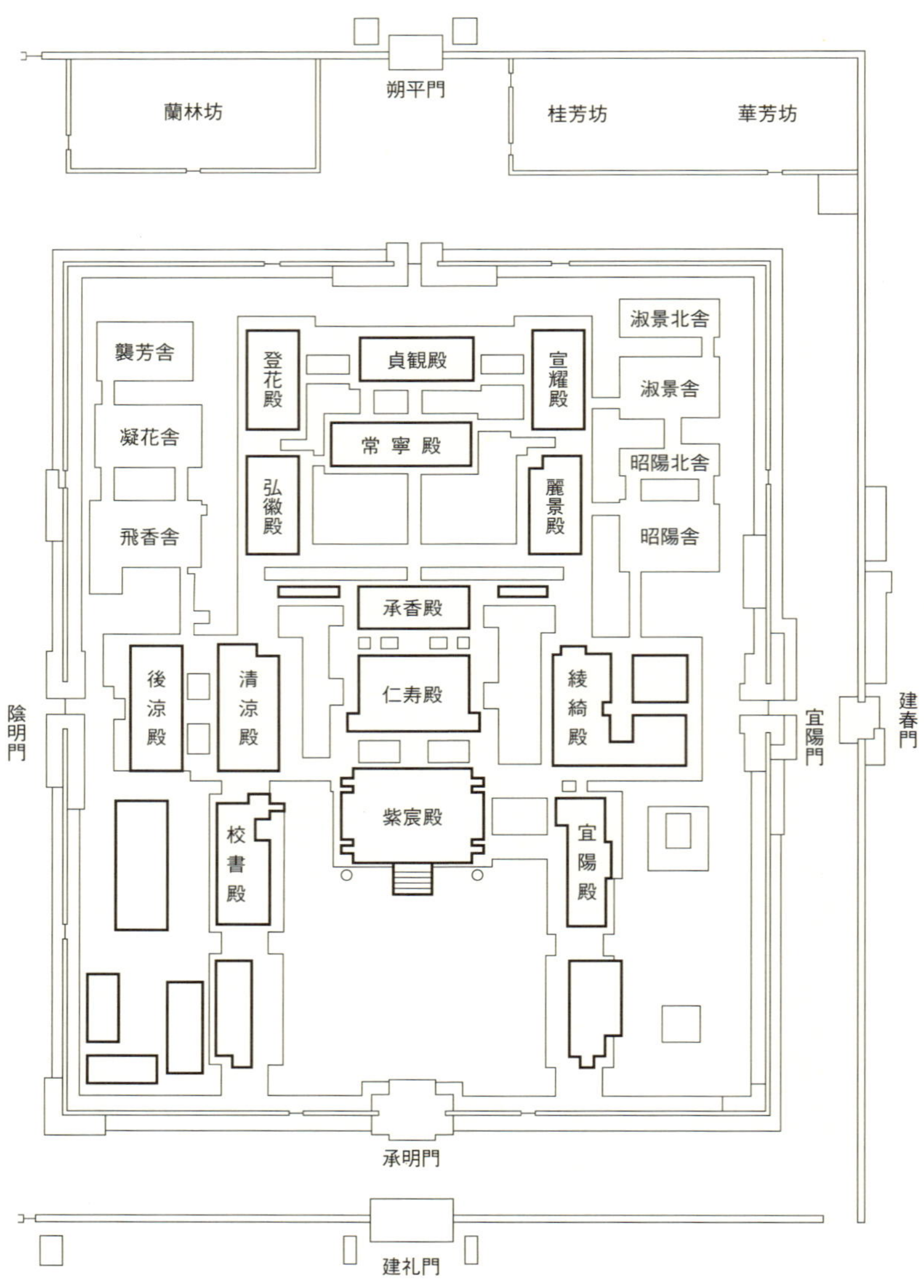
朔平門
蘭林坊
桂芳坊
華芳坊
淑景北舎
襲芳舎
登花殿
貞観殿
宣耀殿
淑景舎
凝花舎
常寧殿
昭陽北舎
弘徽殿
麗景殿
飛香舎
昭陽舎
承香殿
後涼殿
清涼殿
仁寿殿
綾綺殿
陰明門
宜陽門
建春門
紫宸殿
校書殿
宜陽殿
承明門
建礼門

図2　平安宮図

むすびにかえて

九三〇年（延長八）九月二二日、醍醐天皇は危篤となり、皇太子であった寛明（ゆたあきら）親王に譲位した。朱雀天皇である。数え八歳での即位となり、陽成以来半世紀ぶりの幼帝の再登場である。『日本紀略』によれば、醍醐天皇の詔は、左大臣で皇太子傅であった藤原忠平に「幼主を保輔し、政事を摂行する」ことを命じたと記す。醍醐天皇は践祚の七日後に崩御した。「幼主を保輔し、政事を摂行する」とは、まさに、いままでみてきた清和と陽成を前例にした文言であった。しかし、その内実は少し違っていたようである。

『吏部王記』には、麗景殿にて床に臥せる醍醐天皇の元より、天皇のレガリアである剣璽が宣耀殿（せんようでん）にいた新帝朱雀のもとに渡御したものの、そこでは狭かったので弘徽殿（こきでん）に移ったことなどつぶさに様子が記されている。弘徽殿には、朱雀の生母であり、醍醐中宮であった藤原穏子がいた。忠平は穏子の兄弟にあたる。新帝が常寧殿に移る際には、忠平の息子である右兵衛佐藤原師輔が幼帝を抱きかかえ、昇殿を許されたばかりの時平の子藤原敦忠がその衣を持っていたことも知られる。まさに、「藤原氏丸抱えの幼帝」の登場であった。

九世紀の清和・陽成と同じ幼帝の出現ではあるが、摂政・関白が役職として機能しはじめた一〇世紀の朱雀幼帝の場合は、その受け皿の質的な差異に留意すべきであろう。穏子は、夫醍醐天皇の死後も内裏・後宮に残り、実子である朱雀・村上天皇に影響力を保持した。このときに、さまざまな儀式や儀礼が整備され、摂関期の后の先例となっていく［田村　二〇〇二、中町　二〇〇七、伴瀬　二〇一六］。

日本古代国家において、幼帝の出現はどのように起きたのか、さらに、このような事態をどのように克服したのかを考えてきた。皇位継承の変化、キサキをも含む王権構造の多極化と変質、その流れに九世紀の清和と陽成という二人の幼帝を位置づけることができた。しかし、両者の決定的な違いは、前天皇（先帝・太上天皇）の存在の有無である。清和には先帝も皇太后もいない、ナイナイ尽くしのなかの即位であった。まさに、古代王権は大きな危機に面していたといえよう。しかし、皇太夫人であった仁明女御・文徳生母藤原順子の同輿・同居というかたちで乗り切ることに成功した。のちには、清和は生母明子と史上初めての内裏内同居に挑む。やがて、清和は自分の事例を先例として、陽成に生前譲位する。臣下の補佐・奉仕を前提に、皇太后臨朝に臨んだ陽成と生母高子は、やがて臣下から見放される。陽成の退位の理由は、殿上殺人事件など殺伐とした話がつくが、本当のところ基経以下臣下に見捨てられたのが事実に近いのではないか。陽成は退位、高子は廃后。こうして、いったんは、避けられるようになった幼帝であったが、約半世紀後、機が熟して朱雀幼帝というかたちで実現する。その傍らにいるのは、生母穏子であるが、彼女は皇太夫人という后位のない存在ではなく、中宮として立后された后であった。また、摂政・関白はもちろんのこと、その一族を挙げて幼帝を擁護する体制が出来上がっていた。一〇世紀における朱雀幼帝のあり方が、一つの成功例として、その後の先例となっていく。

九世紀に幼帝の出現に対応できたことが、その後の幼帝への生前譲位、摂関政治、ひいては院政というあらたな政治形態を生み出す一つの土台になっていくのである。

文献一覧

荒木敏夫『日本古代の皇太子』吉川弘文館、一九八五年
荒木敏夫「王権論の現在」『歴史評論』五六四号、一九九七年
荒木敏夫『可能性としての女帝——女帝と王権・国家』青木書店、一九九九年
荒木敏夫「日本古代の幼帝——古代王権と年齢階梯」『日本古代王権の研究』吉川弘文館、二〇〇六年

川尻秋生「陣定の成立」『日本古代の国家と王権・社会』塙書房、二〇一四年
北　康宏「律令陵墓祭祀の研究」『日本古代君主制成立史の研究』所収、塙書房、二〇一七年（初出一九九九年）
佐々木恵介『天皇の歴史3　天皇と摂政・関白』講談社学術文庫、二〇一八年（初出二〇一一年）
東海林亜矢子「母后の内裏内居住と王権」『平安時代の后と王権』所収、吉川弘文館、二〇一八年（初出二〇〇四年）
鈴木正幸『皇室制度——明治から戦後まで』岩波新書、一九九三年
田村葉子「立后儀式と后権」『日本歴史』六四五号、二〇〇二年
中町美香子「平安時代の后宮・皇太子在所と宮都」『史林』八五巻四号、二〇〇二年
西野悠紀子「九世紀の天皇と母后」『古代史研究』一六号、一九九九年
仁藤敦史『女帝の世紀——皇位継承と政争』角川学芸出版、二〇〇六年
仁藤敦史「古代王権論の成果と課題——女帝・譲位・太上天皇の成立」『歴史評論』八一四号、二〇一八年
仁藤智子「固関の展開と王権——平安時代における王権の権力構造の一分析」『古代文化』四八巻一一号、一九九六年
仁藤智子「古代における王権の空間認識——平安京の形成と固関の展開」『平安初期の王権と官僚制』吉川弘文館、二〇〇〇年
仁藤智子「応天門の変と『伴大納言絵巻』——記録と記憶の間」『国士舘史学』一九号、二〇一五年
仁藤智子「平安初期における后位の変質過程をめぐって——王権内の序列化とその可視化」『国士舘人文学』七号、二〇一六年
仁藤智子「女帝の終焉——井上・酒人・朝原三代と皇位継承」『日本歴史』八三七号、二〇一八年
仁藤智子「平安初期の王権」『古代王権の史実と虚構』竹林舎、二〇一九年
橋本義則「平安宮内裏の成立過程」『平安宮成立史の研究』所収、塙書房、一九九五年
早川庄八「律令国家・王朝国家における天皇」『日本の社会史』3、岩波書店、一九八七年
伴瀬明美「摂関期の立后儀式」『摂関期の国家と社会』所収、山川出版社、二〇一六年
服藤早苗「九世紀の天皇と国母——女帝から国母へ」『平安王朝社会のジェンダー』所収、校倉書房、二〇〇五年（初出二〇〇三年）

山本一也「日本古代の皇后とキサキの序列——皇位継承に関連して」『日本史研究』四七〇号、二〇〇一年
吉岡眞之「幼帝が出現するのはなぜか」『争点日本の歴史　古代編Ⅱ』新人物往来社、一九九一年
吉田　孝『大系日本の歴史』3巻、小学館、一九八八年
吉江　崇「平安前期の王権と政治」『岩波講座 日本歴史』第4巻、岩波書店、二〇一五年

▼もっと知りたい人のための参考文献

榎村寛之『斎宮——伊勢斎王たちの生きた古代史』中公新書、二〇一七年

　本文ではふれなかったが、天皇の身体を考える際に「御杖代」といわれた伊勢斎宮のことも重要である。斎宮の成立から変遷をわかりやすく書いた最適の書。

坂上康俊『日本の歴史5　律令国家の転換と「日本」』講談社、二〇〇一年

　二一世紀最初に公刊された通史。東アジアを視野に入れ、九世紀が奈良時代との連続にあるのか、それとも中世社会への入り口として考えるべきか、問う。

佐々木恵介『天皇の歴史3　天皇と摂政・関白』講談社学術文庫、二〇一八年、初出二〇一一年

　摂政・関白をめぐる議論をおさえながら、摂関政治が成立していく過程と、そこにおける天皇像の変質を論じる。

佐々木恵介『日本古代の歴史4　平安京の時代』吉川弘文館、二〇一四年

　前著をふまえて、九世紀の歴史を丹念に記述した通史。中央と地方との関係にもふれ、立体的な時代像を提示する。

佐藤信編『古代史講義——邪馬台国から平安時代まで』ちくま新書、二〇一八年

　一五人の執筆者による最新の古代史概説。従来の概説書・通史とは異なり、個性豊かである。考古学の成果なども取り入れ、古代史研究の多様性と可能性を示す。

保立道久『平安王朝』岩波新書、一九九六年

　血統論から平安時代の天皇と皇位継承を論じる。中世史研究者ならではの鋭い指摘もあり、示唆に富む。

コラム

諡号・追号・大行天皇号

岩本　健寿

旧皇室典範の成立以降、譲位は制度上ありえず、明治・大正・昭和の歴代天皇は天皇在位のまま没した。生前は単に「天皇」であった各天皇は、没後、追号奉告の儀により在位中の元号にもとづいて追号されるまで「大行天皇」であった。一九八九年一月七日に没した昭和天皇の場合、没後しばらくは「大行天皇」であり、同月三一日に追号奉告の儀が行われ、新天皇による御誄のなかで「昭和天皇」と追号された（同日には内閣告示「大行天皇の追号が定められた件」が出されている）。

このように、近代以降の天皇は在位中の元号にもとづく追号によって個々の天皇を示すのが一般的であるが、前近代においては必ずしもそうではない。特定の天皇を示す呼称は、①諡号・②追号・③その他に分類することができる（もちろん用いられるのはすべて没後のことである）。①諡号は生前の事績にもとづくものであり、さらに和風諡号（国風諡号）と漢風諡号とに分けられる。前者が先に成立し、後者は八世紀に淡海三船が一括撰進したとされるが、両者の関係性を含め不詳な点も多い。八世紀までの多くの天皇には両者が奉じられており、たとえば天武天皇の場合、和風諡号が「天渟中原瀛真人天皇」、漢風諡号が「天武天皇」となる。しかし九世紀以降、譲位した天皇には諡号を奉じない傾向が強くなる。和風諡号は仁明天皇への奉諡が最後とされ、漢風諡号は、九世紀末の「光孝天皇」で一度途絶え、中世の「崇徳院」・「安徳天皇」・「顕徳院」（後鳥羽天皇）・「順徳院」をはさみ、近世の「光格天皇」で復活する。

②追号は、陵所や譲位後の居所、在位中の元号などにもとづくもので、近代以降の天皇はすべてこれに該当する。追号は、諡号とは逆に九世紀以降増加し、やがて一般的となる。両者の区別は厳然と存続しつづけたようで、中世の後花園上皇は没後、初め「後文徳院」を追号されたが、漢風諡号に後字が付されたり、「文徳」を追号と称したりした例はないということで、「後花園院」に変更されている。

③その他の代表例は、在位中の宮名を用いるもので、前掲の天武天皇は「飛鳥浄御原宮御宇天皇」や「浄御原天皇」と記される。ただ、都が遷らなくなると新出例はなくなる。

以上のように、諡号と追号との関係は、九世紀前半に大きな画期がありそうである。諡号がなく、追号のみ有する初例が嵯峨太上天皇であるため、同時期における太上天皇のあり方の変化が奉諡に与えた影響を想定できるだろう。養老公式令は平出条で「天皇諡」を明記するが、太上天皇のあり方が変化する当該期に、解釈が変化し、太上天皇への奉諡が減っていくものと思われる。

ちなみに、大宝令段階にあって、七三八年（天平一〇）頃成立の注釈書「古記」は、「天皇諡」について、生前の事績にもとづくとし、具体的には、「文武」を備えていれば「大行天皇」とすると例示している。「大行天皇」は、『日本書紀』持統天皇三年（六八九）五月甲戌条を初出とし、基本的には、前天皇という意味で用いられる。ところが、八世紀の前半にのみ、特殊な用いられ方をしていたようで、当該期の「大行天皇」は、一例を除いて文武天皇を指す。たとえば七五六年（天平勝宝八）成立のいわゆる「国家珍宝帳」は、文武天皇を特定するかたちで「太（大）行天皇」と記す。その前後では持統・元明・聖武については「太上天皇」としているため、譲位せずに没した文武天皇に「大行」が付されていることがわかる。ただし、同じく譲位せずに没した天武天皇には「大行」が付されないことから、前掲の大宝令解釈を考慮すると、この時期の「大行天皇」は、文武天皇の諡の一つとして機能していた可能性が高い。前天皇という一般的な語から特定の天皇を指す語への変化の背景は、同時期における譲位の一般化なのか大宝令の施行なのかは不明であるが、新たな慣行ないし制度の成立によって、語義が変化したことは十分に考えられる。

なお、漢風諡号の初例は、八世紀半ばに成立の『懐風藻』にみえる「文武天皇」であり、この頃に漢風諡号が成立したと考えられている。一方で、この後、「大行天皇」は前天皇という意味に戻り、天皇・太上天皇の区別なく用いられるようになる。

参考文献

坂本太郎「列聖漢風諡号の撰進について」『律令制度』坂本太郎著作集　第七巻、吉川弘文館、一九八九年（初出一九三二年）

戸崎哲彦「中国古代の大喪における「大行」称について」『史学雑誌』一〇〇編九号、一九九一年

中里恵理子「日本古代の「大行天皇」」『史学研究集録』三三、二〇〇八年

コラム

古代・中世の皇位継承と幼帝

佐伯　智広

高齢社会の現代において、天皇の身体にかかわる問題として一般に思い浮かべられるのは、高齢にかかわる事柄であろう。

しかしながら、平均寿命が現代と比較してはるかに短かった前近代の日本においては、高齢者は希少な存在であり、その経験や能力が尊ばれた。ことに、天皇が親政を行っていた古代において、皇位継承者の決定に際し、高齢であることは有利な条件であった。

一方で、幼年であることは、皇位継承の大きな障害であった。たとえば、七一五年（霊亀元）、元明天皇は、一五歳の皇太子首親王（聖武天皇）が「年歯幼稚」であることを理由に、首のおばで三六歳の元正天皇に譲位している。

また、平均寿命が短かったために、現天皇の死去に際し、現天皇の皇子孫が壮年に達していないことも多かった。このため、古代の皇位継承においては、現天皇の皇子孫による直系継承は少数であり、現天皇の兄弟姉妹などが皇位を継承する世代内継承が多くみられた。

こうした状況が大きく変わり、幼少の天皇、すなわち幼帝の践祚がはじめて許容されたのが、八五八年（天安二）の清和天皇践祚（当時九歳）である。これを可能としたのは、清和天皇の外祖父藤原良房による政務の代行であった。天安二年当時、良房は太政大臣であり、正式の摂政とされるのは八六六年（貞観八）のことであったが、実際には、清和天皇の践祚当初から、良房は政務を代行している。

その後、良房の養孫藤原忠平（九三〇—九四一年摂政、九四一—九四九年関白）の代にかけて、摂政・関白の呼称や職掌が次第に整備されていくが、この間、八八四年（元慶八）に藤原基経（良房の養子）らによって退位に追い込まれた陽成天皇に代わって擁立された光孝天皇と、九四六年（天慶九）に皇子のなかった朱雀天皇の跡を継いだ弟の村上天皇という例外を除いて、基本的に皇位の直系継承が行われている。摂関政治について、歴史教科書等では藤原氏が天皇から政治的実権を奪ったような叙述がなされているが、実際には、皇位の直系継承にともなう幼帝補佐の必要性と相まって摂関の制度が創出されたのであり、現在の研究では、天皇と摂関との関係を相互補完的にとらえるのが一般的である。

ところが、中世に入り、白河院によって院政が開始されると、幼帝をめぐる状況は一変する。

歴史教科書等では、白河天皇から堀河天皇への譲位が行われた一〇八六年（応徳三）が院政の開始とされているが、実際には、その後、堀河天皇養外叔父の関白藤原師通や、成人した堀河天皇が政務の中心となっており、白河院の政務参加は限定的であった。

白河院の院政が確立するのは、一〇九九年（康和元）に師通が、一一〇七年（嘉承二）に堀河天皇が、相次いで死去したことによってである。嘉承二年当時、堀河天皇の跡を継いだ鳥羽天皇は五歳であり、師通の跡を継いでいた藤原忠実は、摂政とされたものの、鳥羽天皇の外戚ではなかったため、鳥羽天皇の祖父である白河院が政務の中心となったのである。

こうした経緯で開始された院政は、院であればだれでも行うことができたわけではない。院が院政を行うための要件は、院が天皇の直系尊属（父・祖父・曽祖父など）であること、天皇が幼年で政務能力を欠くことの二つであった。つまり、院は、直系尊属として幼帝を後見し、政務を代行したのである。

とはいえ、院政の確立後も、天皇の政治的立場そのものが失われたわけではないので、天皇が成人し政治的意思をもつようになると、院との間であつれきが生じることとなった。白河院と鳥羽天皇、鳥羽院と崇徳天皇、後白河院と二条天皇など、院政期に院と成人天皇との間で生じた政治上の意見対立は、偶然や個人的感情の問題ではなく、院政によって引き起こされる構造的な問題だったのである。

院がこの対立を解消して院政を維持するためには、成人天皇を退位させ、新たに幼帝を践祚させるよりない。かくして、院政期には多くの幼帝が立てられることとなった。鳥羽天皇即位から、一二二一年（承久三）の承久の乱までの間、践祚時点で元服していた天皇は、わずかに三代（後白河天皇・二条天皇・順徳天皇）。対して、幼帝は九代に及ぶ（鳥羽天皇・崇徳天皇・近衛（このえ）天皇・六条天皇・高倉天皇・安徳天皇・後鳥羽天皇・土御門（つちみかど）天皇・仲恭（ちゅうきょう）天皇）。権力のあり方が、天皇に求められる身体的条件を、一八〇度転換させてしまったのである。

Ⅱ

譲位の制度化と中断——中世の天皇

「譲位」の制度化――中世天皇の世代サイクル構造

新田　一郎

はじめに――問題の構図

天皇が存命であるにもかかわらず位を退き「皇位継承」が発生するという、現行の皇室典範が予定していなかった事態が、現実の可能性として議論の対象になって以来、この事態を「（生前）退位」と呼ぶのか「譲位」と呼ぶべきか、その呼称をめぐって一部で議論になることがあった。さして盛り上がることのなかった議論だが、そこには「存命の天皇が位を退く」というアクションの射程に対する認識の差異が、必ずしも整理されないままに介在していたように思われる。

理由はともあれ天皇が不在となれば皇室典範の定めによって後継者が決定され、そこに前天皇の選択が介在する余地はない。そのように考えれば、前天皇の「退位」の効果の射程は文字どおり「位を退く」ことにとどまり、後継者の就位に直接関与しない。一方、「譲位」の語を用いてそこに「後継者を名指しして位を譲る」という意味を読み込めば、新天皇の就位が前天皇の意思に依存する、という理解が可能のようでもある。新天皇を生み出す作用が、皇室典範の規定に存するのか前天皇の「譲位」に発するのか。その違いが実際上どのような差異を生むことになるのか、焦点がいまひとつ判然としない憾みもあるが、どうやらそこには「院政」の歴史的記憶が影響して、天皇と上皇（前天皇）

の「二重権威」状態に対する漠然とした懸念が働いたのではないか。

律令制下、位を退いた前天皇に「太上天皇（上皇）」という尊称を呈し天皇と同格の儀礼的ステイタスを付与する仕組みがあった。一一世紀後半に始まるいわゆる「院政期」以降、上皇の存在が常態となり、院号をもって称えられた上皇が政治的な実権を揮う「院政」が敷かれた。中世の政治史はそのことを特徴的な条件として展開したのである。もとより、院政期と現代とでは天皇の国制上の役割が大きく異なる。位を退いた前天皇にいかなるステイタスが与えられ、そこにどのような「権威」が付随するのか。仮に、新天皇の誕生に前天皇の意思が関与するとして、そのことが譲位後の両者の関係に何らかの影を落とすことになるのかどうか。そもそも「二重権威」は困ったことなのか。そこには何らかの摩擦・紛議が読み込まれるものなのか。いずれにせよ状況は同じではない。

現代との大きな違いは、上皇の存在が、かつては常態であったことである。さきのシンポジウム[1]において、皇位継承が前天皇の死去ではなく譲位によることが常態となり、上皇の存在がいわば制度化されたことは、中近世日本の特異な現象なのではないか、との問題提起的な指摘があった。いま他国との直接の比較検討の用意はないが、譲位がいかにして例外的事態ではなく制度となり、天皇と上皇との役割がどのように配分されたかを問うことは、現代において直接に実践的な意味をもつものではないとしても、歴史学上の主題として、また比較の準備のためにもなにがしかの意味をもつ、かもしれない。

1　譲位の常例化――「院政」の成立

皇位継承法式の変遷――河内祥輔による整理に沿って

まずは「院政」以前の、古代日本における皇位継承について概観しよう。

「皇統に連なる男系男子」が皇位継承の基本的な資格であるとしても、それだけで皇位継承者が一義的に定まるわけではない。現天皇の皇子（なかんずく長男子）が高い優先順位を占めるということは、一見当然のようでもあり、また『日本書紀』が初期の諸天皇の系譜を父子相承の形に整えていることは、父から嫡子への継承が範型として掲げられたことを示すだろうが、一方で当時の実際の皇位継承が父子相承とは程遠く、傍系継承や兄弟叔甥の争いを繰り返していたことに鑑みれば、『日本書紀』の皇統譜に（範型を意識した）人為的な操作が加わっていたであろうことは想像にかたくない。実際には明確な準則が確立されていなかったからこそ、皇位継承をめぐる種々の争闘が継起し、また皇位継承法式の推移がみられたのではないか。

そもそも古代日本の親族関係は、父系の族祖を共有する中国の「宗」のような明確な輪郭をもたず、また父系と母系とを厳格に分かつ婚姻規制をともなっていなかった。世代をこえて同定され継承される系譜性を欠いた多系が交錯する状況の内部で、離合集散が繰り返され、世代ごとに析出された有力者の周囲に族縁関係者が（しばしば双系的に）凝集することによって、「親族集団」的な構造がその都度析出されていた、と推測される。男系で系譜をたどり氏族の名を継承するという発想自体、中国文明の外的な影響を受けたものなのであって、律令制によって「制度」的な表現を与えられたという歴史性をもつ。

天皇（の原型としての「大王」）も、あるいは「男系」とは異なる継承の可能性をもっていたかもしれないが、中国的な男系の範型に拠って系譜を語り整えたことが、天皇位の継承資格者を制度的に絞り込む効果をもったには違いなかろう。その一方で、天皇の男系子孫であっても、皇位に就かず傍系となって世代を経て天皇からの距離が離れれば、関係は次第に稀薄となり、やがて皇族としてのステイタスを喪い、「源」「平」などの姓を与えられるなどして皇位継承資格者から外れることになる。(2) ある世代に皇位継承可能な男子が複数いたとして、そのいずれが実際に天皇となり、いずれが皇位に就くことなく傍系への凋落の一歩を踏み出すか、後継者の選出はその都度の事情に強く依存し、競争が繰り返されることになる。そして、世代交代ごとに展開される競争のための重要なリソースが母方からも供給されえたことが、「古代政治史」の重要な条件を用意したのである。

世代交代のたびに競争が繰り返される仕組みを安定させるためには、可能的な候補者のうちから有資格者を絞り込んでゆく仕掛けが必要となる。河内祥輔は、古代の皇位継承の法式について、皇族出身の妃所生の男子を有資格者とする六世紀型から、藤原氏出身の妃所生の男子を有資格者とする八世紀型へ、という推移を示している［河内一九八六］。とりわけ、八世紀型の皇嗣選定法式は、藤原氏の（他の廷臣に対する）政治的優位を前提とし、循環的にそれを基礎づける条件となる。そこでは、皇統と藤原氏に相互補完的な役割が配当され、それなりに安定した平安王朝の体制が形づくられたのであった。政治史的にはいわゆる「摂関政治」が、この法式に対応する。

世代サイクルの引き伸ばし

皇位継承のプロセスに、外部の変数が不断に繰り込まれる状況のもとでは、皇族内部の分岐と藤原氏内部の分岐とが共振して競争が展開される可能性が生じる。競争がそれぞれの氏族の内部に限定されている限りは、相補的な役割配当に拠って立つ体制そのものにとって必ずしも不安定要因とはならないが、ある天皇の立場に身を置いてこれをみたとき、皇位を自身の子孫に長く安定して伝える、という見通しは容易に立ちがたい。

そうした状況に対し、自系の地位を永続させたい、という願望を満たすべく用いられたのが「譲位」という方法であり、その副産物が「院政」という政治体制であった、と河内はいう。自らの意思によって直系の子孫を後嗣として定め、かつ自身の在世中に次代への継承を前倒しで実現してしまう方式が採られ、そして次代の天皇の地位の安定が確保されるよう、譲位の後も状況をコントロールすべく、上皇のステイタスを利用して影響力を行使しようとする、そうした意図が、藤原氏内部の分岐競争を含めた政治状況と相俟って摂関の地位の相対的な低下を招き、上皇が朝廷政治の主導権を掌握する「院政」を生み出した、というのである。それが、一一世紀中葉、後三条天皇親政から白河院政の成立に至る過程であった、というわけである。

ある子孫に皇位を伝えるべく、他の子孫や傍系の競争相手をひとまず排除して前倒しで継承を実現したとして、なお競争の可能性が残された状況下では、継承の実質を確保するために「次の次」をコントロールする必要が生じ、競争の射程は次々に将来の世代へと延長される。その結果、天皇の就位と譲位が若年化して、天皇のキャリアが皇位を退いた時点では完結しなくなる。譲位後もいわば「現役」として延長されたキャリアをなお積み重ねる上皇の存在が常態となれば、天皇は「東宮の如し」と称されたように、皇位に即くことがあたかも「上皇たる資格を得るためのステップ」であるかのように、前後に引き伸ばされたキャリアのなかに位置づけられることになる。朝廷内ないし周辺における政治的資源は、天皇個人ではなく、天皇を生み出し擁する（上皇と天皇、典型的には父子からなる）ユニットに帰属し、年長尊属の上皇が、年少卑属の天皇に対して優位に立ってこのユニットを主導して、政務を主宰することになる。かくして、前倒しの譲位が繰り返されて複数の上皇が並存すれば意図が分裂し状況が錯雑する危険をはらみつつ、院政が展開されることになる。

こうした院政の成立は、皇位継承者の絞り込みないし決定に関与する変数の配置に変更をもたらし、とりわけ「天皇の外戚」としての立場が摂関の地位に連動していた藤原氏の役割に影響する。そこに「摂関政治か院政か」という対抗関係も生じえたわけだが、新たな皇位継承法式が定着するにつれ、摂関の地位は「天皇の外戚」という関係性から切り離されて別のかたちで成り立ち、その成り立ちに即して競われることになる。皇位継承をめぐる競争と摂関の地位をめぐる競争とが分離されれば、それぞれのフィールドで競争を展開するユニット構造が生成され、ないしはその組み換えが生じることになるわけで、そこにはいわば生態学的な構造変化が観察されることになる。新しい構造を前提として、世代の交代にともない地位役割を再配置する仕組みのうえで、「同じniche」をめぐる生態学的な争いが（皇位をめぐる競争と摂関の地位をめぐる競争とが必ずしも連動することなくそれぞれ独立に）展開されることになるわけである。

2　皇統の「家」への分化

直系継承の模索と皇統の分裂

直系継承を生み出そうとする力が働くと、皇統の内部において、他系と区別可能な系譜がたどられ、皇位を伝える正系と、正系から外れた傍系との区分が立てられることになり、過去へさかのぼっては「正統（しょうとう）」を称え、将来へ向けては正系たる地位をめぐる競争が生じる。直系継承が原則となり傍系継承が非正則な事態として意識されるようになれば、いったん傍系に落ちた系統はステイタスを劣化させ、いずれはフェイドアウトしてゆくべき運命を予測されることになるから、分岐したいずれの系統に皇位が伝えられるかは、単に一回的な皇位継承の問題というにとどまらず、将来にわたるそれぞれの系統の運命に関わることになる。

実際、鎌倉中期に後嵯峨（ごさが）院が二人の皇子を相次いで皇位につけたことによって、後深草天皇を祖とする持明院統（じみょういんとう）と、亀山天皇を祖とする大覚寺統（だいかくじとう）という、二つの系統に皇統が分裂・並立することになり、それぞれが正系たるべき地位を主張し、皇位継承を自統に確保すべく競争を繰り広げることになった。この局面で、競争に関わる人々は、自らの立場を、斉（ひと）しく皇統に属する者としてではなく、皇統の内部で分化した系統への帰属によって意識するようになる。たとえば鎌倉末期、持明院統の花園院は、甥である皇太子量仁（かずひと）親王（後の光厳（こうごん）天皇）に『誡太子書』を授け、皇位が他姓を交えずただ「一種」によって伝えられてきたという過去の事実が、皇統に神の加護を将来にわたっても保証するものでないことを説き、意識して皇統を維持することの必要を説いている［橋本　一九八九］。これは、皇統の正系たる地位をめぐる争いが現に存在することをふまえ、異姓ではなく同種に発する危険をこそ念頭においたものではなかったろうか。たとい「隣国窺覦（きゆ）」「異姓簒奪」の惧れがなくとも、大覚寺統との対抗関係のなかで、持明院統の立場はなお不確かなものでしかない。

また同じころ、持明院統の後伏見院は、「一流正統之身」でありながら「当時の如くは、正流已に断絶するに似たり」と、皇位が正系であるべき自統ではなく大覚寺統の後醍醐天皇によって占められている現状を嘆じている（『後伏見院御文類』）。ここにも、天照大神なり神武天皇なりを共通の遠祖とする皇統全体よりも、後深草院を流祖とし大覚寺統との対抗関係において意識される持明院統への帰属意識がみてとれる。

こうして、分化したユニットが世代をこえて継承され、その傍正を争うことになる。現任の天皇が属する系統の長が（天皇上皇いずれにせよ）その系統を代表して「治天の君」となり、朝廷における政務処理過程の中心を占める。他方、皇位をいったん他系に譲った側も皇位継承候補者を擁して「次」をめぐる競争を挑み、皇統としての格を保ち傍正の差を固定させないよう努める。「皇位に就いたこと」が「治天の君」たりうる資格を発生させる仕掛けとして作動するゆえ、多少の間隔をおいてでも天皇を輩出し「治天の君」資格者を擁しつづけることが、皇統としての格を維持するために必要な条件として求められたわけである。

「家」のパッケージ化と直系継承

このような、同族の内部で分化したユニットを形成し、父から子へと受け継がれた地位役割を劣化させることなく固有のステイタスとして直系で継承する仕組みが、「家」として説明される。こうした「家」が、中世の公家社会に広く形成されるのは、一〇ないし一一世紀以降、その動きはまず最高位の貴族である藤原氏上層部にあらわれ［平山一九九三］、やがて院政の展開とも相俟って、その都度の「外戚」関係に依存することなく「家」の格として「摂関家」

でありその当主が摂関の地位を占めることが期待されるという、摂関のいわば「家職」化を生むことになる。

官界の最高位を占め貴族社会の頂点に位置する摂関家が成立することによって、その周囲にある諸系においても、摂関家の次位以下を占める（清華家・大臣家・名家等々の）ステイタスの確保・継承をめざすそれぞれの「家」の生成が促される。「家」のステイタスを劣化させずに継承するためには、望ましいキャリアのパターンを先例さらに家例として確保しつづけることが必要だが、そのために希求されるポストに限りがある一方で、家系の分出が進めば競争者が増加し需給バランスが崩れる可能性があるため、競争の緩和が図られる一方で、分出を抑制し安定した直系（単独）継承をめざして傍流を排した家系の淘汰整理が進むことになる。

ここでいう「競争の緩和」の方策としては、官職の「たらい回し」的運用のほか、一部ポストについては定員増や権官の増設などがある。こうした官職はステイタスの指標として用いられるのであって、官司運営の実態とは（あまり）関わらない。「家」にふさわしい官にいったん到達すれば早々に辞して「前官」となっても「前右大臣」「前権大納言」などとしてそのステイタスを表示でき、高位貴族として振る舞い家例を満足させるに支障はない。

かくして、期待される到達点（「極官」と呼ばれる）やそこに至る昇進コースのパターンが、「家」ごとの格に応じた定例として成型され、家の名を負ったいわば「パッケージ」として継承されるようになる。(3) そうした動きの結果、平安京の公家社会には、出自に沿って前世代から継承された社会資本によってライフコース（の大枠）を規定される、上は摂関家から下は中級下級の官人に至る「家」が並立してそれぞれのnicheを確保しようと努め棲み分けを図る一方で、同じnicheを占めようとする近親他流との間では、直系継承の確立をめざす厳しい生存競争が展開される、そうした世界が形成されることになる。

こうした状況をふまえて皇統についてみれば、後嵯峨院の二皇子を起点として分裂した持明院統・大覚寺統それぞれが、いわば「天皇を極官とする家」として競争的に並立したことになる。世代ごとに極官としての天皇位継承者を輩出することが「家」の格を維持するための条件となり、「皇位に就いた」ことによって獲得されたステイタスにもとづき、家長が家業として「治天の君」を務める、そうした立場をめぐる競争が展開されたのであった。

問題は、この状況下で繰り返される皇位継承をめぐる個別の競争がどのようにして処理されたか、そしてここからいかにして直系への収束が展望されえたか、である。

公家社会の生態学的構造と「南北朝の内乱」への道

前世代のステイタスや家産を分割するのではなく一括して父子代々継承する直系の形成がめざされる過程では、兄弟叔甥の争いをその都度収束させる仕掛けが求められることになる。「家」として括られる継承の客体は、官位（に対する期待）やそれに付随する給付など、私財というよりは、オフィシャルな仕組みのなかで主君に対する奉仕の役割を担うことを契機として獲得されるものが主部を占め、官の仕組みの外部から獲得された所領についても、有力者の「安堵」による保障が求められることがあった。それらをパッケージ化して「家」として継承する際にも、たとえば院による「家督安堵」のような仕掛けを導入することによって、包括的な継承を保障する条件づけが求められることがあり、この作用が直系への収束を促すうえで重要な意味をもった。

いわば「私法」秩序の欠如を補償するそうしたメカニズムに対する需要が、院政の展開の背景にあったと考えられるのだが、条件づけの供給源が複数存在すれば、このプロセスに攪乱要因として作用し、皇統の分裂・対立はそうした事態を惹起する。大覚寺・持明院両統が分裂し皇位を争う鎌倉後期以降の状況下、近衛家や洞院家、二条家などでは、家督をめぐる兄弟叔甥間の争いから、一方が大覚寺統につけば他方は持明院統に接近するなどして家系の分裂が生じている。寺家でも醍醐寺三宝院における地蔵院流対報恩院流の関係が両統の争いに重ね合わされるなど、分割不可能な同じ niche を争う妥協困難な闘争が、皇統をめぐる争いを軸として展開されることになる［新田 二〇〇一］。

しかし、皇位継承をめぐる競争そのものについては、そうした公家社会内部のメカニズムが有効に作動しない。鎌倉中期の後嵯峨院政期以降、持明院統と大覚寺統という二つの皇統が分立して正統を争う情勢下、皇位継承と「治天の君」の地位をめぐる対立に有効な解を導くことができず、競争はしばしば膠着状態に陥る。そこで、承久の乱後に武家鎌倉幕府が皇位継承に介入したことに先例を求め、対立の局面に「東風」（関東＝武家の意向）を導入し、有意な差分を作り出すことが、公家社会の側から試みられるようになる。鎌倉幕府はこうした役割を負うことに積極的ではなく、この種の問題についてはしばしば「聖断（天皇の裁断）によるべし」として公家社会内部での処理を促すが、両統のいずれかに一方的に加担することをせず、状況から一定の距離を保ちつつバランスを模索することによって、直系を生み出そうとする運動を結果的に阻害し、対立をはらんだ不安定な定常状態としての「両統迭立」を再生産したのであった。いわゆる「文保の和談」は、その一景ということになる。

皇位継承をただひとつの直系へと収束させるためには、正系に沿った継承を生み出す源泉をただひとつの意思へと回収すべく他統を排除しなければならず、そのためには、不安定な定常状態を再生産する仕組みとしての鎌倉幕府を除かなければならない。「院政」の正しく延長線上において、自らの意思による皇統の直系化をめざした後醍醐天皇による鎌倉幕府打倒は、両統の共存を困難にし、対立の先鋭化を促すことになった(4)。

ここから展開した南北朝の対立は、皇位をめぐる争いと連動したさまざまなレベルでの家督争いによって構成された。皇統の対立の先鋭化は、それぞれの皇統の周囲に配置された各家門の内部にはらまれた対立を表面化させて、やがてそこかしこに直系を生み出す方向に作用することにもなる。つまり、両統の対立という条件のもと、公家たちは（「家」存立の保障を求めて）南北いずれに与するかの選択を迫られることになり、家門内で家督継承を争う分派の一方が南朝方につけば他方が北朝方につく、といったかたちで対立が顕在化する。「南北朝の内乱」は、そうした問題群の集合的なあらわれとして展開し、武家の守護のもとに皇統が北朝持明院統へと統一されたその結果として、南朝に与した系統は家督継承をめぐる競争から排除され、北朝に属した家系による直系継承の条件が整うことになったのである［新田 二〇〇一］。

直系への収束

「南北朝の内乱」の複雑な展開を経て皇統が直系継承される「家」へと収束する、その最終局面は、一五世紀中葉に、持明院統の崇光院流と後光厳院流との間で展開された。

崇光天皇（と三上皇）が廃され南朝方に拉致された「正平の一統」の際に、北朝を再建するために傍系から後光厳天皇が立てられ、崇光院の帰京後も後円融・後小松・称光と後光厳院流に皇位が伝えられたことから、持明院統の正嫡を自任する崇光院流との間に正統をめぐる軋轢を残した。やがて称光天皇に皇子なく、後継者として崇光院流伏見宮貞成親王の子・彦仁王が立てられた（後花園天皇）が、皇位が崇光院流に移った（戻った）とするのではなく、後小松院猶子として、後小松院政のもとに後光厳院流を継ぐかたちがとられた［新田 二〇〇四］。一方の崇光院流は、彦仁の弟貞常によって「伏見宮」家として継承されることになる。かつて「正統」を主張した崇光院流は、皇位を伝える「家」とは別のステイタスをもち「親王」の称を伝える世襲親王家として成型されたのである［新田 二〇一二］。

伏見宮家は世襲親王家として永く存続した最初の例だが、近世に入って有栖川宮・閑院宮・桂宮が世襲親王家として創設された[5]。近世中期に、後桃園天皇に皇子なく傍系の閑院宮家から光格天皇が践祚した際にも、閑院宮流に皇位が移ったのではなく、先代養嗣子たる光格天皇が皇統を直系継承したとするかたちがとられ、閑院宮家は光格天皇の兄美仁親王によって継承されている。こうした世襲親王家は、正系との別を固定したうえで、必要な場合には正系に後継者を供給する可能性を保存する、安全装置としての機能をもったわけである。そうして擬制的な「直系」が維持されて、やがて近代に至る。

こうしたことは、これらの「家」が「私法」的な親族組織ではなく、その担い継承すべき役割と結びつくことによって、公家社会を支えるオフィシャルな仕組みとして成立したことを示す。そのことは養嗣子の制に端的にあらわれ、異姓養嗣子を許容する公家武家一般の「家」において、より鮮明にあらわれる。適切な後継者がいない場合、他家の者を養子に迎え継嗣とする制を、たとえば中国・朝鮮の伝統的（儒教的）社会における「異姓不養」の原則と比較するならば、日本の「家」の継承に求められているものが必ずしも血統の継承ではなく、むしろ家業の継承に重点がおかれることが、察知されよう[6]。

公家社会に発生した「家」の仕組みはやがて武士によって（武家の棟梁に対する奉仕とそれにともなうステイタスを家業として継承する仕組みとして）模倣され、くだって近世武士の「家」や商家などにもその構造的な特徴が継承される。「家」は、公的な役割として継承されるべき家業に立脚してこそ成り立つのであって、明治民法における「家」の制度化の試みは、家業と切り離された親族組織として「家」を編制しようとしたところに、歴史との乖離があった、ということになる。

3　「国」と「家」のはざまで

家政と国政

天皇の世代サイクルが譲位後にまで延長され上皇の「現役」化が進行したとして、同時に並存する天皇と上皇（しばしば複数）に、それぞれどのような役割が配分されることになるのか。延長されたキャリアのなかで、天皇として在位中の期間と、譲位後の上皇としての期間との間に、どのような役割の違いが生ずるのか。

院政を敷いたとしても、上皇が天皇の役割をトータルに引き受けたわけではない。天皇の役割の「核」は、種々の祭祀儀礼を軸とした公事遂行とそのための仕組みを維持する内廷経営にひとまず求められる。祭祀儀礼に関する役割は現に皇位に在る天皇自身に担われ、他者による代替がきかない。だから天皇不在の状況は非常時であり、速やかに治癒されるべき状況ということになる。他方、上皇は必ずしもいなくてもよいし、（他統の）上皇の存在にもかかわらず天皇が「治天の君」として親政を執ることもある。[7]「治天の君」の役割は、天皇の周囲に展開されるべき朝廷の営為が整斉と運ぶよう、家々・司々の作動をしかるべく同期させることとして、最高位の家門たる天皇家の家長に期待される。院政は、天皇親政の模倣や「簒奪」ではない。むしろ逆に、院政の作動法式が、治天としての天皇親政のモデルとなったという［本郷　一九九五］。天皇家の周囲に構築された国政の処理としての「政務」が、皇統の家長たる「治天の君」に配当される新しい（拡張された）役割ということになる。

皇統の家長たるには基本的に皇位に就いた経験が必要とされるが、皇統の家長が天皇の位に在れば天皇によって担われるし、自身は皇位を経なかったにもかかわらず後堀河天皇の父として「院政」を敷いた後高倉院のような事例もある。要するに、「治天の君」として政務を担う資格は、「天皇を擁する家の長」に配当された、ということに（ひとまずは）なる。このことは、天皇の権能を天皇でない者が僭奪したことを意味するものではない。かつて天皇に集約されていた役割が分割されたのではないし、天皇には担えない機能を配当するために院政が必要になった、というわけでもないのである。

「北山王家」の可能性？

院政をモデルとして成型された政務の仕組みは、「南北朝の内乱」の過程で幾度か機能不全を起こし、その都度武家の助けを借りて再起動を遂げた。とりわけ、「正平の一統」によって北朝がいったん断絶した際には、上皇の不在ゆえ尋常の方法で新天皇を生み出すことができず、上皇の役割を（皇族出身でない）女院に代行させる無理を押してまでして持明院統の維持が図られている。こうした事態の収束に動く武家足利氏の役割は、前代において鎌倉幕府が「東風」をもって果たした役割にひとまずは似るが、「鎌倉殿」の役割を継承しつつも京都に居を構える「室町殿」には、公家社会に日常的に接し、京都社会の外部からするのではない、政務全般にわたるより直接かつ密接な関与が期待されることになった［新田　二〇〇一］。

足利義満の事績が、その可能性を例示する。将軍職（と「室町殿」たる地位）を子の義持に譲り、辞官出家して「北山殿」に移った後の義満の振舞いは、「治天の君」の機能的等価物としての可能性を示した、といえるかもしれない［新田　二〇一一］。後円融院につぎその没後は後小松天皇という、「治天の君」たるべき持明院統の家長が存在したにもかかわらず、現実には義満が公家の政務を主宰した、この事態は「義満の院政」と呼ばれることもある。皇位についたことがないにもかかわらず事実上の「院政」を執る義満の立場には、実際の歴史に徴しても前述した後高倉院の先例があるにはあるが、そこへ至るまでに摂関家や上皇に「准的」を求めた新例が積み上げられて［小川　二〇〇五］、政務を主宰する「北山殿」のステイタスが構築されようとしていた。

この事態を一見したところ、天皇ないし上皇が政治的な実質を喪失してその存在は形骸化したかのごとく、義満に「皇位簒奪」の意図をみようとする議論もしばしば提起されてきた［今谷　一九九〇］が、この過程で天皇ミニマムの役割があらためて析出され、「治天の君」に代わって政務を実質的に掌握する「北山殿」義満との役割分担が措定された、とみるのが適切である。義満は、そうした「北山殿」の地位役割を、「室町殿」義持に継がせた武家の地位とは別に、寵子義嗣に継承させようとしていた、と推量される。それを「皇位簒奪」と呼んだ今谷明の見解には与しがたいが、公家政務の担当者たる地位が天皇家の家長たる地位から分離され、別家によって担われ継承されるようになっていた可能性は、それとは別に検討される必要があるかもしれない。義満の意図が実現し義嗣への継承が完了しておれば、別家として建てられた北山家が、武家室町家を足下に従え、天皇家と並ぶ家格を獲得して「治天の君」の地位を競い占める可能性も、ありえたかもしれない。

実際の歴史過程としては、義満急死の後、義嗣は失脚して「北山王家」の可能性は未然のまま途絶、室町家の後継者義持のもとで武家の役割が再確認されることになったわけだが、足利義持から義教へと継承された「室町殿」には、武家の立場から政務を担うことが期待されることになった。一方、天皇家は前述したように後小松院から養嗣子後花園天皇へと継承され、後小松院の没後は後花園天皇が公家側の政務担当者として親政を執った。武家政務と並びときには補完的な機能を担いつつ、実質的には武家に支えられて存続することになる。

譲位の儀礼化

後花園天皇は養父後小松院の没後暫く親政を執った後、皇子成仁（ふさひと）親王（後土御門（ごつちみかど）天皇）に譲位して院政を敷いた。天皇の地位役割がパッケージ化され継承の仕組みが「家」として成型されれば、継承の法式は安定し、前倒しして確保するまでもなく父子継承を原則とし、継嗣以外は他家に養子に出るか、あるいは出家することが常例となって、直系継承に紛れが生じる余地は著しく狭められる。「直系の創出」という目的が達成されたところで、「譲位による継承の前倒しコントロール」の必要性は実質的に失われたはずだが、常例化した譲位は、天皇の世代サイクルの上に、次の天皇を生み出すための通常の儀礼として配置され、事由あって譲位できないことは天皇のキャリア上の欠損として、また譲位によらない継承は異例の事態として、認識されることになる。

後土御門から後奈良（ごなら）に至る三代の天皇は、生前に譲位することなく、いずれも死去をもって在位を終えている。これは、応仁の乱・明応の政変によって求心的な政治構造が崩壊した結果、譲位の儀礼や譲位後の院の設えなどの費用調達が困難となったことに起因する［新田　二〇〇六］。後土御門天皇が在位のまま死去した際、後継の勝仁（かつひと）親王（後柏原（ごかしわばら）天皇）の践祚にあたり「今度の儀、譲位なく崩御、その例あるべからず」として、「御父子の儀にあらずといえども、仁治の例、聊か相似るか」と、四条天皇が後継者の定めなく死去した例に準拠が求められた（『後法興院記録』明応九年十月七日条）。後継者の紛れはないにもかかわらず「今度御譲位の沙汰に及ばず、今においては践祚たるべきの間、尤も無念の事なり」（『和長卿記』九月二十八日条）という「異例」として理解され、皇位継承は「毎事新儀」の沙汰となったのであった。こうした異例の因って来るところは「武家無道の政務につき、国々用途、民の力これなき」ことに求められ（『和長卿記』同日条）、政務の実質的な担い手として朝儀の遂行を保障すべき武家の機能が麻痺したことに帰せられた。

戦国時代の皇室の財政状況については、滞ったのは武家が費用調達を負担すべき外向きの行事であって、内廷経済はおおむね堅調に保たれていた、として「衰微」論を否定した奥野高広の見解［奥野　一九四二］もあるが、政務の崩壊による公事の停滞はなおも打ち続き、武家の再建による正儀の回復は公家の念願となる。やがて織田・豊臣を経て徳川氏が武家として政務の実質を担い、その制度的保障のもとに天皇の「家」が（ときに擬制を交えつつ）父子直系継承され、天皇の手に残された家業としての「天子諸芸能之事、第一御学問」への軟着陸が果たされることになるのである。そこでは譲位後の上皇たる地位に特段の実質的な意味はなくなるだろうが、譲位によって次代の天皇を生み出すことは、天皇たる者がそのキャリアを全うするために果たすべき（最後の）重要な役割として意識される。譲位を儀礼復興の一環として希求する近世の天皇の姿は、そのことの帰結である。

政務は武家の家業に付随する役割として徳川宗家に担われる。かつて義満が意図したこととは異なるかたちであったかもしれないが、武家の形式を用いつつ、かつての「王朝」に代わって国家を統べる実質的に新しい「武朝」が（新井白石のいうように「共主」としての天皇家を傍らにともないつつ）誕生した、ともいえよう。天皇家は「武朝」の庇護のもと、先朝の故地京都に居を構え、常例によって家業に励み系譜を伝えることになる。

やがて近代に、別の政治的意図から新しい国制上の新しい役割を背負わされることになるまでは。

むすび――問題の構図？

中世における天皇の譲位慣行も院政も、直系継承を確保しようとする運動が生み出した副産物であり、過渡的な現象だったのではないか。この運動が「家」の形成として結実するまでには長い時を要し、その間に譲位の常例化、制度化がみられるが、上皇に国制上どのような役割が配当されるかは、その時々の事情に依存する複雑な問題である。

そもそも「天皇」の存立に歴史を一貫した「本質」めいたものを求めるのは幻想にすぎないかもしれないが、だからといって幻想に意味がないわけではない。現実の「政治」はしばしば幻想に資源を求め、さかのぼっては歴史に名を借りて幻想に説明を与えようとする。幻想はしばしば人の遠近感を狂わせ、問題は奥行を欠いた舞台の書き割りの背景のように平板な構図に落とし込まれて「歴史」像を結び、それが現実世界に還流して力をもつこともある。

「天皇」に何を委ねるのか、その継承にどのような条件を求めるのか。皇位継承の正統性と、支配の正統性とはひとまず違う。「天皇家」を存続させることと、「天皇制」ないし「君主制」を存続させることは、直ちに同じというわけではないだろう。「君主」を戴くとしてその地位に何を付随させるかも、自明ではあるまい。そのあたりをめぐって今後なにがしかの議論が起きるとして、そこで歴史が役に立つものかどうかはわからないが、「歴史」に囚われないためにこそ歴史学が必要とされることは、もしかしたらあるかもしれない。そんなことを別の機会に書いたことがあったような気もする。

注

（1）二〇一八年四月一四日に東京大学で開催された歴史学研究会総合部会例会シンポジウム「天皇の身体と皇位継承――歴史

から考える」。

（2）例外的に、いったん「源」姓を与えられた後に皇位に就いた宇多天皇の例はある。

（3）家の財政を支える家領家産、家文書・家日記などの社会資本も付随して「パッケージ」の一部として継承の客体となる。

（4）このあたりに関する限り、後醍醐天皇の企図は、自ら皇統の家長として政務を主宰し、自らの意思をもって自統の子孫による安定した皇位継承を図るという、前後の歴史過程ときわめて順接的なものである。

（5）これは新井白石の建議によったものである。正系に後継者が絶える可能性は直系継承方式につきまとうリスクであり、現在の天皇家がまさに直面するところだが、そうした場合に養嗣子を供給しうる格をもった傍系を保存しておくことは、リスク回避の手段として有効である。徳川将軍家にとっての「御三家」「御三卿」も同じ機能を持った。

（6）公家武家一般の「家」とは異なり、皇統は異姓養子を用いない。そのことは、天皇の系譜が「中国的」なモデルを基礎として形成されたことを、示すかもしれない。

（7）たとえば伏見天皇は、院政を敷いていた父後深草院の没後、持明院統の家長としての地位を襲い（大覚寺統後宇多院の存在にもかかわらず）親政を執っている。

（8）たとえば、足利義教が弑された嘉吉の乱後、武家の不在に対応して公家に赤松満祐追討命令の発給が求められている。また「天下成敗」を行う武家の立場を正しく根拠づけるためとして「将軍宣下」の手続きが求められることがあった［新田二〇一一］。

文献一覧

今谷　明『室町の王権――足利義満の王権簒奪計画』中公新書、一九九〇年
小川剛生『二条良基研究』笠間書院、二〇〇五年
奥野高広『皇室御経済史の研究』畝傍書房、一九四二年
河内祥輔『古代政治史における天皇制の論理』吉川弘文館、一九八六年

新田一郎『太平記の時代』講談社、二〇〇一年
新田一郎「継承の論理――南朝と北朝」『岩波講座　天皇と王権を考える2　統治と権力』岩波書店、二〇〇四年
新田一郎「建武政権と室町幕府体制」『新体系日本史1　国家史』山川出版社、二〇〇六年
新田一郎「古典としての天皇」河内祥輔・新田一郎『天皇と中世の武家』講談社、二〇一一年
橋本義彦「『誡太子書』の皇統観」安田元久先生退任記念論集刊行会編『日本中世の諸相　下』吉川弘文館、一九八九年
平山朝治「『日本らしさ』の地層学」情況出版、一九九三年
本郷和人『中世朝廷訴訟の研究』東京大学出版会、一九九五年

▼もっと知りたい人のための参考文献

岩井忠熊・岡田精司編『天皇代替り儀式の歴史的展開――即位儀と大嘗祭』柏書房、一九八九年

昭和から平成へ、前回の「代替り」の際に編まれた本書には、「代替り」儀式の変遷をめぐって、その後の議論の展開の出発点となった多様な論点が提示されている。「儀式」は形式こそが重要であり、内容に過剰な意味を読み込むのには危険がともなうが、儀式をとりまく人々のさまざまな思惑こそが「天皇」の姿を浮き彫りにする。

山本陽子『絵巻における神と天皇の表現――見えぬように描く』中央公論美術出版、二〇〇六年

古代から近代まで、「天皇」の絵画表現の変遷を追った美術史の書。「身体」をもった存在としての「天皇」が、どのような視覚的イメージを与えられていたのか、あるいは与えられなかったのか。「見えぬように描く」手法（とその終焉）がもつ意味は、なお熟考の価値がある。

河内祥輔・新田一郎『天皇の歴史4　天皇と中世の武家』講談社学術文庫、二〇一八年（原著二〇一一年）

こうしたところで自著を挙げるのは（共著にしても）多少気が引けなくもないが、本章で述べたこと、述べなかったことを含め、中世の天皇の歴史についてそれなりに包括的に論述したものとして。

「譲位」の中断と天皇の立場

池　享

はじめに――明仁天皇「生前退位」問題が歴史研究に提起するもの

明仁天皇は二〇一九年（平成三一）四月三〇日をもって退位し、翌五月一日徳仁皇太子が新天皇に即位することとなった。この「生前退位」をめぐるさまざまな動きは、日本社会だけでなく日本中世史を含む歴史研究にも、大きな問題を提起している。

この動きが本格化する契機となったのは、二〇一六年八月八日にビデオを通じて発表された「象徴としてのお務めについての天皇陛下のおことば」である。[1]ここで明仁天皇は、「日本国憲法下で象徴として位置づけられた天皇の望ましい在り方」として、「（皇室の――筆者）伝統の継承者」であることとともに、「伝統を現代に生かし、いきいきとして社会に内在」することを挙げている。そして自身は、「国民の安寧と幸せを祈る」とともに、「人々の傍らに立ち、その声に耳を傾け、思いに寄り添う」、具体的には「日本の各地、とりわけ遠隔の地や島々への旅」を行ってきたという。こうした「天皇の象徴的行為」を行うことが、高齢化という身体の変化にともない困難になってきていることを述べ、間接的に退位の希望を表明したのである。

これに対してはさまざまな反応があり、そこにはさまざまな天皇観（天皇のあるべき姿に関する考え方）が示されていた。「おことば」をうけて政府が設置した「天皇の公務の負担軽減等に関する有識者会議」が行った「専門家」に対するヒアリングでは、天皇の意向を受け容れた意見も多かったが、退位に反対する意見もまた多く出された。たとえば、「天皇は「続くこと」と「祈ること」に意味がある」（平川祐弘東京大学名誉教授）、「同じ天皇がいつまでもいらっしゃるという、御存在の継続そのものが、国民統合の要となっている」（大原康男國學院大學名誉教授）、「天皇の仕事の第一は昔から「国民のために祈ること」」（渡部昇一上智大学名誉教授）、「天皇の役割は国家国民のために祭祀を執り行ってくださること。何をなさらずとも、いてくださるだけでありがたい存在」（櫻井よしこ）といったものである。[2]つまり、高齢の天皇の負担となっている「象徴的行為」＝「公的行為」は天皇としては非本質的であり、退位する理由にはならないという、「皇室の伝統」的「万世一系の天皇」観である。

一方、天皇の「公的行為」の問題を指摘しながら、その理由は正反対である天皇観もある。政治学者の渡辺治は、「「象徴の務め」として行ってきた慰霊の旅のような「公的行為」は、果たして天皇の「思い」で自由に行える行為なのか」と問うている。「日本国憲法は、国民が主権者であることを宣明し、天皇の行動を厳格に国事行為に制限」しているという立場からの、日本国憲法を厳密にふまえた「象徴天皇」観である。[3]

しかしながら、これらの天皇観は圧倒的多数の国民の天皇観とは異なっている。たとえば朝日新聞社が二〇一六年九月一〇・一一日に行った世論調査では、「今の天皇陛下の生前退位」に対し、「賛成」九一％・「反対」四％、「各種行事への出席や被災地へのお見舞いなど「公的行為」……は、天皇が象徴としての役割を果たすため、どの程度重要」かという問いに対しては、「大いに重要だ」三二％・「ある程度重要だ」五六％・「あまり重要でない」九％・「まったく重要でない」三％という結果が出ている。[4]要するに、「公的行為」は重要であり、その負担軽減のための退位に賛成するという点で、ほとんどの国民は明仁天皇の「おことば」を肯定的に受けとめているのである。そこにあるのは、「国民に寄り添う天皇」観といえよう。つまるところ、象徴天皇制の存続にとって肝要なのは、「伝統」とされた過去からの姿でも、憲法などの国制の規定でもなく、「皇室がどのようなときにも国民とともにあり、相たずさえてこの国の未来を築いていけるよう」、具体的な社会的役割を果たすことだということなのだろう。

歴史学においても、天皇という存在が古代に成立して以来、それが何らかの意味での国家的・政治的機能を果たしてきた、すなわち広い意味での「天皇制」が存続してきた理由について、さまざまに議論されてきた。一九七〇〜八〇年代には、律令制に発する国郡制などの国制的伝統や、より以前にさかのぼる皇孫思想や祭祀王権の立場が強調される傾向が強かった〔池 二〇〇三a：一三五―一四三〕。しかし、こうした面のみを強調するならば、天皇は超歴史的存在として固定化されることになる。実際一九八〇年代後半、昭和天皇の代替わりが日程に上ってくるなか、天皇・天皇制に関する論議が盛んとなったが、その際、天皇が国民の政治的統合の中心であり続けたことが日本古代以来の文化的伝統であるかのような主張が強まり、代替わりにおいても、「即位礼」・「大嘗祭」など近代天皇制国家によって法制化された儀礼が、「皇室の伝統」を名分として実施された。

こうした状況のなかで、あらためて歴史的存在としての天皇の実像を解明する課題が浮上してきた。それに応えるかたちで企画された『講座前近代の天皇』では、「天皇制の問題を真に全体的にとらえるためには、諸時代の固有の階級構成・国制秩序・政治的ダイナミックスと政治イデオロギー等のなかで、問題を構造的かつ動態的にとらえる必要がある」という立場から、「天皇制」の存続を「政治的社会の歴史的展開・変動によって規定され」た「ほとんど「異質化」というべきほどの深い変動をふくむ「連続」」としてとらえることがめざされた〔石上 一九九二：iii―x〕。

その後も、この二つの見方が拮抗しつつ研究が進められてきたといえようが、筆者は、後者の見方に立ち、天皇が自らの地位の存続のため、政治的社会の展開・変化にどう対応してきたのかという動態的把握を通じ、「天皇制」存続の歴史具体的な理由を明らかにすることこそ、歴史学が行うべき課題と考えている。とりわけ、前述した今日の状況をふまえるならば、生身の天皇の政治的パフォーマンスなどの行動・役割に着目して、「天皇制」存続の条件について検討することの意味は、より大きくなっているのではないだろうか。

1　戦国時代における「譲位」の中断

「崩御」による皇位継承の復活

本書のテーマである皇位継承について、筆者が専攻する中世後期における特徴を検討することから始めよう。「帝室に関する諸般の制度の本質、起源及び沿革を、確実なる資料に基づき叙述することを目的」として、帝国学士院が編纂した『帝室制度史』は、「皇位継承の原因」として「崩御」と「譲位」の二つを挙げている。[5] 確認しておくと、「崩御」の場合は「践祚」によって、「譲位」の場合は「受禅」によって、皇位が継承されることになる。そこでも述べられているように、夭折などの例外はあるものの、聖武天皇以後は「譲位」が慣例化しており、天皇が終身在位し「崩御」によってのみ皇位が継承されるのは、近代天皇制成立以後「皇室典範」によって制度化されたものである。

ところがその間にも、高齢になっても在位し、「崩御」によって皇位が継承された天皇が続く時期があった。一五世紀後半〜一六世紀、すなわち戦国時代である（以下、「天皇系図」および「天皇代替わり関係年表」参照）。後土御門天皇は一五〇〇年（明応九）に死去するまで三六年間在位、後継の後柏原天皇は一五二一年（大永六）に死去するまで二一年間在位、その後継の後奈良天皇は一五五七年（弘治三）に死去するまで三一年間在位した。その後継の正親町天皇は一五八六年（天正一四）に孫の和仁親王（後陽成天皇）に譲位したが、在位は二九年間に及んだ。こうした事態は、先例を重んじる公家社会にとって望ましいものではなかったようである。ある公家は後柏原天皇が皇位に就いた際、「今度は御譲位の沙汰に及ばず、今に於いては践祚たるべきの間、尤も無念のことなり」と日記に記している（『和長卿記』明応九年九月八日条）。つまり、本来は譲位→受禅によって皇位は継承されるべきなのに、今回は崩御→践祚というかたちをとることになったので、とても残念だというのである。

それだけでなく周知のように、正式の即位儀礼である「即位」（以下、「即位礼」と表記）の実施が、皇位継承から遠く隔たるようになった。後柏原天皇は二一年後、後奈良天皇は一〇年後、正親町天皇は三年後の実施となっている。もう一つの柱であるはずの「大嘗会」にいたっては、後土御門天皇の即位時を最後に、江戸時代の東山天皇の即位時まで、二百年以上にわたり中断された。

しかも、践祚すなわち皇位の継承が遅れたため、空位すなわち天皇不在という事態も生まれていた。「皇位は一日も空しくすべからず」は大原則であり、『日本書紀』にはじまり、『玉葉』・『満済准后日記』などに繰り返し書かれていた。[6]ところが、後土御門天皇→後柏原天皇の場合は二五日、後柏原天皇→後奈良天皇の場合は二一日、後奈良天皇→正親町天皇の場合は五〇日の空位期間があった。空位は、後継天皇が決まっていないために生じることもあったが、これらの場合はそれと違い、後述するように践祚の儀礼が遅延したことが理由となっていた。

さらにこのことは、大きな問題が生じる原因ともなった。「そもそも御践祚以前、御葬礼のこと、その例なし」（『二水記』大永六年四月十四日条）とされているように、前天皇の葬儀は、新天皇の践祚後に行われるのが通例となっていた。したがって、践祚の遅れは葬儀の遅れをもたらすことになる。実際、後土御門天皇は死後一ヵ月以上、後柏原天皇は一ヵ月近く、後奈良天皇にいたっては二ヵ月以上も葬儀が行われないまま放置されていた。後柏原天皇の場合は、夏季にあたっていたこともあり、「御喪礼また遅々に及ばば、温気時分で勝事の儀也」（同前）つまり葬儀が遅れると、暑い季節なのでよろしくないと思われていたが、実際、「玉体が以ての外膨張し、御棺に入れ奉りがたし」（『実隆公記』大永六年四月十一日条）という状況が生まれた。

財政の逼迫と資金源の転換

このような代替わりのあり方の大きな変質は、『帝室制度史』が即位礼実施の遅延について「当時皇室の用度足らず、幕府の財政亦窮乏して其の資を献ずること能わざりしに因るものにして、大なる異例なり」と述べているように(7)、基本的に費用調達の困難化が原因だった。その事情は、以下のとおりである。

鎌倉時代には、即位礼などの朝廷行事の費用は、朝廷が賦課する一国平均役という臨時税によって賄うのが基本であり、幕府も「関東御訪」という私的贈与のかたちで補完していた。しかし、南北朝内乱による戦乱状況は、朝廷による租税（公事）・地代（年貢）徴収を困難にし、幕府の役割が重要になった。そこで幕府は、半済(はんぜい)停止令により「禁裏(きんり)御料」を含む公家・寺社領を保護するとともに、朝廷に替わり守護を通じて租税（「段銭(たんせん)」）を徴収し、また守護の負担（「守護出銭」）を制度化することとなった。これらの収入により、室町時代の朝廷行事は遂行されていたのである［松永　二〇一三：三二一—七二］。その額は、即位礼の場合をみると、崇光天皇（一三四九年〔貞和五〕）で二七万疋の予算、後小松天皇（一三八二年〔永徳二〕）で二一万疋の予算、称光天皇（一四一四〔応永二一〕）で三七〇〇貫の実収となっている［久水　二〇一一：三五—六八］。一疋は一〇文なので一貫＝一〇〇〇文は一〇〇疋となるが、一貫の価値を仮に一〇万円とすると、即位礼には二億一〇〇〇万〜三億七〇〇〇万円の費用がかかっていたことになる。

戦国時代になり幕府の守護に対する統制力が低下すると、状況は大きく変化した。すでに一四六四年（寛正五）の後花園天皇から成仁(ふさひと)親王（後土御門天皇）への譲位に際し、段銭を諸国に賦課することが決定されたが、在地側の抵抗により催促が停止される事態が生じていた(8)。

一五〇〇年（明応九）に践祚した後柏原天皇の場合、翌一五〇一年（文亀元）三月には、御所で即位礼が話題に上り、「御即位事、まず御沙汰に及ぶべきか、その儀に就きいよいよ打ち置かるべからざる題目なり」との意見が出たが、「惣用の事、国役等有名無実たるべし」という現実認識も披露された（『元長卿記』文亀元年三月十二日条）。つまり、段銭や守護出銭による収入は期待できないというのである。それでも幕府に対し費用の支出を要請したが、期待していなかったせいか、その額は五〇万疋という非現実的数値だった。(9)実際にも、やはり「御即位段銭用脚は昨日但馬国分かつがつ三千疋納所」という状況で、このことを日記に書いた三条西実隆も、「乏少比興か」すなわち少なすぎて話にならんと嘆いている（『実隆公記』文亀元年八月二十五日条）。そもそも、明応の政変後幕府の実権を握っていた細川政元が「御用諸国段銭も沙汰すべからず」と消極的で、このことを日記に書いた興福寺大乗院門跡の尋尊は「末代滅亡の趣なり」と嘆いている（『大乗院寺社雑事記』文亀二年六月十六日条）。結局、この話は立ち消えになった。その後も間歇的に即位礼費用の調達が朝廷から幕府に要請されたが、いっこうに集まる様子はみられず、「御在位すでに十七年、御即位は惣用無きにより行われず、末代至極」（『宣胤卿記』永正十四年正月一日条）、「当御代、御在位十八年なり。かくの如き延引、先規になし。末代の至極なり」（同前、永正十五年十二月三十日条）と、毎年のように嘆くばかりだった。

最終的に即位礼は、践祚から二一年経った一五二一年（永正一八）三月に行われた。前年六月に幕府から「御即位御要脚万疋」が贈られ、八月には実施される見通しとなったが（『二水記』永正十七年閏六月十六日条）、八月になると将軍足利義稙（よしたね）から、装束の新調ができないうえに、「三十万疋の残りの用途も猶以て欠如なり」、さらに幕府軍の出兵により警護ができないという理由で、延期が申し入れられた（同前、永正十七年八月四日条）。翌年二月に再び義稙より一万疋が贈られ、これと前年の一万疋、さらに朝廷の「御倉（みくら）」にあった一万疋の合計わずか三万疋によって、ようやく実施されるに至った（『守光公記』永正十八年二月十四日条）。どれだけの内容で挙行できたか不明だが、それでも前日から「見物衆男女簇参し、物忩是非なし」、当日も「老若男女が雲霞のごとし」という状況だった。(10)天皇に対する意識がどうであれ、民衆にとってこのようなイベントは、一生に一度あるかないかの貴重な機会だったのだろう。とすれば、即位礼は形だけ行われればよいというものではなく、天皇の権威をアピールするにふさわしい、荘厳な式典を演出する意味は大きかったといえよう。そのため「分不相応に」多額の費用を集めることがめざされたのも、頷けるところである。

後継の後奈良・正親町天皇は、もはや幕府に依頼するのを断念したようで、戦国大名など地方権力からの献金に依拠するようになった。一五二六年（大永六）に践祚した後奈良天皇の場合、一五二九年（享禄二）に前関白二条尹房から三条西実隆に「御即位用脚」について問い合わせがあったものの（『実隆公記』享禄二年四月二十一日条）、数年間はさしたる動きはなかった。本格化するのは、一五三四年（天文三）四月に、周防の大内義隆が朝廷の要請をうけ、即位礼費用の献上を申し出て以後のことである（『お湯殿の上日記』天文三年四月二十四日条）。その額は二〇万疋に及び（『後奈良天皇宸記』天文四年正月三日条）、翌年六月には即位礼に合わせて御所日華門の修理が始まったが（同前、天文四年六月三日条）、その費用も大内氏が一万疋を支出している（同前、天文四年九月三日条）。当時大内氏は北九州で大友・少弐氏と戦っており、将軍足利義晴が和平工作を行っているので、状況を有利に持ち込むための中央工作の一環だった［山口県 二〇一二：五〇三―五〇四］。実際義隆は、日華門の修理費用の進上の「賞」として、太宰大弐任官を望んでいる（『後奈良天皇宸記』天文四年十二月二十二日条）。太宰大弐は太宰府の事実上のトップに位置する官職であり、義隆は任官によってライバル少弐氏の上に立つとともに、北九州の支配者にふさわしい称号を得ようとしたのだと思われる。この要望は、いったんは勅許されたものの「旁以て然るべからず」と取り消されており、金にものを言わせた異例の昇進要求に対する、天皇側の反発が現れたものとも考えられる（同前、天文四年十二月二十七・二十八日条）。しかし、大口献金者の意向に逆らうことはできず、翌一五三六年（天文五）二月に即位礼が実施されると、五月には義隆が太宰大弐に任官している（『お湯殿の上日記』天文五年二月二十六日・五月九日条）。

一五五七年（弘治三）に践祚した正親町天皇の場合、一五五九年（永禄二）二月に勧修寺尹豊らが即位伝奏（てんそう）（天皇と関係者の間の取次役）に任命された頃から本格化した（同前、永禄二年二月七日条）。尹豊は、すでに豊後の大友義鎮と安芸の毛利元就に献金を働きかけており、義鎮は応じなかったものの、元就からは内諾を得ていた［三卿伝編纂

所　一九八四：三八三―三九〇〕。尹豊は武家伝奏にも任じられ、天皇の意を伝える女房奉書を将軍足利義輝に届けたが（『お湯殿の上日記』永禄二年二月十六日条）、その内容は以下のとおりだった。「即位礼をどうしても行いたいと思っていたが、将軍は朽木に滞在して力もないので、その縁につながる大友義鎮と毛利元就に冥加のため協力するよう要請した。しかし、将軍より話がないのもいかがかと思うので、そちらからも申し入れて欲しい」（『京都御所東山御文庫記録』甲百九十八）。かなり高飛車な言い方だが、当時の両者の関係をあからさまに物語っているといえよう。これに応じるかたちで献金が行われたようで、毛利元就の息子隆元は、備中を獲得したことを朝廷に「注進」しつつ、「御即位申し沙汰仕り候によりて、奇特に切り勝ちたる」（『お湯殿の上日記』永禄二年五月十三日条）と述べている。実際の献金額を示す史料は残存していないが、一時支配下に収めていた石見大森銀山の産銀四八貫、銅銭に換算して二二〇〇余貫だったと推定されている〔三卿伝編纂所　一九八四：三九〇〕。生真面目な隆元〔同前、四八七―四九七〕らしい殊勝な言い方をしているが、献金への現実の見返りは官位の授与だった。一五六〇年（永禄三）正月に即位礼が実施されると、謝意を示す綸旨が発せられ、元就は陸奥守・隆元は大膳大夫に補任され、あわせて義輝からもこれらを伝達する御内書が届けられた（大日本古文書『毛利家文書』二九四～三〇一号）。さらに隆元は、義輝から安芸守護に補任されている（同前、三一三号）。一五五七年（弘治三）に周防・長門征服を達成し、大内氏からの自立を果たした毛利氏は、この頃山陰・山陽へさらに勢力を伸ばしており、安芸の一国人領主から脱皮した新しい地位にふさわしい称号を求めていたと思われる。なぜ陸奥守・大膳大夫が選ばれたかについては、さしあたり、それが毛利家の祖大江広元が歴任した官職であることが挙げられる。

　この項の最後に、践祚・葬儀費用の問題にふれておきたい。前述のように、即位礼だけでなく践祚・前天皇の葬儀の実施にも遅れが生じていたが、その原因もやはり費用調達の困難化だった。南北朝時代の例をみると、後光厳天皇の「践祚料」は一八万疋とされている（『実隆公記』大永六年四月十八日条）。即位礼の費用にほぼ匹敵しており、多すぎるようにも思われるが、戦国時代になると、後土御門天皇から後柏原天皇への代替わりの際に、幕府は凶事（葬儀）および践祚の「用脚（ようきゃく）」として九万疋を「調進」しているので、かなり多額の費用が必要だったことは確かである（『師象記』大永六年四月九日条）。一五二六年（大永六）四月七日に後柏原天皇が亡くなると、公家の長老甘露寺元長は先例に通じた大外記（だいげき）（太政官付きの書記官）の押小路師象に、「この度は費用をすぐに調達するのが難しいので、践祚の儀式なしに、まず御葬礼を行ってもよいだろうか」と尋ねた。師象は、「先例を調べてみると、凡そそのような例はなく、よろしくないのではないか。御葬礼を行うのであれば、践祚の方を急いで整えるべきではないか」と返事をし、大方の同意を得た。ところが、一四日に使いとして幕府を訪れた武家伝奏は、「五万疋しか支出できないので、これで践祚と葬儀を行うように」と言われ、「それは無理だ、それなら葬儀を先にやることにする」との捨て台詞を残して御所に戻った（『実隆公記』大永六年四月十四日条）。その後幕府は、六万疋なら出せると譲歩してきたが（同前、大永六年四月十六日条）、公家側は管領の細川高国に働きかけ、一八日に八万疋を支出すること、ただし二万疋については六月まで支払いが遅れるという内容で交渉は決着し、二九日に践祚を行うことが決まった（同前、大永六年四月十八日条）。そのうえで、五月三日に漸く後柏原天皇の葬儀が執り行われる次第となった（同前、大永六年四月二十四日条）。

この経緯をみると、幕府が出費に消極的なのに対し、公家側が先例違反という強硬手段をとる素振りまで見せて増額を実現していることが印象的である。素直に考えれば、先帝の葬儀を一日も早く行いたいという廷臣の忠心の現れかもしれないが、彼らにとっては装束などを新調する大切な機会であり、その原資の多寡は死活問題だったともいえる。(11)もう一つ、留意しておきたいことがある。前述した即位礼の場合と同じく、葬儀の場にも多くの民衆が見物に集まっていることである。御所での焼香が終わり、遺体を乗せた車が供奉の人とともに泉涌寺へ向かおうとするとき、見物衆が騒ぎまくっていること（「鼓躁」）を、三条西実隆は「言語道断」と怒っている（同前、大永六年五月三日条）。それはそれで民衆の天皇の葬儀に対する意識として興味深いが、同時に公家にとっては、即位礼と同じく朝廷の権威が問われる問題であり、経費縮減による簡略化は容易に認められなかったのではないだろうか。[12]

2　中世国家における「公」と「武」

「公武対立史観」の展開

1でみたような戦国時代における代替わりのあり方の変化は、「天皇制」の長い歴史のなかで、どのような意味があったのだろうか。この問題を考えるうえで鍵となるのは、天皇を頂点とする公家政権と、将軍など武士の長を頂点とする武家政権との関係、すなわち公武関係をどう理解するかである。この点に関して近代以降は、公武対立を基本とする見方、すなわち「公武対立史観」が主流となってきたといえる。

その出発点は、徳川武家政権の打倒によって成立した近代天皇制国家を、王政復古により正統化する「王政復古史観」だった。大久保利謙によれば「王政復古史観」とは、「明治維新を、幕府に代って天皇の政府が成立した政治的の変革であったと解釈し、それをもって武家政治の廃絶、古代王権の回復とする見方」だった。この見方からすると、「日本の政体は、本来王政が正しい在り方で、武家政治は一時の変態」であり、「明治維新の業は、文治以来七百年の因襲の跡を破りて王政の古に復し」たものだった［大久保　一九五九］。この史観は、皇国史観によって増幅されることになった。一方で、二〇世紀初頭に欧米の近代歴史学を学んだ市民主義的歴史家原勝郎は、武家政権が支配した中世を暗黒時代とする当時の風潮を否定し、むしろ「奢侈・逸楽・淫祀」の藤原文化の刷新が、「比較的野蛮なりと目され」「東国」の「武人の力による」鎌倉幕府の開設によって行われたと主張した［原　一九〇六］。さらにマルクス主義の導入により、鎌倉幕府の開設は中央権力の衰退と地方豪族の割拠的抗争を経た封建制度の成立と位置づけられ、「矛盾の止揚と克服とによって発展の新しき基礎を約束」したものと評価された［野呂　一九三〇］。このように、評価の立場は否定的・肯定的と正反対でも、公武関係を対立的にとらえる見方では共通する史観が、大きな影響力を有していたのである。

後者の見方は戦後歴史学に引き継がれ、いっそう純化されることになった。そのリーダーというべき石母田正は、古代的世界（奴隷制社会）から中世的世界（封建制社会）への移行を主導すべき封建領主階級は、古代的権力・権威を否定・克服する歴史的任務を有しているが、源頼朝はそれに反して東大寺に対し妥協的だったとして、「頼朝の保守的政治のために中世は三度敗北した」との評価を下した［石母田　一九四六］。その影響力は長く続き、佐藤進一は、室町幕府が京都市中の警察・裁判・課税等の権限を行使するようになったことを、検非違使庁の権限の接収、つまり「王朝・本所権力を分割奪取」したものと評価した［佐藤　一九六三］。朝尾直弘は、朝廷が国政上の実権を失った段階において、織田信長は伝統的権威を否定し自らを神格化して、最高権力としての「将軍権力」の理念を創出し、右大臣・右大将の辞官により伝統的官位制度から自己解放したとした［朝尾　一九九四］。このように、武家政権は朝廷の権力・権威に挑戦しつづけたとされたのである。しかし結局は、豊臣秀吉の関白就任・徳川政権の「禁中並公家諸法度」制定により、朝廷は国家制度に組み込まれて存続することとなった。そうすると逆に、武家政権が天皇の地位を否定できなかった理由が問題とされ、国郡制的統治権などの伝統的天皇支配権の存続が強調されるようになった［池二〇〇三a：一三五—一四三］。さらに進んで今谷明は、足利義満が天皇からの王権簒奪を計画しつつ挫折し、織田信長も正親町天皇を退位させることに失敗し「天皇の侍大将」として将軍任官を求めるなど、武家政権は天皇権威に挑戦しながらも克服できずに敗れてきたと主張した［今谷　一九九〇・一九九二a］。

国家支配における「公武」の一体性

しかしながら、「公武対立史観」には大きな問題がはらまれていた。前者の「王政復古史観」・皇国史観は、天皇王権を日本古来の伝統として絶対視するイデオロギーが前提となっており、「天皇制」を歴史的に理解しようとする立場とはいえない。戦国時代の状況に関していえば、「皇室の御式微」として嘆くか、献金者の「勤皇」を讃える程度にとどまらざるをえまい。後者の「武人」＝封建領主階級の役割論についていえば、社会的には中世を通じて彼らが実力を強化し、公家勢力を凌ぐに至ったことは確かである。しかし、国家支配の次元において両者がどのような関係にあったのかは、それとは別の問題である。

この点に関しては、すでに黒田俊雄が、石母田説の「最も根本的な問題は、国家を具体的・対象的に認識する方法を提示していないこと」にあり、封建国家と封建社会の区別が不明確なまま、「中世国家の本質を論ずるために「領主制」を追究するだけにおわるという奇妙なスリカエがひろくみられる」と批判しているところである〔黒田　一九六四〕。そして黒田自身は、荘園制的土地所有を基礎に、公家・武家・寺社が「権門」として国家支配を分掌し補完しあっている、「権門体制」国家論を提示した〔黒田　一九六三〕。黒田「権門体制」国家論を、「両者（鎌倉時代の公家政権と武家政権――筆者）のあいだの異質・対抗面を無視ないし軽視」していると批判する永原慶二も、両者が対抗的に併存していたとする見方には批判的で、「武家政権の在り方は公家政権の国家体制の一環として制度的に位置づけられている」ことを承認するようになった〔永原　一九九一：七三―七六〕。

南北朝内乱を経て、朝廷の専管事項だった段銭などの租税徴収や京都市政などの権限が、室町幕府に掌握されるようになったのは事実である。しかしそれは、幕府が「分割奪取」したというよりも、北朝の統治能力の低下を幕府が代替した結果だった。幕府は南朝との対抗上、北朝の権威を確保する必要があり、南朝方に三種の神器を奪われた状況下で、即位儀礼をはじめとする朝儀の盛大な実施は、王統性を主張するうえでの必須課題だった。ところが当時の北朝は、財政の逼迫と人心の弛緩で重要な神事も行えない状態にあったため、幕府は前述のように、朝廷行事の費用調達のために段銭徴収などを行うようになったのである〔榎原　二〇一六：四二―四三〕。このように、武家政権にとって公家政権の役割は、その権威・正統性を支えるうえで依然重要だったのであり、足利義満はそれを体制化する方策をさまざまにとった。彼は、後円融(ごえんゆう)天皇の花の御所行幸を実現し、准三宮・太政大臣という朝廷秩序の最高地位に昇りつめ、牛車に乗ったり花押を公家様にするなど、公家社会と密接な関係を結んでいった。こうした義満の「公家化」は、今谷によって「王権簒奪計画」の発進と位置づけられたが、実際のところは、低下した天皇の権威を図りたい二条良基ら朝廷側と、武家における足利家の圧倒的権威の確立を図りたい義満側の意図が一致して、実行されたと評価されるようになっている［榎原　二〇一六：五〇—五五］。

一方で義満は、公家の所領支配権を「家門」・「家領」の安堵という形式で保障し、彼らを「家礼」にして偏諱を与え、主従的関係を結んだ［水野　二〇〇五］。また義満は、寺社に対して五壇法などの顕密の大法を行わせた。こうして作り出された義満の立場は、後述する「権門体制」における天皇家の家長の立場に似ており、室町殿の治天化と評価されている。「室町殿」は足利将軍家の家長、「治天」は天皇家の家長を意味する言葉だが、義満は出家して将軍職を息子の義持に譲った後も幕府を実質的に支配しており、義満は「室町殿」として武家政権・公家政権を掌握していたのである。「室町の王権」は、こうしたかたちで足利将軍家の当主に帰属していたといえる。国政上の実権を失った公家政権が担っていたのは、律令政治の形式・儀礼的部分であり、改元・官位叙任・節会等の朝廷行事開催などが、天皇・太政官らによって行われていた。室町殿は「家礼」となった公家を「伝奏」に任命し、彼らを通じてその意思を天皇・太政官に伝えたが、こうした方式も以前の治天のやり方を踏襲したものだった。このような室町殿による国家的支配体制は、「公武統一政権」と概念化されている［富田　一九八九］。

したがって、室町幕府による朝廷の保護・財政援助は、公武統一政権による国家的支配を維持するうえでの重要課題だったといえる。とすれば応仁の乱後、室町幕府の全国支配が後退するにつれて、朝廷の国政的機能が低下した、すなわち「公武」が一体となって衰退したのは、当然の成り行きといえよう。幕府は朝廷行事のための費用支出に消極的となったが、足利将軍の王権に対する意識に変化があったことも指摘されており[13]、もはや従来のかたちでの公武の一体性は維持できない段階に至ったと考えられる。

3　中世における譲位の意味

それでは、こうした中世の公武一体的国家支配の変遷のなかで、譲位の中断にはどのような意味があったのだろうか。「そもそも、平安時代の天皇は、王統を安定させたうえで、退位して後見の上皇の位置を占めることを理想としていた」とされるが［保立　一九九六：一六三］、それはやがて、院政すなわち、退位した天皇が上皇あるいは法皇の立場から国政の実権を握る形態として制度化された。これにともない中世においては譲位が一般化し、元気なうちに意中の人物（普通は直系の子や孫）に天皇位を譲り、父・祖父としてコントロールするようになったのだが、こうした形態が安定化するのには、政治的・社会的背景があった。

その第一は、土地制度としての荘園制の成立である。荘園というと、開発領主の寄進によって成立した私的大土地所有と思われがちだが、律令国家以来の国有地（公地）が私的に分割されて成立したり、国有地（公領）のまま知行国として私的収益の対象となったものも多く、全体としてみれば国家的所有の私的分割という性格が強い。そこで、荘園の設立には国家の承認が必要であり、国家の収公（没収）権も留保されていた。その決定権を握っていたのは、国家意思を決定する立場にある天皇や公家上層であり、彼らはその権限を利用して、自ら荘園領主となったのである。それと関わり重要なのは、律令制的土地・租税制度が機能しなくなるなかで、国家的給付の内容が位田・職田・封戸等から、特定の土地の直接支配権へと変わっていったことである［永原　一九九一：六一―六七、永原　一九九八：八九―九四］。それによって荘園支配は正当化され、したがって、荘園領主たりうるのは国家的役割を政治的・軍事的・

イデオロギー的に果たす主体であり、それが黒田俊雄によって「権門」と呼ばれたのである。こうした見方からすれば、「荘園領主……は、それぞれの権門としての役割を果たすために荘園を領有し、農民から年貢を徴収したのであって、荘園支配は目的ではなく、あくまでも手段であったのである」［上島　一九八九：九〇］ということになる。

こうして公家・武家ともに、国家的役割やそれに対応した資産が世襲され、家職・家産およびそれらを表示する家名を有する「家」が成立することになった。これが第二の背景である。天皇も例外ではなかった、というより、国家の最高意思決定権を有する立場を利用して、最大の荘園領主の地位を築いた。(14)これを経済的基礎として天皇家が成立し、その家長は前述のように「治天」あるいは「治天の君」と呼ばれた。この治天が天皇の地位にあった場合は「親政」と称されるが、退位により律令制的天皇の拘束性から自由になり、天皇家の家長の立場から国政を動かすようになったのが院政である。院政というと、天皇を裏からコントロールするようなイメージがあるかもしれないが、実際には公然と権限が振るわれていた。上皇・法皇の家政機関として院庁が設置されたが、その職員である院司には現職の公卿（太政官）や弁官（書記官）が名を連ねており、治天の意思は彼らによっても正式の太政官政治に反映された。それどころか、院宣・院庁下文という厳密には私的性格の文書が国家意思の表明として機能し、それらによって荘園の設立が公認されることすらあった。鎌倉時代に入ると、こうした院政の仕組みが制度として整備されることになる。一つは、治天が主宰する公卿議定制である「院評定」制である。参加者は治天が選択指名したが、そのなかには現任公卿だけでなく、摂関や頭弁（天皇秘書官・書記官の筆頭）などが含まれ、ここでの決定が国家意思にスライドすることになった。もう一つは、治天の意思を太政官に伝える伝奏の制度である。伝奏役は同時に院司であり公卿でもあることが多く、また伝奏から院の意を受ける職事（しきじ）（蔵人）も同時に院司でもあったので、ここでも治天の意思は、そのまま国家意思となることになった。このようにして、治天は国政の実権を握ったが、同時に、律令制的国制にもとづく太政官政治は、制度の形式としては存続しており、改元・官位叙任・節会等の朝廷行事開催などは、天皇―太政官機構を通じて実施されていた〔橋本義彦　一九七六、富田　一九八九〕。

こうした国政の運営方式が、主体を変えて公武統一政権に引き継がれたことは、前述のとおりである。とはいえ、王権が治天から室町殿に移行したことは、公家政権にとっては大きな変化だった。国政上の実権を武家に掌握された公家政権において、天皇に残されたのは形式的太政官政治の長としての立場だけだった。したがって、院政という形式は一五世紀の後花園上皇まで続くものの、その実質的意味は失われていた。院は、ただ息子の天皇を後見する立場にすぎなくなったのである。したがって、譲位が中断したこと自体は、国政のあり方に大きな変更をもたらすものではなかったといえる。

とはいえ1で指摘したように、譲位による皇位継承こそあるべき姿という公家社会の伝統意識は根強かった。また、正親町天皇が、織田信長からの「譲位の事申し沙汰候べし」との申し入れに対し、「奇特さ、朝家の再興の時至り候と、頼もしく祝い思し召し」たように、皇位の安定的継承、高齢化による朝儀遂行の身体的負担などから、天皇が譲位を希望していたことは想像にかたくない〔橋本政宣　一九八二〕。譲位という方式は、中世の公武一体的国家支配と密接に関わっており、その中断は一つの時代の終わりを表現していたのかもしれない。

4　天皇の役割変化

武家側の方針

公武統一政権的国家支配の衰退のなかで、支配層は天皇をどのように位置づけようとしていたのだろうか。

1で述べたように、応仁の乱以後、幕府は即位儀礼などの朝廷行事費用の支出に消極的となった。その代表ともいうべき管領細川政元は、以下のような意見を残している。「（将軍足利義澄が――筆者）参議中将に昇進することは、まったく無益である。私はただ将軍だと思っており、このように官位を昇進するのは無益である。昇進しても、人々がご命令に従わないのであれば、その甲斐がない。今のままで結構である。また内裏についても、（後柏原天皇が――筆者）即位礼を行うことは無益である。そのようなことを行ったとしても、実体がなければ王とは思われない。今のままでいても、私は天皇を国王だと思っている。だから、一切の大儀なことは末代に至るまで不相応なことである」。このように、官位昇進や即位礼は無益だと述べたところ、「諸家公武ともに尤もの旨申」したという（『大乗院寺社雑事記』文亀二年六月十六日条）。これは、足利義澄が官位昇進を希望し、その費用の拠出を幕府に求めようとした際に、拒否の理由として述べたものである。「下剋上」の極みのような不遜な発言だが、天皇の存在意義自体を否定しているわけではない。ただ、いわば費用対効果を勘案して、儀礼を通じた天皇の権威維持に消極的だったのである[(16)]。しかも応仁の乱以降、室町期社会を支えてきた政治秩序の崩壊により、将軍家と天皇家自身が、「演出された儀礼的昵懇関係を維持・再生産しようとする意欲を失」っていたという指摘もあり［石原　二〇一五：三三九］、国家支配の中枢はあるがままの天皇以上の役割は求めなくなっていたといえよう。

それに対し、積極的に朝廷を保護し、自らの支配の正当化に利用しようとした武家が、新たに登場してくる。織田信長であり、その後継豊臣秀吉である。彼らは、新たな国家体制構築のため、必要に応じて天皇にさまざまな役割を果たさせようとした。

信長は、一五六八年（永禄一一）九月に足利義昭を擁して上洛すると、直ちに「禁裏御不弁」として銭一万疋を献金し（『言継卿記』永禄十一年十月八日条）、一二月に行われた誠仁（さねひと）親王の元服に際しては銭三百貫を進上している（同前、別記「若宮御方御元服御服之事」）。さらに翌年からは一万貫の費用と三年の月日をかけて御所の修理を行い（『大日本史料第十編之二』永禄十二年四月十六日条）、一五七一年（元亀二）には京中の町に米を貸与して利息を禁裏に納めさせる措置をとっている（『大日本史料第十編之七』元亀二年十月十五日条）。こうした援助は室町幕府が行ってきたものであり、将軍の座に就いた義昭と結んだ「条書」（確認書）でも、その一項として「天下御静謐の条、禁中の儀、毎時御油断あるべからざるの事」、すなわち、国家・社会秩序の安定のため、常に油断なく朝廷の面倒をみなければならないことがあげられている。(17)なお近年は、信長の革新性に疑問を抱き、戦国時代との連続性を重視する風潮が強いようだが［金子　二〇一四］、こうしたことから、信長は室町幕府の政策を踏襲したにすぎないという結論が導き出せるわけではない。前述のように、戦国時代の幕府は朝廷保護の立場を放棄しており、信長の意図は、そのような幕府に代わって自分が「天下」を取り仕切ることを宣明するところにあった［池　二〇〇三b：一七—三二］。そして義昭との決別の意を明らかにした「異見書」の冒頭で、「内裏のことについては、前将軍足利義輝はきちんと世話をせず、神仏の加護なく暗殺されてしまった。だからあなたに、常に怠りなく勤めるよう上洛したときから言ってきたのに、すぐに忘れてしまって、近年は内裏が衰微しており勿体ないことである」と批判した。(18)

義昭追放後も、前述の譲位援助申し出だけでなく、公家・寺社領に対する当知行安堵・徳政実施など保護政策をとった。見返りは従三位参議から正二位右大臣・右大将まで続く異例の官位昇進だったが、その目的は政敵である義昭が権大納言にとどまっていたのを凌ぐことだった。その後、右大臣・右大将を辞官したが、官位制度自体を否定しようとしたわけではなく、天皇の希望に応えるかたちで京都において馬揃えのパレードを行うなど、最後まで保護・利用する姿勢は変わらなかった［同前：三四—三七］。確認しておく必要があるのは、荘園制を基礎とする中世的国制をそのまま継承したのではなく、政権独自の政策にもとづき公家・寺社領を新たな知行体系に編成しようとしたことである。それは、豊臣秀吉が実施した太閤検地によって、石高制として完成されることになる［池　二〇一〇：二七二—二七九］。

秀吉の場合は、もっと徹底していた。信長後継者争いの最終段階である徳川家康との小牧・長久手の戦いが、講和に向けて進んでいた一五八四年（天正一二）一〇月、秀吉は正親町天皇の誠仁親王への譲位の意向を受け、院の住居である仙洞御所の造営に着手した。投じる費用は、即位も含め一万貫を用意したともされている（『大日本史料第十一編之九』天正十二年十月四日条）。そして一一月には、従三位権大納言に叙任された。それまで秀吉は無位無官だったので（「筑前守」は通称）、これは異例中の異例の措置であり、まさに援助攻勢の賜物だったといえよう。さらに秀吉は、翌年七月には従一位関白にまで昇進し、それを自らの国政上の肩書としただけでなく、関白就任式に参加する家臣も官位に就かせ身分序列の標識の一つとした。武家官位制の始まりである。こうして豊臣政権は関白政権の形式をとって出発したのである。それだけでなく秀吉は、全国制覇の過程でも、「叡慮」による「天下静謐」を前面に立て諸大名に服従を迫った。そしてまた、正親町天皇の譲位を実現し、足利義満による後小松天皇の北山殿行幸に倣い、後陽成新天皇（急死した誠仁親王の息子）を聚楽第に招き、天皇を前面に立てて徳川家康以下の大名に関白の命令への服従を約束する起請文を提出させた。このように秀吉は、征服・支配の正当化や、服従者の統制・編成などに、天皇の権威を余すところなく利用したといえよう。こうした方式をとった背景には、軍事的には決定的に屈服させえなかった、最大のライバル徳川家康の存在があったと思われる。官位序列においては、家康を常に弟の秀長と同列に置いて自らの優位性を明示し、臣従の約束も天皇を立てることで取り付けることができたのである［池　二〇〇三b：五五―六七］。

天皇の生き残り戦略

このように武家の方針は変遷したが、天皇はただ手をこまねいていたわけではなく、生き残りを図るべくさまざまに対応した。即位礼への幕府の援助に期待できなくなると、地方権力に献金を求めたのもその一つだが、官位授与という天皇に残されていた役割と結びつけたところに特徴があった。こうした一種の売官は、平安時代に盛んだった成功（じょうごう）に似ているが、意味は違っていた。鎌倉時代にも御家人の任官は成功によって行われていたが、官職は実利をともなうものではなく、もっぱら推挙主体である将軍と御家人との主従関係の媒介物として機能していた。室町時代には成功による任官は消滅し、官位は将軍からの恩賞的性格を純化させた〔池　二〇〇三a：二六三―二七三〕。戦国時代になると、武家の官位の推挙主体は将軍に限られなくなり、その意義も1で述べたように、地方権力の権威強化のためのステイタスシンボル獲得となった。官位がステイタスシンボルであることは公家にとっても同様で、朝廷政治の実質がなくなるなかで、家格にもとづく官位昇進は求めたものの、それに対応した職務を遂行するわけではなかった。実際公家のなかには、生活基盤確保のために幕府に出仕したり地方に下って「在国」するなど、朝廷から縁遠くなる者が増えていた。

　このような官位のあり方の変化とともに、官位授与の方式に大きな変化が生まれていた。本来は国家の職員の任命であり、官職は「除目」、位階は「叙位」という朝廷の儀式において与えられるものである。大臣任命の際は「節会」が開かれた。ところが、財政事情が悪化して節会・除目や叙位が開かれなくなると、正式の太政官会議だが参加者は「上卿」（主宰者）一人という形骸化した「陣儀」による「陣宣下」、あるいは会議を経ずに「口宣案」（口頭で伝えられる天皇の命令の控え）による「消息宣下」という形式で、官位は授与されるようになった。しかも、その費用は官位申請者が「陣下行」・「礼銭」というかたちで支払わなければならなかった〔同前：一四四―一七〇〕。つまり、受益者負担主義が導入され、天皇は官位授与を「家業」として営み、収入を生計などに充てるようになったのである。後ろめたさもあったようで、清廉な性格とされる後奈良天皇は、所領を直接支配するために土佐に在国していた一条房冬が、左近衛大将任官を求めて進上しようとした一万疋の受け取りを拒否した（『後奈良天皇宸記』天文四年十一月五日条）。しかし、取り次いだ者の面目を考えて任官自体は認めており、おそらく一万疋は取次の公家の手に入ったと思われる[19]。そもそも後奈良天皇は、多くの公家の叙任申請を留保なしに「勅許」しているが、これには当然礼銭が払われている。また、1で紹介したように、大内義隆による異例の昇進要求にも、いったんは拒否したものの最終的には応じていたのである。

もう一つ重要な収入源となった天皇の役割は改元だった。元号制定は、本来は天皇の時間支配権の発現だったが、この頃は京都を中心とする「天下」を制した武家が、その宣言として改元を行わせることがあった。細川高国の大永改元・足利義昭の元亀改元・織田信長の天正改元などが有名である。この場合も、元号案を用意したり（「勘文」作成）審議したり（陣儀での「難陳」）する必要があるので、かなりの費用がかかるが、それは改元を求める武家が負担したのである［池二〇〇三a：一七〇―一七七］。

一条房冬の事例にみられるように、官位叙任や改元の収入は、その手続きを行う公家たちにも分配された。陣宣下の場合は上卿や弁官などの事務官、消息宣下の場合は取次役や口宣案を伝える蔵人など、改元の場合は勘文を作成する「勘者」や難陳を行う公卿である。前述のように朝廷から縁遠くなる公家が増えるなかで、特定の家の者たちが、こうした収入の分配に与るため日常的に御所に出仕するようになった。そうしたことから彼らは、御所の当直を行う「禁裏小番衆」としても編成された。彼らは天皇の最後の藩屏ともいうべき集団であり、京都での魚商売に対する課税権をめぐる、鷹司家と内蔵寮供御人との間の相論裁決にみられるように、天皇は彼らの利益擁護のために摂関家と対立することすら辞さなかった。そこでは、生魚はともかく塩漬け魚については自分のほうに課税権があるという鷹司家の主張を、「生ものは塩漬けになるが、塩漬けは生ものには戻らぬ」という「理屈」で退け、有力な禁裏小番衆である山科家を本所とする内蔵寮供御人を勝訴に導いている。このように、公家社会の解体を促進するような行為に及んでまでも、天皇は自らの生き残りを図っていたのである。しかし、その禁裏小番衆も朝廷の経済基盤の絶対的狭小性のため生計の維持が困難になり、長期にわたり出仕しなくなる者も出ていた［同前：一九四―二一四］。こうした事情からすれば、天皇が新たな保護者の出現を渇望したことは想像にかたくない。織田信長の上洛直前、正親町天皇は信長に「禁中」の「警固」を要請する綸旨を送ったが、軍勢の乱暴を恐れてのことであり（『大日本史料第十編之一』永禄十一年九月十四日条）、一方で近郊の山科・賀茂の郷民を招集して警備に当たらせていた（同前、永禄十一年九月二十一日条）。しかし、信長が御所に警固の兵を送り朝廷保護の姿勢を示すと（同前、永禄十一年九月二十六日条）、勅使を派遣して労をねぎらうなど友好的姿勢に変わった（同前、永禄十一年十月六日条）。さらに前述した援助攻勢が続くと、天皇はすっかり信長への依存性を深め、彼が突如京を離れて岐阜に帰ると、驚いて理由を尋ねる使者を派遣するほどだった（『大日本史料第十編之三』永禄十二年十月十七日条）。こうした天皇の立場は織豊期を通じて続き、信長および豊臣秀吉に逆らうことなく、彼らの意のままに動いたのである。それは、単に律令法で定められた天皇の役割である官位叙任などにとどまるものではなかった。生身の天皇としても、「天下人」の権威を荘厳する役回りがあり、馬揃えや聚楽第行幸などのイベントはまさにその実践の場だった[20]。天皇への経済援助は、こうした役割を果たすにふさわしい外見を確保するために不可欠だったのである。このように天皇の立場は、国家支配を主導する武家政権の事情に規定されて変化したが、そのなかでも必死の対応を通じて最悪の時期を切り抜け、新たな国家体制のなかでの地位を確保することに成功したのである。

おわりに――「天皇制」の歴史的研究の視座

法制史家の水林彪は、律令体制の成立から幕藩体制の消滅までの日本には、「前近代的天皇制」という国制が存在し、ここでの天皇は、「最上位の権力……をそれとして合法化ないし正当化し、かつ、重層的諸権力を上位下位のヒエラルヒーに秩序づける機能を果たす法システム（官位制）を正当に作動させる資格を有する唯一の権威（法の究極的源泉）だった」とする［水林　二〇〇六：九―一〇］。ここでの「法」とは律令法のことであるが、本稿でみてきたように、天皇が保持しつづけた重要な役割の一つに律令法を権原とする官位叙任があったことは確かである。しかし、そのことに天皇が時代を超えて持続しえた理由を求め、それが「前近代的天皇制」の本質だと結論づけるだけでいいだろうか。実際には、前近代日本の国制における天皇・朝廷の位置は変化し、それにともない官位制が果たす機能も変化した。筆者は、天皇の官位叙任機能は天皇制の「本質」というより、「天皇制」存続のための「必要条件」と位置づけるべきだと考えている［池　二〇一八］。それを前提としつつも、「はじめに」で述べたように、変化する状況への天皇側の対応の具体的検討こそ、「天皇制」存続を現実化した理由の解明につながると考えるのである。

注

（1）宮内庁ホームページ、http://www.kunaicho.go.jp/page/okotoba/detail/12
（2）産経ニュース、http://www.sankei.com/politics/news/161107/plt1611070047-n1.html
（3）「耕論」『朝日新聞』二〇一七年四月二二日付。
（4）朝日新聞デジタル版、www.asahi.com/articles/ASJ9D4T75J9DUZPS005html
（5）『帝室制度史　第三巻』（帝国学士院、一九三九年）第一編第二章第二節「皇位継承の原因」参照。
（6）同前、第一編第二章第一節第二款「皇位の一系」参照。
（7）『帝室制度史　第四巻』帝国学士院、一九四〇年、七四頁。
（8）（寛正五年）七月十六日付新見庄三職注進状と寛正五年七月七日備中守護家奉行奉書案（瀬戸内海総合研究会編『備中国新見庄史料』一九五二年所収）によると、備中新見荘では、守護方の譲位段銭催促に対し荘民が抵抗し、「直進上」という名目で幕府から催促停止の奉書を獲得している。
（9）［久水　二〇一一：五二］。なお、久水はこの額を「物価の高騰も伴っ」たものとしているが、根拠は不明である。
（10）『二水記』永正十八年三月二十一・二十二日条。幕府は朝廷の依頼により、即位礼の前に御所の築地を修理している（『守光公記』永正十八年二月二十二日条）。戦国時代に御所の築地が破損したままになっていたのは有名な話だが、この時点で修理したのは、民衆が式典を覗くのを防ごうとしたのか、それとも見てくれを良くしたのかは確言できない。ともかく、この頃の民衆が御所を見物し、建物に上がって中を覗いたりしていたことは確かである（『言経卿記』天正七年五月二十一日条）。

(11) この頃の朝廷官人にとって、朝廷儀礼の執行への参加が重要な収入源となっていた［池　二〇〇三a：二〇九］。

(12) 戦国時代でも、即位礼・葬礼などの朝儀を「盛儀」にすべく、公家たちが努力していたことについては、「皇室御式微論」への反論という、本稿とは異なる観点からではあるが、奥野高廣も指摘している［奥野　一九四四］。

(13) 榎原雅治は、応仁の乱後将軍に就任した足利義材が、寺社本所領返付政策の方針をとらず、また、それまでの将軍と違い天皇の警護責任者である右近衛大将に任官しなかったことから、「公武の上に立つ王権としての意識に微妙な変化」があり、「義詮、義満から義尚に至るまでの公方たちが曲がりなりにもこだわってきた王権の理想は廃棄された」と評価している［榎原　二〇一六：二一五］。

(14) ただし、天皇や院が直接荘園領主となることは憚られたので、女院領や御願寺領というかたちをとった。

(15) 正親町天皇の譲位に関しては、信長が「意のままに動く道具としての天皇への誠仁親王の擁立」を図ったものとする評価があるが［朝尾　一九九四：二五］、天皇が武家政権の保護・統制下にあることは、正親町天皇でも息子の誠仁親王でも変わりはなく、このような評価は「公武対立」を自明の前提としなければ成り立たない。

(16) この点については、すでに今谷明が、「天皇制度ないしそれを支える諸儀礼というのの効果が、幕府権力が畿内政権となって縮小された今となっては、ほとんど期待できなくなっており、逆に財政負担のみ巨大化して、戦国大名細川氏にとっては、恐ろしく迷惑となっていることを、政元の発言は示唆している」と述べているところである［今谷　一九九二b：一四七］。一方、続けて今谷が「ほかの戦国大名が権力の外皮（装飾物）として官途を求めるのとはまったく異なった」と述べているように、積極的に献金に応じた地方権力は、朝廷を恒常的に維持する責任はなく、それぞれの政治的事情により必要に応じて、自らの権威強化のために天皇を利用することが可能という立場の違いがあった。

(17) 奥野高廣『織田信長文書の研究　上巻』二〇九号文書。

(18) 同前、三四〇号文書。

(19) この公家は、翌々日に左近衛大将任官を勅許してもらったことを何度も感謝しており、後奈良天皇も「是非なし」と感想を記している（『後奈良天皇宸記』天文四年十一月七日条）。

(20)　筆者は、なかでも聚楽第行幸における行列が、民衆に対するアピール度という点でも、最大のイベントだったと考えている。行列では、秀吉は形式的には天皇に扈従する関白として最後尾に位置していたが、多数の武家を前後に従えていたため、実質的には中心に位置する視覚効果を生んだ。また、天皇が聚楽第に到着してもホストである秀吉が行列の途上にあり、天皇は玄関で待ちぼうけという仕儀になった。筆者はこれを「真の主人公秀吉を引き立たせる傀儡の役を天皇に演じさせた道化芝居」と評価した［池　二〇〇三ａ：一一三］。これには、「たいした権力も権威もない天皇をさらにおとしめることで自身の権勢を誇示できると秀吉が計算したのか」という異論が提出されているが［跡部　二〇一六：一八二］、それくらいの「悪ふざけ」を秀吉が考えてもおかしくはないだろう。また、彼の真意を史料的に確認することはできないにしても、少なくとも客観的には筆者の評価のようにならざるをえないのではないだろうか。

天皇系図

光厳―崇光―栄仁親王―貞成親王―彦仁親王（後花園）
　　　　後光厳―後円融―後小松―称光…後花園―**後土御門**―**後柏原**―**後奈良**―正親町―誠仁親王―後陽成―後水尾
光明

天皇代替わり関係年表

一四六四（寛正五）　後花園天皇、成仁親王に譲位し東桐院第に移る（七月一六日）、院政を開始（七月一九日）
　　　　　　　　　　後土御門天皇践祚（七月一九日）
一四六五（寛正六）　後土御門天皇即位（一二月二七日）
一四六六（文正元）　大嘗会（一二月一八日）
一四七〇（文明二）　後花園法皇死去（一二月二七日）、葬儀（一四七一年一月三日）

一五〇〇（明応九）後土御門天皇死去（九月二八日）、葬儀（一一月一一日）
　　　　　　　　　後柏原天皇践祚（一〇月二五日）
一五二一（大永元）後柏原天皇即位（三月二二日）
一五二六（大永六）後柏原天皇死去（四月七日）、葬儀（五月三日）
　　　　　　　　　後奈良天皇践祚（四月二九日）
一五三六（天文五）後奈良天皇即位（二月二六日）
一五五七（弘治三）後奈良天皇死去（九月五日）、葬儀（一一月二二日）
　　　　　　　　　正親町天皇践祚（一〇月二八日）
一五六〇（永禄三）正親町天皇即位（一月二七日）
一五八六（天正一四）正親町天皇、和仁親王に譲位（一一月七日）
　　　　　　　　　後陽成天皇践祚（一一月七日）、即位（一一月二五日）

文献一覧

朝尾直弘『将軍権力の創出』岩波書店、一九九四年
跡部　信『豊臣政権の権力構造と天皇』戎光祥出版、二〇一六年
池　享『戦国・織豊期の武家と天皇』校倉書房、二〇〇三年a
池　享『日本の時代史13　天下統一と朝鮮侵略』吉川弘文館、二〇〇三年b
池　享『日本中近世移行論』同成社、二〇一〇年
池　享「前近代の〈天皇制的国制〉について」水林彪・青木人志・松園潤一朗編『法と国制の比較史——西欧・東アジア・日本』日本評論社、二〇一八年
石上英一ほか編『講座　前近代の天皇　第一巻　天皇権力の構造と展開その1』青木書店、一九九二年
石原比伊呂『室町時代の将軍家と天皇家』勉誠出版、二〇一五年
石母田正『中世的世界の形成』伊藤書店、一九四六年（一九八五年に岩波文庫として復刊）

今谷　明『室町の王権――足利義満の王権簒奪計画』中公新書、一九九〇年
今谷　明『信長と天皇――中世的権威に挑む覇王』講談社現代新書、一九九二年ａ
今谷　明『戦国大名と天皇――室町幕府の解体と王権の逆襲』福武書店、一九九二年ｂ
上島　有「荘園文書」網野善彦ほか編『講座　日本荘園史１　荘園入門』吉川弘文館、一九八九年
榎原雅治『シリーズ日本中世史③　室町幕府と地方の社会』岩波新書、二〇一六年
大久保利謙「王政復古史観と旧藩史観・藩閥史観」『法政史学』第一二号、一九五九年
奥野高廣『皇室御経済史の研究　後編』畝傍史学叢書、一九四四年（一九八二年に国書刊行会から復刊）
金子　拓『織田信長〈天下人〉の実像』講談社現代新書、二〇一四年
黒田俊雄「中世の国家と天皇」『岩波講座　日本歴史６　中世２』岩波書店、一九六三年
黒田俊雄「日本中世国家論の課題――永原氏の批判にこたえて」『新しい歴史学のために』九七号、一九六四年
佐藤進一「室町幕府論」『岩波講座　日本歴史７　中世３』岩波書店、一九六三年
三卿伝編纂所編『毛利元就卿伝（復刊）』マツノ書店、一九八四年
富田正弘「室町殿と天皇」『日本史研究』三一九号、一九八九年
永原慶二『日本中世の社会と国家　増補改訂版』青木書店、一九九一年
永原慶二『荘園』吉川弘文館、一九九八年
野呂栄太郎『日本資本主義発達史』鉄塔書院、一九三〇年（一九六五年に『野呂栄太郎全集　上』新日本出版社として復刊）
橋本政宣「織田信長と朝廷」『日本歴史』四〇五号、一九八二年
橋本義彦「貴族政権の政治構造」『岩波講座　日本歴史４　古代４』岩波書店、一九七六年
原　勝郎『日本中世史』冨山房、一九〇六年（一九七八年に講談社学術文庫として復刊）
久水俊和『室町期の朝廷公事と公武関係』岩田書院、二〇一一年
保立道久『平安王朝』岩波新書、一九九六年

松永和浩『室町期公武関係と南北朝内乱』吉川弘文館、二〇一三年
水野智之『室町時代公武関係の研究』吉川弘文館、二〇〇五年
水林　彪『天皇制史論――本質・起源・展開』岩波書店、二〇〇六年
山口県編『山口県史　通史編中世』二〇一二年

▼もっと知りたい人のための参考文献

▽まずは、文献一覧に挙げた筆者の著作をお読みいただきたい。なかでも関連深いのは、以下の二点である。

池　享『戦国・織豊期の武家と天皇』校倉書房、二〇〇三年

戦国・織豊期における武家と天皇の関係の展開を概説的に論じるとともに、戦国期の朝廷政治の実態に関する史料に即した具体的分析、武家が官位を授与される意味についての歴史段階ごとの検討などを行っている。

池　享『日本中近世移行論』同成社、二〇一〇年

日本における一六～一七世紀、すなわち戦国争乱から幕藩体制確立に至る時代の流れの歴史的意味を、さまざまな角度から検討している。公武関係の展開について、より広い歴史過程総体のなかで理解することができる。

▽日本中世史では、近年室町時代の研究が盛んになっており、当該期の公武関係の実態究明も急速に進んでいる。本稿でも取り上げた代表的著作を、刊行順に紹介する。

水野智之『室町時代公武関係の研究』吉川弘文館、二〇〇五年

室町時代の公武関係を、将軍による公家への家門安堵（家・領地支配権の保障）という視角から明らかにしている。将軍は公家衆に対して家礼関係により主従的支配を及ぼしていたが、同時に、天皇も公家との間に主従関係があり家門安堵を行っており、そのあり方から将軍と天皇の位置関係もみえてくる。

久水俊和『室町期の朝廷公事と公武関係』岩田書院、二〇一一年

室町時代の朝廷行事・祭祀の運営方式の分析を通じて、そこでの公家と武家の役割や権限を検討し、中世後期の国家にお

ける公家と武家の位置づけの解明をめざしている。とくに、経費の徴収・支出のあり方を具体的に明らかにしている点が注目される。

松永和浩『室町期公武関係と南北朝内乱』吉川弘文館、二〇一三年

段銭徴収の権限が朝廷から幕府に移っていく過程を、南北朝内乱における戦費調達という視点から明らかにし、室町時代を貫く公武関係の基調は、南北朝内乱の過程を通じて形成されたと主張している。室町時代の公武関係が内乱等の現実的政治課題に規定されて成立・展開していく姿が、明瞭に描き出されている。

石原比伊呂『室町時代の将軍家と天皇家』勉誠出版、二〇一五年

南北朝内乱から応仁の乱にかけての公武関係の展開を、足利将軍家と北朝天皇家の関係に絞って検討している。大雑把にいえば、義詮・義満による北朝天皇家権威化のための積極的関与、天皇の地位の安定化にともなう義持・義教の関与の間接化、義政以降の両者の関係の崩壊と将軍自身の超越性の失墜を見通している。

コラム

中世移行期における神社宗廟観と廃朝廃務

井上　正望

宗廟とは、祖先の霊を祭るみたまやである。日本の律令国家はこの宗廟を実態としては継受しなかったが、一方で一〇世紀末までに、香椎廟との関係深化や臣下の家筋の「廟」出現を背景として、宇佐宮を宗廟と称す神社宗廟観が成立したこと、それが一一世紀以降伊勢神宮や石清水八幡宮等に拡大したことが知られる［井上　二〇一八］。

神社宗廟観に深く関係するのは「廃朝」「廃務」である。廃朝廃務とは、『養老令』に天皇近親者や高位の臣下の喪に際し天皇のみが政務を視ないこと（廃朝）と、日蝕・国忌の際に天皇のみならず諸司も政務を執らないこと（廃務）として規定されたものである。しかし九世紀前半以降、後の『延喜式』で諸司致斎が規定されるような重要な神祇祭祀でも、致斎の日を廃務とするようになる。致斎とは祭祀関係以外の事柄を禁ずるものである。一方、神社宗廟観が拡がる一一世紀には、一〇二二年（治安二）の宇佐宮焼亡を初例とし、重要な神社の災害時に、喪葬時に準じて凶礼として廃朝が行われるようになる。したがって神社に対する宗廟災の廃朝は、神事の廃務とは本来関係ない。しかし、平安後期以降これらは混同されるようになる。

重要な神祇祭祀を廃務としたのは、中央諸司にも致斎させることで、諸司も主体とし天皇と一体となって神々に祈るためと考えられる。一方宗廟災を廃朝としたのは、宗廟が諸司とともに祈る国家的祭祀施設ではなく、天皇の家筋祖先祭祀施設とされたことが背景にあったと考えられる。

廃朝廃務の混同を神事・宗廟災以外も含めてみてみると、その実態は廃務の廃朝化であり、諸司も政務を執らないという本来の廃務は消滅していく。このような混同の契機の一つは、『春記』長久元年（一〇四〇）八・九月条にみえる伊勢外宮顚倒時の廃務だろう。このとき宇佐宮の治安例（廃朝）に倣いつつも、伊勢神宮関係では普段は廃務だとし、結局伊勢奉幣の際に廃務とした。これで神社宗廟観が伊勢神宮にも拡がることとなったが、同時に宗廟災に廃務を行う例が現れた。このとき参考とされた伊勢神宮関係の廃務とは伊勢奉幣の致斎にともなう廃務だが、今回の外宮顚倒による廃務は実際には致斎と乖離していたことが確認され、諸司も主体となるとの意味を念頭に置いたものではなかった。事実宗廟災の対応は本来凶礼に準じたものであって、致斎とは別物である。したがって今回は廃務としながら、実際には諸司の主体性は薄かったのである。以後伊勢神宮の異変時には廃朝と廃務の例が混在するようになるが、その区別基準は不明確であり、廃務の場合も諸司の主体的要素は確認できない。特に『殿暦』天永元年（一一一〇）十一月十八日条では、伊勢神宮心柱顛倒により伊勢奉幣時に廃朝が行われた。本来なら神事である伊勢奉幣は致斎のため廃務だが、実際は廃朝としたことで諸司廃務はなかったことになる。以上のように伊勢奉幣で神事と宗廟災の廃務が混同され、さらには廃務の廃朝化が生じたことで両者の混同が進んだ。

伊勢奉幣での廃朝廃務の変化は、伊勢神宮に対する諸司の位置づけの変化を示す。前述のとおり本来伊勢奉幣では諸司致斎・廃務が行われ、天皇のみならず諸司も主体として伊勢神宮に祈るというものだった。しかし伊勢奉幣で廃朝が行われたり廃務の廃朝化が生じたりしたことは、伊勢神宮に祈る主体から諸司の存在が希薄化し、逆に天皇と伊勢神宮との関係が濃厚になっていったことを意味する。伊勢神宮宗廟観形成に先立つ一〇三一年（長元四）には、いわゆる伊勢斎宮託宣事件が発生し、さらに前述の伊勢外宮顛倒の直後には内裏が焼亡し、内侍所神鏡が焼損するという事件が起きた。これらを経て、神鏡とアマテラス（伊勢神宮）が同一視されるとともに、天皇と伊勢神宮との関係はより密接なものへと変化した。このような流れのなかで、伊勢神宮は宇佐宮の影響を受けて宗廟となった。そしてその異変時の伊勢奉幣で諸司の存在は希薄である。伊勢神宮は天皇・諸司が一体となって祈る存在から、天皇が個人的に祈る存在へと移行していき、天皇の守護者という側面を濃厚にしていったといえよう。即自的に神聖性を保持していた古代の天皇が、神仏という宗教的・超越的他者に保証された抽象的権威である中世的天皇へと変化することが知られてきたが、以上の廃朝廃務からみた神社宗廟観の成立・展開は、その変化過程の一つを示すものなのである。

参考文献

井上正望「日本における宗廟観の形成——宇佐宮・香椎廟と伊勢神宮」『歴史学研究』九六八号、二〇一八年
斎木涼子「摂関・院政期の宗教儀礼と天皇」大津透ほか編『岩波講座　日本歴史5　古代5』岩波書店、二〇一五年

コラム

即位年齢の上昇・東宮の変化

遠藤　基郎

佐伯コラムが指摘するように、一二世紀末に始まる白河院政から一二二一年の後鳥羽院政までの間、天皇は幼主が原則であり、即位時点で一〇歳以下の割合は七七パーセントにのぼる。皇太子・皇太弟（以下、東宮とする）を経ない即位、すなわち東宮の少ない時代でもあった。後見人政治である院政では、成人天皇を排除する力学が働いたのである。

一方、承久の乱によって皇位継承に鎌倉幕府の影響が強くなる時点から幕府滅亡までの割合は、二五パーセントに下がる。即位時点の平均年齢は一六歳である。

ただし、その最初の約二〇年間は、鎌倉将軍の実父でもあった摂関家九条道家による摂関政治の再来のもと、幼主が基調であったから、年齢上昇は、その後の大覚寺統と持明院統が交互に天皇を出すいわゆる両統迭立によるものであった。即位年齢の高さでは、とくに伏見天皇の二三歳と後醍醐天皇の三一歳が目立つ。

後嵯峨上皇が、後深草と亀山の兄弟を天皇とし、最終決定を幕府に委ねたことが、一五世紀半ば過ぎまで政治問題となる天皇家の分裂を生み出した。そして、ふたつの天皇家は鎌倉幕府の関与を求めるが、受け身の幕府は、機会主義的な対応をとった。これが問題を複雑化させた。

天皇の位を確保するポイントこそ東宮であった［近藤二〇一六］。二つの天皇家は東宮を出そうとする。それをうけて在位天皇と異なる天皇家から東宮が出ることを幕府は調停案とした。前代と違い、東宮は重みを増した。

一定期間東宮であってから天皇となることは、天皇の即位年齢を押し上げるひとつの要因になったと考えられる。

この即位年齢の上昇にともなう現象がある。ひとつめは即位灌頂（かんじょう）の定着である。これは新天皇に仏教的な〈力〉を与える密教儀式で、古くは一一世紀半ばの後三条天皇の時にあったが、約二〇〇年の中断を経て再開された。皇位継承に正当性を付与するためであった。元服前に即位した花園天皇は、退位直前にようやく行っており、成人が前提条件であった。幼主が多い院政期・鎌倉前期ではなく、成人天皇が増えるこの時期ならではの儀式といえる。

天皇親政も成人化の影響である。この時期も、上皇による院政が原則であったが、伏見（八年間）・後醍醐（九年間）

という比較的長期の親政があった。

この親政は、「復古的な太政官政治」への回帰ではない。院政の代行である。中世天皇家による実際の政治が、古代とは断絶した政治制度であることを決定づける現象であった。

それとは矛盾するかのように平安時代以来の天皇儀式への関心が高まりを示す。天皇の儀式を滞りなく執り行うことは、その正当性をアピールすることである。幼主と異なり、成人天皇では儀式作法の自覚的な学習姿勢が求められた。たとえば花園天皇は日記とともに特定儀式についての別記を作成し、そして後醍醐天皇には、単独の儀式書である『建武年中行事』がある。政治制度が一変するなか、なお継続した儀式の体系を次代に継承するための知識の整理がなされたわけである。

続く一三三三年の建武政権から一四六七年の応仁の乱直前までの時期も幼主の割合はほぼ同じで二九パーセント（南朝は除外）にとどまる。一方、前代との違いで注目すべきは、東宮不在の定着である。そこには新たな天皇家の分裂が影響している。

南朝によって、光厳・光明（こうみょう）上皇と崇光天皇が拉致されたため、一三五二年急遽、後光厳天皇が即位。ここに後光厳と崇光、ふたつの北朝天皇家の分裂が起きる。正嫡を自認する崇光は、自らの皇子を東宮とすべく、室町幕府の介入を求めるが管領細川頼之はこれに応ぜず、不介入の方針であった。鎌倉幕府の轍を踏まないためであったろう（『大日本史料』第六編三二冊）。そして、一方の後光厳側の対抗措置が東宮不設置といえる。

天皇の在位期間の長期化もこの時期の特徴で、後小松・称光・後花園の三代の合計は八二年になる。室町幕府は自らの正当性を強めるために、伝統的な節会など天皇儀式を積極的に支援するが、それらの儀式の安定的な継続のうえで、在位の長期化はプラスに作用したと考えられる。

また以上の変化と必ずしも直接つながるわけではないが、室町幕府が合戦に際して、「治罰綸旨」と「錦の御旗」を利用したことも、この時期の重要な現象である。権力の低下と権威の上昇のパラドックスである。

参考文献

近藤成一『シリーズ日本中世史②　鎌倉幕府と朝廷』岩波新書、二〇一六年

Ⅲ　朝幕関係と皇位継承——近世の天皇

近世の皇位継承

藤田　覚

はじめに

現天皇が二〇一六年八月八日に退位の意向をにじませて以来、皇位継承がにわかに大きな話題をよんだ。近世の皇位継承との関わりでは、生前退位の直近の先例が二〇〇年前の光格天皇の譲位であることが知られるようになった。本章では、近世に践祚（前天皇の死による皇位継承）・受禅（前天皇の譲位・譲国による皇位継承）した天皇の皇位継承を概観しながら、その特徴を考えてみたい。

天皇のあり方は、時の権力・政権との関係が決定的に重要な意味をもつ。現代においても、憲法の規定とともに時の政権、とくに主権者である国民との関係が大きな要件になっている。中世に入り武家の勢力が伸張し、武家政権が国家権力のかなりの部分を担い、近世、とくに江戸時代には徳川将軍・江戸幕府が、国家権力のほぼすべてを掌握するに至った。その結果、中世以降の天皇（朝廷勢力）は皇位継承すら時の武家権力・政権から自由にできなくなる。

江戸時代の天皇・朝廷は、政治権力という点ではその実体を失ったが、政治（将軍宣下や武家官位の授与など）や文化（雅文化）の正統として権威の源泉であり続けた。天皇（および公家集団、あるいは朝廷勢力）が、時の権力による国家支配の仕組みのなかにいかに組み込まれていたのかを明らかにすることは、重要な研究課題であるとともに天皇がなぜ続いてきたのかを解明するうえで重要な論点である。

中世史および近世史の研究者は、その時々の武家権力（政権）と天皇・朝廷との関係を朝幕（公武）関係と呼び、そのあり方と変化の解明を重要な研究課題として取り組んできた。近世の皇位継承問題にそくしていえば、徳川将軍・江戸幕府との関係で考えることが決定的に重要である。

以下、近世の天皇がどのように皇位を継承してきたのかを、具体例にそくしながら全般的にみてゆきたい（近世の皇位継承については、[三上　一九四一、山口　二〇一七、高埜　二〇一八]がある）。退位（生前譲位）と女性や養子による皇位継承を認めない、前天皇が死去すると間髪を入れず新天皇が践祚（同時に皇位の象徴とされる剣璽（けんじ）が移動）し皇位の空白を作らない、新天皇の践祚翌日に改元する、このような近代以降のあり方を念頭に入れて近世の皇位継承をみることにより、近代、そして現代の皇位継承の特異性も明らかになるだろう。

1　皇位継承の基礎的事実

【近世天皇略系図】（太字は女性天皇）

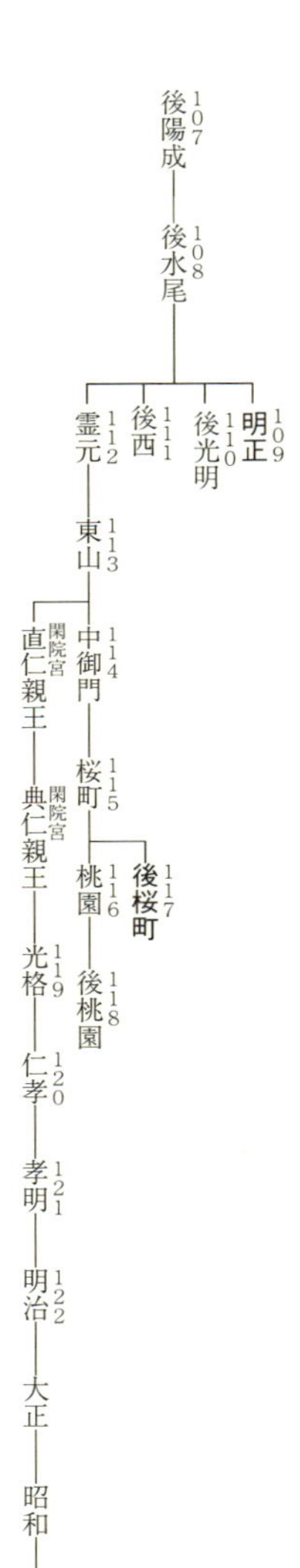

【近世天皇表】

天皇名	生年	儲　君	立太子	受　禅	践　祚	譲　位	死去年
後陽成	1571			1586 (16)		1611<25> (41)	1617 (47)
後水尾	1596	*1600 (5)		1611 (16)		1629<18> (34)	1680 (85)
明　正	1623			1629 (7)		1643<14> (21)	1696 (74)
後光明	1633	*1642 (10)		1643 (11)			1654<12> (22)
後　西	1637				1654 (18)	1663< 9 > (27)	1685 (49)
霊　元	1654	*1658 (5)		1663 (10)		1687<24> (34)	1732 (79)
東　山	1675	1682 (8)	1683 (9)	1687 (13)		1709<22> (35)	1709 (35)
中御門	1701	*1707 (7)	1708 (8)	1709 (9)		1735<26> (35)	1737 (37)
桜　町	1720	1720 (1)	1728 (9)	1735 (16)		1747<12> (28)	1750 (31)
桃　園	1741	1746 (6)	1747 (7)	1747 (7)			1762<15> (22)
後桜町	1740				1762 (23)	1770< 8 > (31)	1813 (74)
後桃園	1758	1759 (2)	1768 (11)	1770 (13)			1779< 9 > (22)
光　格	1771				1779 (9)	1817<38> (47)	1840 (70)
仁　孝	1800	1807 (8)	1809 (10)	1817 (18)			1846<29> (47)
孝　明	1831	1835 (5)	1840 (10)		1846 (16)		1866<20> (36)
明　治	1852	1860 (9)			1867 (16)		1912<45> (61)

注）（　）は数え年齢　＜　＞は在位年数　*は親王宣下年　**太字**は女性

近世天皇系図から

近世に践祚・受禅した天皇は、一六代一六人いる。その系図は、【近世天皇略系図】に示したとおりである。

略系図をみてわかることは、①後水尾天皇の子が四代にわたり相次いで即位していること（それは前天皇の実子が皇位を継承できなかったことを意味）、②女性天皇が二人いること、③世襲親王家である閑院宮家の王子が天皇になり現在の天皇家につながっていること、である。前天皇から実子の皇子へ皇位継承ができず、女性二人が中継ぎになり、とうとう宮家の王子が天皇の養子になって皇位をつないだのである。略系図をみただけでも、近世では前天皇から実子の皇子へ順調に皇位継承できなかったことがわかり、近世の皇位継承は安定したものではなかった。

近世皇位継承の特徴

次に、一六代の天皇の皇位継承に関する基礎的な事実を上の【近世天皇表】に掲げた。

この表から読みとることができる点を、以下に列挙してみよう。

①　一六代の皇位継承は、前天皇の譲位による受禅（譲位・譲国）一一人、前天皇の死去による践祚五人という内訳である。

正親町(おおぎまち)天皇が後陽成(ごようせい)天皇に譲位してから、生前退位、譲位が復活し、また、正親町は譲位後に上皇(じょうこう)になり院政も復活した。中世を通じて常態だった譲位と院政が再興された結果、近世も譲位と院政が通常のあり方になったのである。つまり近世においても、譲位・受禅による皇位継承が常態であり、践祚は天皇急死の場合だった。

② 皇位継承の年齢は、一〇歳以下が五人、一〇〜一五歳が三人、一六歳が五人、一八歳が二人、二三歳が一人という内訳である。近世の天皇にとって意味のある年齢は、一五歳と二〇歳頃である。一五歳未満は摂政がおかれ、摂政は上皇がいればその関与を受けながら天皇の政務を代行した。天皇が一五歳になると、女性天皇を除いて摂政は自動的に関白にかわり（復辟(ふくへき)）、天皇はその補佐をうけて政務を処理する建前になる。上皇がいる場合、天皇は二〇歳になる頃までは上皇の政務関与を受け、その後上皇から「政務委譲」が行われ、関白の補佐を受けながら政務を処理することになる。二〇歳は、関白の補佐のもと天皇が政務を処理すべき年齢だった。

一五歳未満で皇位継承が八人、二〇歳未満が七人であった。なお、二三歳で即位した天皇は女性のため、摂政がおかれ続けた。このように、近世の皇位継承は、摂政が政務を代行する、あるいは天皇自身が政務を処理するに至らない年齢で行われたのである。

③ 天皇の譲位年齢は、二〇歳代が三人、三〇歳代が五人、四〇歳代が二人である。後陽成天皇と光格天皇が異例の「高齢」で、三〇歳代半ばが譲位の適齢期だったらしい。なぜ三〇歳代半ばまでに譲位してしまうのかは、後に考えてみたい。

④ 在位年数をみると、一〇年以下が三人、二〇年以下が六人、三〇年以下が五人、三八年が一人である。譲位した天皇の場合、女性天皇を除くと二〇数年が平均的な在位年数といえる。

⑤ 死亡年齢は、二〇歳代が三人、三〇歳代が四人、四〇歳代が三人、七〇歳代が四人、八五歳が一人という内訳になる。二〇代、三〇代で亡くなる場合が約半数、七〇歳以上が五人であり、かなり極端な差がある。譲位後の

上皇期間が、長命の天皇のほかは、東山は一年未満、中御門は二年、桜町は三年しかなく、上皇（院政）期間がごく短い。とくに一八世紀に入ると天皇が若くして死亡し、譲位し上皇になってもほんの数年で亡くなる事態が、光格天皇の前まで続いた。二二歳で亡くなった天皇が三人もいるので、偶然とはいえ二二歳が「鬼門」か。

⑥　皇位継承を順調に行えなかった事情は、第一に短命の天皇が多かったこと、第二に皇子・皇女はたくさん生まれるが、そのほとんどが夭折してしまうこと（たとえば、光格天皇には一九人の皇子・皇女が生まれたものの、成長した皇子は皇位を継承した仁孝天皇一人、それに二〇歳近くまで生存した皇女一人のみ）、第三に閑院宮家を除いて新宮家を創設できなかったこと、などがあげられる。中世にいなかった女性天皇が二人登場したのも、皇位を順調に継承できなかったことの裏返しであり、近世の女性天皇に古代のような重要な意義を考えることはできない。

皇位継承儀礼

皇位の継承には、一連の皇位継承儀礼がともなう。そのなかでも重要な即位の礼と大嘗祭、および代替り（代始め）改元についてのみ、譲位・受禅の例として桃園天皇、践祚の例として光格天皇を簡単にみておこう。

桃園は、桜町天皇が一七四七年（延享四）五月二日に仙洞御所へ行幸して譲位の儀式を行い、仙洞御所に随伴した皇位の象徴とされる剣璽が禁裏御所に戻る剣璽渡御があり受禅した。同年九月二一日に紫宸殿において即位の礼、一七四八年（延享五）七月一二日に寛延元年と改元、一七四八年（寛延元）一一月一七日に大嘗祭が行われた。

光格は一七七九年（安永八）一一月八日、後桃園天皇の養子とし践祚させるという叡慮（天皇の考え）により皇位を継承することになった。同年一二月二五日に剣璽渡御があって践祚の儀礼、翌一七八〇年一二月四日に紫宸殿において即位の礼、一七八一年（安永一〇）四月二日に天明元年と改元が行われ、一七八七年（天明七）一一月二七日に大嘗祭を挙行した。

なお、代始め改元は近世前期には定着せず、霊元天皇から受禅した東山天皇のとき、一六八八年（貞享五）に元禄元年と改元があり、これ以降、代始め改元が定着した。つまり、皇位継承にともなう改元それ自体が、近世前期にはなかった。また、近代以降は新天皇践祚の翌日に新元号が施行（改元）されるが、江戸時代は践祚でも受禅でも、改元は約一年一ヵ月から二年後に行われた。間髪を入れず改元する、ということはなかったのである。

大嘗祭も霊元まで行われず、東山の代の一六八七年に二百数十年ぶりに再興された。しかし、次の中御門のときは行われず、その次の桜町のときふたたび再興され、それ以降、皇位継承の儀礼として継続的に行われるようになった［藤田　二〇一一］。

2　践祚による皇位継承

桃園天皇から後桜町天皇へ

異例の皇位継承　桃園天皇は、桜町天皇の第一皇子で名は遐仁、一七四一年（寛保元）に生まれ、一七四六年（延享三）に儲君、翌年皇太子（東宮）となり、その年に七歳という幼年で受禅し皇位についた。在位一五年の一七六二年（宝暦一二）に二二歳で急逝した。そのあとをついで践祚したのが後桜町天皇である。後桜町は、桜町の第二皇女で名は智子（一七四九年〈寛延二〉に名を智子と決められたさいの読み〈訓〉は「さとこ」、しかし、霊元天皇の名、識仁の読み「さとひと」に重なるという理由で、一七六二年七月二九日に読みを「としこ」に改めた）。一七四〇年（元文五）に生まれ、緋宮、践祚時は二三歳、八年在位し一七七〇年（明和七）に譲位、後桃園天皇が受禅した。弟である桃園が二二歳で急死し、一歳上の姉の後桜町が践祚する異例の皇位継承が行われた。この皇位継承の経緯をみてみよう（この皇位継承については［高埜　二〇一四］）。

桃園天皇の急死と秘匿　桃園は、一七六二年（宝暦一二）七月八日頃から浮腫（「有御腫気」〔「紀光卿記」『桃園天皇実録』。以下、同書からの引用は出典を省略〕）が現れ、一〇日夜に常御殿での酒宴（「目出度事盃酌」）の前に行水したところ体調が悪化、女官らの制止を聞かず酒宴に出て終わると容態が急変、医師が駆けつけ診察すると脈がなく、ただ肩を動かすのみという状態だった。一二日の明け方まで一滴の水もとれず、明け方に粥を少し食べたという有り様で、結局、一二日未刻（午後二時頃）に息をひきとったという（「定晴卿記」東京大学史料編纂所蔵）。病名は不詳だが、「脚気衝心御症也云々」（同前）、「御脚気逆上御急症」（「紀光卿記」）というので脚気衝心、すなわち脚気による急性心不全だろうか。

桃園の急死は、関白近衛内前の命令により隠された。亡くなったことを隠し、天皇は病気（「御不予」）だが生きていることにした（「御不予の謀」〔武家伝奏広橋兼胤の日記「八槐記」〕、「如御在世」〔「紀光卿記」〕）。そのため、生きているかのような死んでいるかのような状況（「此御事已後万事如存如亡」〔同前〕）が始まった。女官は「遺体」に食事を供え、医師は拝診して「御容体書」を毎日提出し、門跡寺院の門主たちは病気平癒の加持祈禱をし、公家たちは御機嫌窺いに毎日参内し、天皇の病状に変化なしと告げられるなど、天皇は病気療養中であるかのように装った。その一方で、一六日には入棺が行われている。

近習であり天皇の死を確認している正五位上蔵人の柳原紀光は、偽装する様子を見て「実魂魄如滅」（同前）と表現し、近習ではないため、天皇の死を内密には知っているものの表向き知らないことになっている（「平生疎遠土芥之小臣等于今被秘之間」）正五位下左近衛少将の野宮定和（定晴）は、偽装に従っていることそれ自体の空しさを語る（「日々伺天気、雖似存忠勤実無益事歟、堪悲者也、然今更言無益」〔前掲「定晴卿記」〕）。

「紀光卿記」には、この年の夏、奈良春日山の藤実が音を立てて飛散するという不気味な現象があり、関東では寺の池に頭が二つの蓮が生えるなど、いろいろ奇怪な出来事があったと、天皇の死にまつわる凶兆が記されている。

後桜町天皇践祚の事情　次に、亡くなった天皇の姉が践祚する異例の皇位継承になった事情をみておこう。一番の理由は、あとをつぐべき桃園の皇子が幼少だったことにある。第一皇子英仁（後の後桃園天皇）は、一七六二年に五歳だった。践祚するには「幼稚」「幼少」という理由で、桃園の姉、英仁親王の伯母にあたる智子内親王が践祚することに決まった。

誰がこの異例の践祚を決めたのか。武家伝奏広橋兼胤によると、関白近衛内前、左大臣九条尚実、右大臣鷹司輔平、前関白一条道香、内大臣九条道前、すなわち関白と摂家の協議により決定された（「関白内前、左大臣尚実、右大臣輔平、前関白道香、内大臣道前被議之」〔「八槐記」〕）。この協議の場に、前天皇桜町の女御（准后）だった女院（青綺門院、二条舎子）や桃園の女御（一条富子、英仁親王の生母）らの名は出てこない。しかし青綺門院は、英仁親王の践祚を再三にわたり摂家に申し入れた〔野村　二〇〇六〕。上皇がいない状況で皇位継承者を決定する事態は、江戸時代に初めてであり、その役割は関白と摂家が担っている。

関白から七月一二日、桃園の遺言（「遺詔」）として、英仁親王が践祚すべきだが五歳と幼稚なので、①女帝である明正天皇（後水尾天皇女二宮。母は東福門院）の例、②後光明天皇が亡くなったさい、のちの霊元天皇（識仁。後水尾天皇第一九皇子）がまだ一歳だったので後西天皇が践祚（識仁が一四、五歳になるまで在位という条件）したのを先例とし、智子内親王が践祚して英仁親王が一〇歳位になるまで在位する（約五、六年で譲位するという意）という方針で、将軍の承認を求めると武家伝奏らに説明された（当時議奏の従二位中納言山科頼言の日記「頼言卿記」に「若及御大切者、儲君幼少故緋宮江御位之事、関東へ被尋、尤五六年計御在位之事、相役被示告候」）。

この方針は、武家伝奏、議奏、近習以外の公家たちに広く風聞として伝わっていった。正四位下中将の正親町公明は日記（「公明卿記」東京大学史料編纂所蔵）の七月一五日の条に、ある説として智子内親王践祚のことを記し（「或云、緋宮御方御入内云々、是儲君眇幼御座之間、先可有嗣祚歟」）、野宮定和（定晴）は前掲日記の七月一七日の条に、智子内親王践祚の方針を幕府に問い合わせている、という情報を風聞として記載している（「就此儀一品内親王立給哉

之由、先達而被尋関東之由有風聞云々、既当今受禅之時、故院一旦有可被譲一品内親王思食云々、以彼是案之風聞之事、全非虚説乎」）。

この記事によると、桜町天皇は譲位のさい、桃園ではなく智子内親王に受禅させる考えだったという。真相は不明だが、智子内親王践祚という異例の皇位継承を正当化する説とも考えられる。

関白の方針への批判　関白が天皇の死と智子内親王践祚の方針を公表しないため、疑念も含めて公家たちの間にさまざま風聞が飛び交った。関白から方針を伝えられた武家伝奏広橋兼胤は、幼稚の親王が践祚した例はないのかどうかを調べ、方針の適否を歴史的に検証している。風聞として関白の方針を知った正親町公明は疑問をもったらしいが、勅定（天皇の決定）ならばそうあるべきだと納得するものの、その方針にさまざま意見があったこと（「衆説嗷々」）、同じく風聞として知っている野宮定和も、さまざまな噂があったことを伝えている（「就大変雑説区々」）。

関白の方針への批判、疑念の一つは、五歳とはいえ儲君、親王がいるにもかかわらず天皇の姉が践祚する、という点にあった。関白から智子内親王践祚の方針を伝えられた武家伝奏広橋兼胤は、先例を調べ、①「幼稚」の親王が受禅した例は多い、②「幼稚」の親王が践祚した事例は上皇がいる、③女帝の皇位継承は稀にあるが、今回のような事情だったのだろうか（「如当世幼稚之親王践祚之例無之歟、於譲受之儀者其例多、或幼稚之親王践祚之例、在仙院、女帝継嗣、雖希有若依件等之趣歟」〔「八槐記」〕）と書いている。広橋兼胤は、先例となる事例をみつけられなかった。

智子内親王践祚が公表された七月二〇日、野宮定和は最大級の激しい言葉でこの方針を非難している。今回の践祚は、まことに珍しく未だかつてなかった事（「奇代之珍事、古今未曾有之事」）、女帝は大昔のことは例外で現在の例にならないし、直近の前例である明正天皇は末世の例で先例たりえない（「往古者各別之儀、不足為当時例、又明正院者末世奇代之例、是又不足用者也」）、女帝践祚はこれまでの皇位継承のあり方を乱す新儀だと切って捨てる（「今度捨嘉承佳例、乱歴朝継体之皇統、忽被定女帝之条、古今無類、偏是新儀也、論之而不可尽歟而猶有余、嗚呼末代王道衰弊之時」）。また、「親王・二宮等」がいるのに、弟の天皇から姉が皇位を継承するというのも聞いたことがない、いま批判があるだけではなく、万代の後まで批判は消えない、臣下としてこのことを嘆かないならば禽獣と同じだとまで書く（「当此時、雖親王・二宮等御座、更無其詮、且又弟帝譲宝位於姉兄御事、亦未聞之、是非啻有当時之誹謗而已、雖萬代之後難消之、為臣不歎之與禽獣何異乎」）。なお、親王とは英仁親王、二宮とは女御（一条富子）が一七六〇年二月二三日に生んだ貞行親王のことである（「八槐記」・「紀光卿記」に「二宮」、「御湯殿上日記」に「二ノ宮御かた」と記されている。二宮のその後について、『桃園天皇実録』に記事が見当たらない）。そして、このような方針を決めた関白の「無思慮」を非難し、天皇の決定だと披露しているが、何か秘密の謀計があるのではと疑念を露わにする（「叡慮御治定之由雖有披露、蘊奥秘密之謀得不可知之」）。有職故実に詳しい野宮家だけに手厳しい。

関白と摂家たちが、希有な、あるいは先例がないとみなされ、一部から激しい批判もあがった変則的な皇位継承に踏み切った背景に、儲君英仁親王が五歳という「幼稚」だけではなく、健康不安があったのではないか。英仁は一七七九年（安永八）一〇月二九日、父桃園と同じ二二歳で亡くなった。前権大納言柳原紀光はその日の日記（「紀光卿記」『後桃園天皇実録』）に、天皇は普段から健康ではなく、幼い頃から目の病に冒されて左目は視力がない状況（「抑主上平生御病質、自幼稚御時令病両目給、而左御眼于今御不快、不分御於黒白」）、さらに腹部に出血がある（「又御腹中血壊、自幼少御時所有之也」）という。このような健康不安を抱えた五歳の儲君が成長するのかどうか、関白たちに不安がよぎったのではないか。だから一〇歳を超えるまで様子をみようとして、智子内親王を中継ぎとしたのではなかったか。

幕府に承認を求める　皇位継承は、幕府の承認を得る手続きが必要だった。広橋兼胤は七月一二日の日記に、重要な事柄は将軍家治の意見を尋ねる慣行（「当時之儀於重事者被問将軍家治公之所存之間」〔「八槐記」〕）が存在すると書いている。朝廷は桃園天皇の死の当日である七月一二日、京都所司代阿部正右を禁裏御所に招き、小御所帝鑑間において関白、左右大臣、前関白、内大臣が列座、武家伝奏が陪席し、天皇の「御内慮」（天皇の内々の考え）を幕府へ伝達するよう求めた。関白が書いて所司代に渡した文書には、智子内親王を践祚させるという天皇の考えを関白が承り（「奉」）、左大臣以下と議論して叡慮は尤もと合意、女院（青綺門院、桜町天皇准后）へも言上、智子内親王践祚に決まることを一同が願っている、という主旨のことが記されている。この他に、明正天皇受禅と後西天皇践祚の例書と、女帝の場合は現関白が摂政になることへの了解を求める別紙が渡された。所司代阿部は三通の文書を受領し、すぐに幕府に送付すると回答している（『大日本近世史料　広橋兼胤公武御用日記』十一）。所司代は桃園の死を知ったはずなので、百も承知のうえ天皇は生きていることにして江戸の老中にうかがったのだろう（老中も天皇の死を知ったはずである）。

幕府からの回答は、七月二〇日に所司代からもたらされた。所司代はこの日参内して武家伝奏に面会し、皇位継承については天皇の叡慮に任せる（「将軍家治公無所存可被任叡慮言上」）という主旨を記した老中奉書（ほうしょ）を披露した。これにより、智子内親王の践祚は幕府の承認を得たのである。即日、死去した場合は智子内親王が践祚する、という桃園の叡慮が公家たちに伝えられ、翌二一日に桃園の死と智子内親王の践祚が公表された。所司代は関白から、天皇の死と践祚を幕府へ伝達するよう求められた（『大日本近世史料　広橋兼胤公武御用日記』十一）。

七月一二日に飛脚が京都から江戸に発ち、二〇日（富士川の洪水により一日遅れたので本来なら一九日）に京都に戻った。京・江戸間の往復が七ないし八日間、まことに迅速である。

時系列で示すと次のようになる。

一二日　桃園天皇死去、秘喪。即日幕府に皇位継承方針の許可を請求
二〇日　幕府の許可を受け、桃園天皇の皇位継承方針を公家に伝達
二一日　桃園天皇「死去」と智子内親王の践祚を公表

幕府の許可を必要とすることへの批判　朝廷が幕府の許可なしには皇位継承を決められない現実に、公家たちの嘆

きは深い。桃園死去と智子内親王践祚が公表された七月二一日、正親町公明は天皇の生物としての死と公式の死の日にちがずれる（「今日為御忌日云々、但崩日相違鳴呼之至、不知其故、可恐可悲之秋也」〔「公明卿記」〕）ことへの憤懣を記す。桃園の死去日（「崩日」）は七月一二日だが、死が公表された七月二一日が死亡日（「忌日」）とされた。崩日と忌日がずれることは皇位の空白を意味し、その原因は幕府に皇位継承の承認を求める必要があったからで、公家たちはそのことを嘆き怒っているのである（「我朝天日嗣未絶、待東夷之飛脚、及空位之数日、可恐可悲云々」）。

崩日と忌日がずれることは、天皇が存在しない「空位」が生じたことを意味した。江戸時代の践祚の場合、かならずこの問題が生まれたのである。このため、近代になり天皇の死亡日は崩日に直されている。

剣璽渡御・践祚礼・改元　智子内親王の践祚が公家に公表された七月二〇日、智子内親王は住まいの桜町殿（仙洞御所）を出て、「密々」参内した（「紀光卿記」）。剣璽は、二〇日に「主上御不例被及御大切に」ということで、常御殿に隣接する御三間（おみま）に移されている（「八槐記」）。智子内親王は参内した七月二〇日に御三間に入ったので、剣璽も御三間の仮棚に移されたのであろう。そのうえで七月二一日、前天皇の叡慮・遺詔として智子内親王の践祚が公表されたが、践祚の儀式はそれから六日後の二七日に小御所で行われた。また、皇位継承にともなう代始め改元は一七六四年（宝暦一四）六月二日に行われ、明和元年と元号が替わった。践祚から改元まで約一年一〇ヵ月経っている。

後桃園天皇から光格天皇へ

皇位継承可能な皇子女の不在　後桃園天皇は桃園天皇の第一皇子、名は英仁、一七五八年（宝暦八）に生まれ、翌年儲君、一七六八年（明和五）に皇太子、一七七〇年に一三歳で伯母にあたる後桜町天皇の譲位により受禅し皇位についた。そして、在位九年目の一七七九年（安永八）、奇しくも父桃園と同じ二二歳で亡くなった。一〇歳くらいで受禅する予定が一三歳になった原因は、おそらく英仁親王の健康問題だったろう。一七七九年四月頃から体が痩せて腹がふくれる症状が現れ、七月になるとむくみ（「水腫」）も加わり、幼少期からのことだが腹の中に血がたまって難しい状態になり（『後桃園天皇実録』、以下、同書からの引用は出典を省略）、一〇月に入ると症状はますます深刻になり体も衰弱、一〇月一八日に危篤状態、一進一退を繰り返していたが、とうとう二九日の暁に死去した（野宮定業（さだなり）の日記「定業卿記」東京大学史料編纂所蔵）。この死は、桃園の場合と同じように堅く隠された（「堅固密儀不及露顕、宝暦巳来秘蔵事出来、末代儀可嘆可歎」〔「紀光卿記」〕）。

皇位継承という点で、桃園のときよりはるかに深刻な事態だった。後桃園には、この年一月に生まれた皇女以外に皇子女がいなかった。近世では皇子女により皇統をなんとかつないできたが、もはやそれが困難になり、皇統断絶の危機である。皇位継承者の選定と幕府の許可の必要から、ふたたび天皇の死が秘匿されたのである。後桃園の場合、桃園と違って急逝ではなくじょじょに症状が悪化したので、関白や摂家たちには、桃園のときより後継者について考える時間的な余裕があっただろう。さすがに生後一〇ヵ月の皇女を践祚させるわけにはいかなかった。

皇位を継承できる皇子女がいないという皇統の危機は、公家たちに深刻な危機感をもたせた。従二位前権中納言柳原紀光は、天皇家の一大事であるとともに天下の安危がかかっていると事態を深刻にうけとめ、この事態の打開、皇位継承に関わる後世までの毀誉褒貶は関白の力量にかかっているとみなした（「偏朝家大事、天下安危在此期、万世褒貶依執柄商量歟」〔「紀光卿記」一〇月二九日条〕）。女性上皇（上皇が閑院宮家相続の宸翰を出したと、大倉精神文化研究所蔵「正親町実連日記」にある）のため、関白はこの一大事に鼎の軽重を問われる重責を課されたのである。

野宮定和は一〇月三〇日の日記に、天皇に継嗣がいないことは天下の大事、と柳原紀光と同じ危機感を表明するとともに、近年、皇統は微々たる「縷（いと）」のようでまことに嘆かわしいが、今回はさらに嘆かわしいと書いている（「且主上無御継嗣、尤天下之大事也、近代皇統微々如縷、実堪恐歎、況於此度乎」〔「定晴卿記」〕）。「近代皇統微々如縷（びびいとのごとし）」との表現は、何代にもわたって短命の天皇が続き、か細い糸でやっとつないできたような皇統をよく言いあて、まして皇統を継げる皇子女がいないという、まさに糸が切れそうな事態を迎えたのである。

閑院宮家王子の践祚　結局、後桃園から四代前の東山天皇の皇子から始まる江戸時代の最も新しい宮家、閑院宮家の王子を後桃園の養子とし、践祚させるという方針が採用された。その事情はおそらく次のようなものだったろう。当時の世襲四親王家のうち、伏見宮家は一四世紀半ばに成立した宮家で天皇家から血筋が遠い、桂宮家は当主がいない、有栖川宮家は当主が二六歳で適当な王子がいない、閑院宮家は四代前の分家で血筋が相対的に近いうえ、閑院宮典仁親王には王子が多い、継嗣の美仁親王、仁和寺・輪王寺・妙法院門跡に入寺した王子三人、さらに入寺が予定されているもののまだ得度していない王子が三人いた。そのなかの聖護院門跡に入寺する予定になっていた九歳の祐宮（後の光格天皇）が、相対的にふさわしいと選定されたのだろう［藤田　二〇一八］。

公家たちは、称光天皇の事例を今回の皇位継承の先例と理解したらしい。当時従二位権大納言の野宮定和は一〇月三〇日の日記に（「当称光院崩正長之度例歟」）、柳原紀光は一一月九日の日記に称光天皇を先例と書いている（「称光院崩御、依無御継統以伏見入道兵部卿貞成親王、崇光院皇孫、栄仁親王子、男三世彦仁王、十歳、依仙洞詔、後小松院、有践祚儀、今度大略相当、又後堀川院凡雖相似二世也、但令入僧正仁慶室之後俄有践祚、此事聊為今度准的例者歟」）。

称光天皇（在位一四一二―二八）とは後小松天皇の第一皇子で、一四一二年（応永一九）に践祚したが生来病弱、一四二八年（正長元）に皇子がいないまま二八歳で亡くなった。伏見宮栄仁親王の子貞成は伏見宮家を継ぎ、後小松天皇の猶子になり親王宣下をうけていた。称光天皇が亡くなると貞成の子彦仁が後小松天皇の猶子となり践祚した（後花園天皇）。貞成は、後に太上天皇の尊号をうけ後崇光院になった。これは、天皇実父だが皇位につかなかった親王が上皇の尊号をうけた事例で、後の尊号一件のさい、光格天皇が実父閑院宮典仁親王に太上天皇の尊号を贈ろうとした先例の一つとされた。皇子のないまま亡くなった天皇の実父である上皇が、伏見宮家の王子を猶子とし践祚させた。今回は宮家の王子を天皇の養子にして践祚させたという差異はあるが、宮家の王子が践祚した事例であるため、閑院宮家の王子祐宮が践祚する先例と認識されたのである。

【称光天皇関係系図】

後伏見(93)―光厳(北朝1)―崇光(北朝3)―伏見宮栄仁親王―**貞成親王**（後崇光院）―**後花園**(102)
　　　　　└光明(北朝2)―後光厳(北朝4)―後円融(北朝5)―**後小松**(100)―**称光**(101)

後桜町践祚のときと異なり、関白らの決定への批判は出なかったらしい。それは、皇統を継げる皇子がいないという厳しい現実と、後花園天皇の先例が存在したからであろう。

所司代（幕府）とのやりとりはよくわからないが、野宮定和は一〇月三〇日の日記に、天皇は二九日に亡くなったがそれを隠しているのは良くないことだ、皇位継承について幕府に問い合わせているからだろうか、宝暦のときと同じだ（「抑主上実は昨暁既及御大事給歟、被秘之条甚不可然、而継体之事被仰合関東之故歟、当時之形勢可痛宝暦（ママ）之度、実は十二日崩給、而及廿一日無披露、此度亦如此歟」（「定晴卿記」））と書いている。祐宮践祚について了承を得るため幕府に照会しているあいだ、後桃園の死は表向き隠されたのである。

幕府の承認を伝えられたのであろう一一月八日、祐宮を養子とし践祚させるという後桃園の叡慮が公表され、翌九日に、今暁寅刻に天皇が死去したと発表された。柳原紀光は、一一月九日が後桃園の忌日（「国忌」）となることについて、実際には一〇月二九日に亡くなっているので、崩日と忌日の月が異なる（一〇月二九日が一一月九日になること）のは初めてのことで、まことに無念と書いている（「凡国忌被用他月始于此歟、無念至也」（「紀光卿記」））。

凶兆と呪詛の噂　桃園の死にまつわる凶兆の噂はすでに紹介した。後桃園の死に関わっても、夏に寺の池に「双頭蓮」が生える凶兆があったと前掲「定業卿記」の一一月一〇日に記されている（「去夏頃寺門池生双頭蓮速被切捨、先年宝暦亦有此事、凶兆也」)。凶兆だけではなく、呪詛が噂された。

「紀光卿記」の一一月九日の記事によると、伏見宮邦頼親王が、伏見に住む薬師院という山伏僧に調伏の祈禱をさせたという噂が頻りに囁かれた（「先帝崩御事、伏見兵部卿邦頼親王令或山伏僧、号薬師院、住伏見、奉調伏之旨謳歌、只此事也」)。また関白九条尚実は、その山伏に天皇の病気平癒を祈禱させ、山伏は護摩を修したのち箱三合を献じたという。九月になり天皇の病状が重くなると、陰陽寮や神祇伯白川家、延暦寺の千日廻峰行者などが、天皇の病には呪詛の疑いがあり早く除かないと大事に至る、と申し上げたという。この呪詛の噂は、禁裏や仙洞御所の女房、親王、堂上や殿上人の公家から庶民に至るまで、人が集まるとこの噂で持ちきりだが（「然自内院女房、親王、公卿殿上人已下到庶人、交頭言談皆此事也、不可説々々」)、伏見宮邦頼親王と山伏僧を取り調べたという噂はまだないという。呪詛の噂は、前掲「定業卿記」の一一月九日の条にも、虚説か、としながらも書き留められている（「今度崩御之事有呪詛之聞云々、頗虚説歟、奇怪絶筆舌」)。

後桃園の死にさいしては、呪詛ということに不穏な噂が流れていた。

剣璽渡御・践祚礼・改元　祐宮を養子とし践祚させるという後桃園の叡慮が公表された一一月八日、祐宮は酉刻頃（「紀光卿記」。「御湯殿上日記」は戌半刻）、禁裏御所から呼ばれ閑院宮邸を出て、後桜町と同じように御三間に入り、勾当内侍から養子のことを伝えられた。

剣璽は亥刻頃（「御湯殿上日記」によると丑刻）、天皇の遺体が安置されている清涼殿夜御殿から小御所に移されたという（「又亥刻斗、自夜御殿被移剣璽於小御所」)。後桃園の死去は一一月九日に発表されるので、八日はまだ生きていることになっている。そのため柳原紀光は、生きているのに剣璽を他所へ移すのは道理に背き奇怪だと批判した（「為御存生儀被移剣璽於他所之事、背道理奇恠至歟」（「紀光卿記」)）。後桜町践祚のときも、死を公表する前日に剣璽は移されている。場所は御三間だったが、祐宮のときは小御所という。

践祚の儀式は、公表された後桃園の死から一六日経った一一月二五日に小御所で行われている。剣璽は、「定晴卿記」に「被渡剣璽新主御在所、御三間」と記されているので、祐宮が八日からいる御三間に移された、すなわち剣璽渡御が行われた。代始め改元は、一七八一年（安永一〇）四月二日に天明元年と改元された。改元は、皇位継承から約一年五ヵ月後のことであった。

仁孝天皇から孝明天皇へ

異例の皇太子践祚　仁孝天皇は、光格天皇の第六皇子として一八〇〇年（寛政一二）に生まれ、名は恵仁（あやひと）、一八〇七年（文化四）に儲君、翌年九歳で皇太子、一八一七年に受禅、在位二九年にして一八四六年（弘化三）、四七歳で死去した。そのあと、皇太子統仁（おさひと）（後に孝明（こうめい）天皇）一六歳が践祚した。統仁の皇位継承は、後西、後桜町、光格につぐ江戸時代四度目の践祚だが、皇太子が受禅ではなく践祚だったことが異例だった。近代以降は皇太子の践祚が常識だが、近世では異例のことだったのである。近世に先例のない皇太子の践祚は、公家の間で論議をよんだ。

仁孝天皇の急死　当時正二位権中納言の柳原隆光（たかみつ）の日記「隆光卿記」（『孝明天皇紀』一。以下、同書からの引用は出典を省略）によると、仁孝天皇は幼少の時に虚弱（「自御幼稚御時御虚弱」）で、目の病で視力が弱いうえ（「御眼気尤疎」）、普段から痰の出る咳が治ることがなく（「平生御痰咳無令治給時」）、そのため朝廷の各種儀礼に出御（しゅつぎょ）することもごく稀だった、しかし、近年はおいおい壮健になり、昨年一八四五年には、元日の節会（せちえ）以外すべて出御するほどになった、今年は一月一二日の賀茂奏事始（そうじはじめ）以後、風邪気味ということで出御せず、一月二一日、二二日に御礼に参内した僧侶と対面したが二三日の歌会始を延期したので、また病気が再発したという程度に思われた。しかし、たちまち重大な事態になってしまった（「忽以及御大事」）。

当時従二位参議（さんぎ）の野宮定祥（さだなか）の日記「定祥卿記」によると、一月二二日夜に風邪気味だった天皇は、「御持病御痰発動」し痰が詰まった状態で高熱が続き、二五日には一日中高熱、大小便ともに出なくなってしまったが、夜は少し熱が下がりいささかではあるが食事もとり、改善の兆しがみえた。しかし、二六日丑刻（午前二時頃）小便のため便所に行こうとしたが腰が立たず、女官たちは支えようとしたが天皇は太っているためできず（「御肥大之間微力不叶」）、天皇は這って行こうとしたため「忽御痰上逆」し詰まってしまったという。こうして急死してしまった（「拝天顔実以御事切之様」〔当時正三位参議の東坊城聡長の日記「聡長卿記」〕）。

医師たちが「何分平常御痰不容易事」と言っていたと関白鷹司政通も書くように、「御痰」の病が一月二六日未刻（午後二時頃）に悪化（「未刻頃より御悩強かるへき」）し死去した（「鷹司政通記草」宮内庁書陵部蔵）。元日の四方拝は、恒例年中行事の冒頭の儀式で、代理はなく天皇みずから行うものだった。仁孝は、即位後最初の一八一八年（文政元）から一八二五年まで出御せず、一八二六、七年と出御したが、一八二八年から一八三三年（天保四）まで出御せず、一八三四年に出御したが、一八三五年から一八四二年までまた出御しなかった。このように四方拝もほとんど出御しなかったが、一八四三年から急死する一八四六年（弘化三）まで四年間連続して出御している〔村二〇一二〕。柳原隆光が書くように、仁孝は一八四三年あたりからかなり健康になったらしい。

天皇が一八四六年一月二六日に僧侶の御礼参内に出御したため、二六日の死去は公家らにとって仰天の出来事だったらしい。柳原隆光は「実以如夢」、野宮定祥は「驚歎悲哀無極、唯夢中思而已」、当時正二位権中納言の橋本実久も「天下大事出来如夢」（「実久卿記」東京大学史料編纂所蔵）と書いているほどである。

践祚の決定　皇位継承者はすでに決まっていた。一六歳の皇太子統仁がいたからである。問題は践祚か受禅かで、結局、関白と摂家らは前例のない皇太子践祚を選択した。その経緯を追ってみよう。

天皇急死をうけて、関白鷹司政通、左大臣二条斉信、右大臣九条尚忠、内大臣近衛忠煕が集まり、議奏の大納言三条実万も加わって対応策を鳩首協議した。天皇が「危篤」（実際は死去）状態、皇太子統仁が一六歳、という条件のもとで関白を摂政にするわけにいかず苦慮し、結局、譲位（受禅）か践祚かが決まるまで摂政に准ずる「准摂政」とすることに落ちつき、鷹司政通に准摂政が宣下された。

ついで譲位（受禅）か践祚かが議論になり、鷹司政通は、譲位は仁孝の容態が切迫していること（実際は死去）と「御用度」（経費を含むさまざまな準備）がまにあわないことから、皇太子践祚の承認を幕府に求めることに決めた（「此節御容体ニテ御譲国之御事万事急速ニ御用度モ難相整、御大変ニモ相成候テハ御弁理ニモ難成、先々践祚之方御治定ニテ関東表へ御尋之趣被談之」（「尚忠公記」））。駆けつけてきた所司代酒井忠義に、小御所で次のような仁孝の御内慮を伝えた。

皇太子統仁に譲位したいが、差し迫った容態のため譲位の準備がまにあわないので、万一死亡した場合は皇太子を践祚させる、これには女院（光格天皇中宮欣子、仁孝天皇母）も同意している、そこで皇太子践祚の御内慮を幕府に申し入れる、という内容である（「主上御不予不軽御容体ニ付、東宮へ被為有御譲位度叡慮候得共、速急ニハ難相整、自然御大変之程モ難計、万々一之節ハ可被為有践祚、女院御同意被思食候、御内慮之趣関東へ宜被申入之事」（「尚忠公記」））。

すでに亡くなっている仁孝を生きていることにして（なお、二月二日に「大典侍申、今晩御船にめさる、へき」（前掲「鷹司政通記草」）、すなわち入棺している）、皇太子践祚の了承を幕府に求めたのである（「尚忠公記」）。所司代は、天皇死去の事実を知りながら、御内慮を即日（一月二六日）飛脚により江戸に送った。

鷹司はこの間、小御所・清涼殿の点検や武家伝奏・議奏・東宮三卿・女房らとの打合せなどを続け、二七日に所司代に面会し、「五千両」のことなど相談している（前掲「鷹司政通記草」）。これは、践祚や葬儀などの経費に関わる交渉であろうか。

幕府からの返答は二月五日にもたらされた。所司代が亥半刻（夜の一〇時頃）、江戸から飛脚が着いたので「御叡慮」

の件を申し上げる、と参内した。鷹司は、左右大臣と内大臣を招き、武家伝奏両人も陪席して、子刻（一二時頃）に所司代から幕府の許可の回答を伝えられた（「御内慮之通タルヘキ旨」〔「尚忠公記」〕）。武家伝奏が回答を記した書付を鷹司に渡し、鷹司はそれを天皇に奏上した。鷹司は、天皇は践祚を決定した（「践祚御治定」）と記した書付を所司代に交付し、所司代はそれを幕府に伝達すると申し上げている（前掲「鷹司政通記草」）。

仁孝は二月五日、皇太子が受禅すべきところ危篤のため、残念ながら践祚に決定した（「主上御不予ニ付東宮可在受禅之処御大切、乍御残念践祚御治定被仰出候事」〔「尚忠公記」〕）と伝えた。そして鷹司は、天皇が二月六日寅刻（午前四時頃）に死去したと公表した。仁孝は一月二六日に死去したがそれを隠し、皇位継承について幕府の許可を得た後の二月六日に亡くなったと公表したのである。ふたたび崩日と忌日が月を跨いでずれてしまった。

践祚方針への批判　後桜町践祚にさまざま批判があったことはすでに紹介したが、皇太子統仁の践祚にも批判がおこった。正三位参議で議奏の東坊城聡長は一月二六日、関白の命により武家伝奏徳大寺実堅、議奏坊城俊明とともに天皇御前に参り、長橋局の女房数人に抱きかかえられた仁孝の死を目視した。関白らが皇太子践祚の方針を決め、所司代に江戸への問い合わせを依頼したのを知った東坊城聡長は、関白に「賛成できない、東宮を決定する時すでに（皇位継承も）幕府に伝わっているので、践祚をさらに問い合わせる必要はないのでは」と申し入れている（「此事於聡長不同意、子細者東宮御治定之時已被仰于関東、至今日践祚之事更不及被尋下者歟之由申之」〔「聡長卿記」〕）。幕府の承認を得て皇位継承予定者である皇太子が決まっているのだから、その践祚について幕府に許可を求める必要はない、というのが東坊城聡長の主張である。

正四位下女院別当野宮定功は、日記「定功卿記」二月五日の条に、幕府に践祚の件を問い合わせ、その許可がなければ決められない、その理由は（幕府が別途支出する）経費で、このため死亡日がずれ、数日のあいだ皇位が空白になるのは道理がない、そして、このような事態がおこる原因である幕府の威勢を嘆く（「御不予若及大事者践祚之事、被尋仰於関東飛脚、去廿六日発足、今夕帰洛申返答云々、非申承知之上者無治定、是用途之故也、為其延日崩日相違、数日及空位、頗無理事也、関東之威勢毎時悲歎猶有余」）。表向き皇位の空白はないが、実際は数日にわたり空位になっていることを嘆くのである。幕府の許可を得るために天皇の死亡日がずれ、天皇不在、空位が生じることへの憤懣は、後桜町践祚の際にも同じように出ていた。

剣璽渡御・践祚礼・改元　関白は、剣璽渡御を古式ゆかしく厳かに行いたかったが（「今度剣璽渡御如旧儀厳重ニ被行度被存候得共」（「尚忠公記」））、緊急事態のため宝暦（後桜町の践祚）と安永（光格の践祚）の例に准じて行う方針をたてた。二月六日に、剣璽を御三間上段に設けた「御清棚」に移すという方法だった。橋本実久（さねひさ）の日記「実久卿記」二月六日の条によると、内々に剣璽が皇太子の所に移され、御三間上段に剣璽を置く案（あん）（棚あるいは台）を設け、勾当内侍が剣璽を取り参上し、その後は近臣らがこれを守護したという（「今日剣璽被渡東宮内々儀也、御三間上段設案、内侍取之参上、其後近臣次将宰相中将以下守護之」）。野宮定祥の日記「定祥卿記」もほぼ記述内容が同じなので、剣璽は勾当内侍により御三間に移された。

この御三間は、天皇の死去にともなう後継者の御座所として使われた御殿だったらしい。後桜町も、光格も前天皇の死去とともに御三間に移り、皇太子統仁も仁孝の死去が公表された二月六日に移っている（「内々儀、去六日天皇崩御、令内侍奉渡儲皇在所、以御三間擬其所」（「実久卿記」））。なお、正式には践祚の礼（二月一三日）前日に皇太子が御三間に移り、そこを常御殿としている（「渡御三間為常御殿、宝暦・安永之例也」（前掲「鷹司政通記草」））。そのような性格の御三間に皇位の象徴とされる剣璽を移すこと（剣璽渡御）により、皇位が継承されたことになったのだろう。

皇太子統仁の践祚の儀礼は、仁孝の公式の死から七日経った二月一三日に行われた。前天皇の死去を公表するとともに、諡号（しごう）が決まるまで「大行（たいこう）天皇」と称するよう指示された。前天皇の「御学友」「大行天皇御同学」（同前）である日野資愛と勘解由小路資善、および東坊城聡長、五条為定、高辻以長の菅家が諡号案を考え、現任公卿への勅問を経て「仁孝」と「宣昭」を候補として幕府に照会し決定を委ねた（「大樹勅問」同前）。幕府からの回答が届いた三月一日、諡号は仁孝天皇、廟号は弘化と前天皇のお棺に告げられた。「定祥卿記」によると、関白の執筆になる書付は清涼殿西庭で焼かれ、その灰を入れた土器を「鳥飼」が持参して川（鴨川）に流したという（「於清涼殿西庭焼之、其灰盛土器鳥飼持参川原流之」）。皇位継承にともなう代始め改元は一八四八年（弘化五）二月二八日にあり、嘉永元年となった。新天皇践祚から約二年も経過している。

皇太子践祚手続きの変更　皇太子統仁の践祚にあたり、東坊城聡長らから、皇太子がいるにもかかわらず幕府に許可を求めたことに批判が出た。関白鷹司政通と朝廷はこの問題の解決に取り組み、一八五〇年（嘉永三）五月、儲君でも皇太子になっていないで践祚の場合、および譲位・受禅の場合は御内慮を幕府に伝えて許可を求めるが、皇太子の践祚はそれを省略できるよう幕府に申し入れた。この申入れは、翌年二月に幕府に承認された（「御沙汰之通後々之御規定被成置候様被仰出候」）。この措置により、皇太子は幕府の承認を必要とせず践祚できることになった。それ以外の場合、幕府の許可を必要としたことはいうまでもない（以上「聡長卿記」）。

次に、参考までに明治天皇と後西天皇の践祚を紹介しておこう。

明治天皇と後西天皇の践祚　孝明天皇が一八六六年（慶応二）に急死し、睦仁親王（後の明治天皇。一八六〇年（万延元）七月に儲君、九月に親王宣下。歴史事典などには、この年に皇太子と記述するものもあるが、史料上は東宮ではなく親王と書かれている）が践祚した事例を簡単にみておこう。一二月二五日に孝明は急死したがその死は秘され、関白は二七日に睦仁親王践祚の叡慮（「主上御不予二寸、親王可有受禅之処御大切、乍御残念践祚御治定被仰出候」）を公家らに伝えた。二九日に天皇の死を公表し、剣璽は御三間上段に移された。睦仁は一八六七年一月八日、こののち常御殿となる御三間に移り、翌一月九日に践祚の儀礼を済ませた。

天皇の死は四日間秘され、死から二日後に睦仁親王践祚を決定し、前天皇の死から一五日後に践祚の儀礼を行った。前天皇の死をうけ間髪を入れず新天皇が践祚する、というわけではなく、践祚の儀礼は一五日も経っているのである。朝廷が睦仁践祚についての御内慮を幕府に照会した形跡はないので、一八五一年の取り決めに従ったものと思われる。しかし、睦仁は立太子の礼を済ませていないと考えられるので、あるいは幕末の朝幕関係の変化によるものかもしれない。

後光明天皇は一六五四年（承応三）九月二〇日、疱瘡により二二歳で急死し、剣璽はその翌日、父である後水尾法皇のところに渡御した。一〇月一五日、後光明の葬儀が行われ泉涌寺へ葬送された。後光明には皇位を継承すべき皇子女がいなかったため、後水尾法皇は法皇の第七皇子で、世襲親王家である高松宮家を継いでいた良仁親王（後の後西天皇）一八歳を践祚させることに決め、一〇月一七日、良仁親王の践祚について幕府に照会した。

法皇の周囲は、良仁親王が前年関東に下向して将軍に拝謁し、その他の「武士」たちに逢っていること、良仁親王の妃の母が越前松平家の娘で将軍の親類にあたること（「此宮去年為継目下大樹御亭給、諸武士に逢給、如此之儀不苦哉、御室は前高松宮本院御弟姫君、母儀は越前宰相女也、大樹御親類也、当年姫君誕生」）などを理由にあげ、践祚はふさわしくないので、今年生まれた法皇の第一九皇子（識仁親王、後の霊元天皇）が皇位を継承すべきだと進言した。しかし、法皇は受け入れず、一一月二八日、識仁親王が一四、五歳に成長するまでという条件つきで良仁親王が践祚した（「宣順卿記」『後西天皇実録』）。

前天皇の後光明が死去してから、良仁親王が践祚するまで二ヵ月以上経っている。天皇の死を秘して生きているように偽装することもなく、葬儀も済ませている。つまり、二ヵ月以上も皇位は空白だった。上皇（法皇）がいるので皇位継承は上皇主導により決められたが、のちの践祚の事例に比べると、実質的な天皇不在、空位の期間が長かった。

3　譲位による皇位継承

光格天皇譲位・仁孝天皇受禅の例

譲位による皇位継承の事例を、光格天皇から仁孝天皇への継承を例にみていこう。

この譲位は、一八一四年（文化一一・戌年）八月一七日、皇太子恵仁(あやひと)親王が成長したので、来丑春、すなわち一八一七年（文化一四）の春に光格が譲位すると公表された。光格の譲位は一八一七年三月に行われたので、皇位継承準備のため約二年半前に決定されたことになる。

【近世天皇表】からわかるように、光格の在位年数の長さと譲位年齢の高さは、譲位した江戸時代の天皇のなかで際立っている。女性天皇二人を除く江戸時代の天皇の平均譲位年齢は三二・八歳なので、光格の四七歳は飛び抜けて高い。その理由は、①後継の皇太子恵仁の年齢の問題。光格が、霊元・東山・中御門天皇のように三四、五歳で譲位しようとすると、恵仁親王はまだ五、六歳の幼少だったことが障害になっただろう。②石清水八幡宮と賀茂社の臨時祭再興問題。在位中の実現に意欲を燃やした臨時祭再興のための対幕府交渉は長い年月を要し、再興実現まで譲位するわけにいかなかったのだろう。臨時祭再興は一八一三年に石清水八幡宮、一八一四年に賀茂社、そして一八一四年に譲位表明という時系列が、そのことをよく物語っている。①と②の問題の解決により譲位が可能になり、二年五ヵ月後に実現したら四七歳になっていた、ということだろう。

光格は一八一七年三月二二日に御所宜秋門(ぎしゅうもん)を出て仙洞御所に譲位行幸し、中宮も同時に行啓(ぎょうけい)した。禁裏御所から光格にともなってきた剣璽は、仙洞御所から建春門(けんしゅんもん)、日華門(にっかもん)を経て清涼殿に戻った。譲位、受禅の場合、天皇は禁裏御所から新しい住まいとなる仙洞御所へ譲位行幸し、随伴してきた剣璽は新天皇の禁裏御所に戻る。つまり、皇位継承の象徴として新天皇のもとに剣璽渡御がなされたのである。

三月二四日に、前天皇（光格）に太上天皇の尊号宣下があり、上皇（仙洞・院とも）となった。四月二八日に「尊号御報書の儀」があり、上皇は儀礼的・形式的に尊号を辞退したい旨の尊号報書（辞書とも）を天皇に差し出した。皇位継承にともなう代始め改元は、受禅から約一年一ヵ月後の一八一八年（文化一五）四月二二日に文政元年と改められた。

皇位継承と改元

準備期間のある受禅の場合でも、代始め改元は受禅と同時に行われるわけではなかった。東山が受禅した一六八七年（貞享四）から一六八八年（元禄元）に改元まで約一年六ヵ月、次の中御門が受禅した一七〇九年（宝永六）から一七一一年（正徳元）に改元まで約一年一〇ヵ月、桜町が受禅した一七三五年（享保二〇）から一七三六年（元文元）に改元まで約一年一ヵ月、桃園が受禅した一七四七年（延享四）から一七四八年（寛延元）に改元まで約一年二ヵ月、後桃園が受禅した一七七〇年（明和七）から一七七二年（安永元）に改元まで約二年である。このように、譲位、受禅の場合でも、改元は皇位継承から約一年一ヵ月から二年近くのちに行われたのである。皇位継承とともに間髪を入れず改元する近現代のほうが異例である。

皇位継承と幕府

践祚のみならず譲位、受禅もまた幕府の承認を必要としたため、天皇・朝廷の自由にならなかった。幕府はいわば許認可権をテコに皇位継承に干渉したため、さまざまな紆余曲折があった。

幕府の承認なく譲位の例　幕府の承認なく譲位を強行した唯一の例が後水尾天皇である。後水尾は五回にわたり譲位の意向を表明したが、幕府により押しとどめられたりしたため、六回目に譲位を強行した〔久保　二〇〇八〕。

一回目　徳川秀忠の娘（徳川家康の孫）和子（後の東福門院）の入内が、一六一四年（慶長一九）に正式決定し、一六一九年（元和五）入内と内定したが延期された。その理由は、「およつ御寮人」（四辻公遠の娘）が第一皇子賀茂宮を出産したことにある。後水尾は、秀忠がそれを気にくわず入内を延期するなら剃髪し逼塞するので、弟たちの誰かが即位すればよいと反発し譲位を表明した。

二回目　一六一九年、ふたたび「およつ御寮人」が皇女梅宮を出産した。秀忠は、「およつ」の実兄四辻季継と高倉嗣良を豊後（現、大分県）に配流し、意に添わない行為を続ける後水尾に警告した。天皇は激怒し、同年一〇月に譲位を表明（「か様の儀出来候も、我等無器用故に候条」〔京都御所東山御文庫記録〕）したが、このときも承認されなかった。

三回目　配流された四辻らの赦免を取引材料に、一六二〇年六月に和子の入内が実現した。和子は一六二三年一一月に女二宮（興子内親王、後の明正天皇）を出産、一六二六年（寛永三）に二条行幸などがあり、秀忠と天皇の関係は表面上円満なものになった。同年一一月に和子が高仁親王を出産すると、親王が四歳になる一六二九年に譲位する意向を表明した。幕府もこれを承認し譲位が実現するはずだったが、一六二八年六月に高仁親王が死亡し頓挫した。

四回目　幕府は一六二七年に大徳寺などの高僧への紫衣勅許を保留し、紫衣事件がおこった。幕府が勅許を無効にしたこの措置は、幕府の法度が勅許に優越することをみせつけ、天皇に恥辱を与えたものとみられた（「口宣一度に七八十枚もやふれ申候、主上此上之御恥可在之哉」〔『大日本近世史料　細川家史料』三〕）。天皇は譲位の意思を固め、一六二八年七月に女二宮への譲位の意向を表明したが、秀忠から時期尚早と押しとどめられた。

五回目　腫れ物を患っていた天皇は一六二九年五月、病気養生のため灸治をしたいという理由をあげて女二宮への譲位を表明したが、これも秀忠により拒絶された（灸治の件については後述）。

六回目　一六二九年一〇月に春日局（ふく、将軍徳川家光の乳母）が参内し後水尾に拝謁した。無位無官の女性が拝謁して天盃を賜ったことは、後水尾に恥辱を与え深く傷つける一件だったらしい（「江戸将軍乳母三条西子分にて、今夜御所へ伺候、御対面之由承及候、無勿体事候、帝道民之塗炭落候事候」〔土御門泰重の日記「泰重卿記」『後水尾天皇実録』〕）。おそらくそれが引き金となり、同年一一月に興子内親王への譲位を強行した。幕府は対応に苦慮したが、結局は「叡慮次第」と容認せざるをえなかった。後水尾から明正への譲位、受禅は、天皇の幕府への不満・抗議の意思表示であり、しかも幕府の承認を得ずに譲位を強行した唯一の事例である。

天皇による譲位の政治利用　後水尾の事例は天皇による譲位の政治利用だが、孝明天皇も三回にわたり譲位表明を政治的に利用した。

一回目　一八五八年（安政五）六月、幕府から日米修好通商条約に調印したとの報告は、孝明の逆鱗に触れ、進退窮まる事態だと譲位の意思を示した（「右之次第実以身体茲ニ極マリ、手足置ク所ヲ知ラザル之至、何卒是非帝位ヲ他人ニ譲リ度決心候」〔「宸翰写」『孝明天皇紀』二〕）。後継には、祐宮（後の明治天皇）は幼少という理由で世襲親王家をあげた。幕府から日米修好通商条約の勅許を要請された孝明は、諸大名の意見を集約し天皇の判断を仰ぐようにと回答して勅許しなかった。譲位の意思表明は、それにもかかわらず通商条約に調印した幕府への抗議だった。

二回目　一八五八年八月、幕府がアメリカについでロシアと通商条約を結び、さらにイギリス・フランスとも締結する予定と報告するや、孝明は関白の頭を扇子で強く叩くほど激怒し、ふたたび譲位の意向を表明した（「譲国之事、以何様ニモ可止所存無、色々勘考候テモ此辺ニテ一先右所存弘大ニ成、隠居仕候方矢張禍乱之治便宜ト被存候間」〔「宸翰」同前三〕）。

三回目　幕府は、公武合体の象徴として皇女和宮（仁孝天皇の皇女、孝明の妹）の将軍徳川家茂への降嫁を画策し、天皇を納得させた。ところが、幕府が和宮を人質にして諸大名を押さえつけ、ついで孝明を廃帝にする計画という風聞が広まり、これに激怒した天皇は一八六一年（文久元）一二月、三度目の譲位を表明した（「此上恥辱之程モ難計天也命也、不徳愚昧之質、世ニ立テ益ナキ也、兎角言ハンヨリ速ニ譲位、世逃スヘキ段誓天地申立間」〔「勅書写」同前三〕）。孝明は、譲位の表明により幕府への政治的不満と抗議の意思を示し、幕府に政治的な圧力をかけようとするものだった。後水尾同様、天皇による譲位の政治利用である。

譲位への幕府の干渉　後光明天皇が、一六五四年（承応三）九月に急逝し、高松宮良仁(ながひと)親王（後の後西天皇）が践祚したことはすでに説明した。後水尾上皇は、周囲の公家が難色を示した良仁親王を践祚させ、第一九皇子が一四、五歳になったら譲位させる（「一歳之若宮十四、五歳ニ成給之時、有譲位者宜被思食由有仰」）という方針で幕府と交渉した。一〇月の幕府の回答は、将軍徳川家綱(いえつな)は若年のため公家のことをよくわからないので、関白二条康道(やすみち)がよろしく取り計らうように、というものだった。

また、将軍は良仁親王の行状を知らないので、践祚後に天皇としてふさわしい行動ができなければ、いつでも第一九皇子（「一歳宮」）に譲位させるように、と東福門院（後水尾天皇中宮、徳川家綱の叔母）に申し入れた（「花町殿〔良仁親王〕御行常大樹御存知無之、向後天子御作法不宜者、不依何時一歳宮へ可有御譲、女院〔東福門院——引用者注、以下同〕可有御計由、武命之趣、以女中品川〔高知(たかゆき)、高家〕申入女院」〔当時正三位権大納言中御門宣順(なかみかどのぶより)の日記「宣順卿記」『後西天皇実録』〕）。幕府は、後西に天皇としてふさわしくない行動があれば譲位させろ、と東福門院に指示した。つまり、幕府が天皇の進退を左右する主導権を握り、その圧力により譲位させようとした事例である。

幕府の譲位不承認　幕府が天皇の譲位を承認しないことがあるのは、後水尾の事例で紹介した。そのような事例は、霊元、東山天皇にもみられた。

霊元は、一六六三年（寛文三）に一〇歳で皇位についた。在位二一年、三一歳の一六八四年（天和(てんな)四）に、在位が二一年と長くなったこと、皇太子となった朝仁(あさひと)親王の一〇歳は霊元が即位した年齢と同じであることを理由にあげ、皇太子への譲位を表明した。真の理由は、早く譲位し上皇として院政を行おうとしたことにある。幕府は、霊元がまだ若く、皇太子が幼いことを理由にあげ承認しなかった。幕府が認めなかった理由は、霊元が上皇になって強引な朝廷運営をすることを警戒したからといわれる［村　二〇一三、山口　二〇一七］。

霊元は一六八六年（貞享三）、ふたたび譲位の意思を表明した。皇太子が来年一三歳、公家たちが理想と回想する延喜帝、すなわち醍醐天皇（在位八九七―九三〇）の即位と同年齢になること、霊元自身は来年三四歳になり、後水尾の譲位年齢と同じになることを理由にあげた。幕府にも積極的な反対理由がなく、「叡慮次第」と承認した。東山天皇については次に説明する。

なお、幕府が譲位を認めないことはあるが、受禅でも践祚でも天皇・朝廷から示された後継天皇を認めないことはなかった。幕府は、誰を後継にするのかについて干渉しなかった。

譲位理由に灸治　後水尾は一六二九年（寛永六）五月に第五回目の譲位を表明したさい、長く腫れ物を患い、さらに麻疹に罹り医師から養生を勧められたので灸治したいが、在位中はできないので譲位したいと説明した（「主上切々御腫物指出申候、又今度御麻病故通仙院へ被仰出候へバ、御養性可然由候、左様ニ候へバ御灸治ヲモ被遊度候へども、御在位ニテハ如何候間、御譲位も有度由被仰候」（日野資勝の日記「資勝卿記」『後水尾天皇実録』））。在位中はできないので、譲位して病気養生のためできるようにしたい、と灸治を譲位理由にあげていた。

東山は、一六七五年（延宝三）に霊元天皇第四皇子として生まれ、名は朝仁、一六八七年（貞享四）に一三歳で受禅し皇位についた。在位一七年の三〇歳になった一七〇四年（宝永元）六月、譲位の意向を表明した。武家伝奏柳原資廉の日記「資廉卿記」（『東山天皇実録』）六月二〇日条によると、その理由は、「御痰」の持病があり灸治したいので、後継を決めて保養したい（「主上御痰之御持病被為有ニ付、御灸治等被遊度思召候故、継体被定御保養被遊度思召候事」）というものだった。後継は、後水尾が明正へ譲位した「吉例」があるので（「後水尾院より明正院へ御譲位御受禅御吉例候者」)、女御が生んだ秋子内親王五歳に譲位したい、と伝えている。

柳原らは、京都所司代松平信庸(のぶつね)を訪れて譲位の意向を伝えた。所司代は、昨年江戸に下向したさい将軍は天皇が長く在位するよう願っていたこと、また天皇は壮年であり皇子もだんだん生まれていることから、譲位せず長く在位するようにと回答し、譲位を認めなかった。幕府が天皇の譲位を承認しなかった事例であり、天皇が譲位希望の理由に灸治をあげている事例でもある。

天皇が灸治を譲位の理由にあげるのは、天皇の肉体、すなわち「玉体(ぎょくたい)」にキズをつけてはならない、という禁忌(タブー)があったからである。後水尾のときに、灸治は構わないという説もあったらしいが、東山も譲位希望の理由に灸治をあげているので、やはり在位中は灸治できないというのが常識になっていたらしい［藤田　二〇一一］。

早い譲位希望の事情　江戸時代の天皇の平均譲位年齢は、三〇歳代半ばだった。後水尾が三四歳で譲位し、霊元はその年齢をあげて譲位を表明し三四歳で譲位した。その後の東山、中御門はともに三五歳で譲位したので、三四、五歳が譲位適齢期と意識されたのだろう。東山の場合、三〇歳で譲位を表明したがまだ壮年ということで幕府は認めなかったが、三五歳での譲位は認めた。つまり、江戸時代の天皇は、三〇歳代に入ると譲位が視野に入り、適当な皇位継承者がいれば、周囲の公家も幕府も反対することなく譲位を容認した。こうして三〇歳代半ばが譲位適齢期になったのだろう。

仁孝天皇は、四五歳、在位二八年になった一八四四年(天保一五年。改元して弘化元年)夏に、皇太子統仁(おさひと)(後の孝明天皇)が成長し一四歳になったことを理由にあげ、譲位の意向を関白鷹司政通に伝えた(「主上御譲国之叡慮従去夏頃有仰、東宮追々御成長」)。父光格が譲位した年齢四七歳に近くなり、皇太子の年齢も仁孝が受禅した一八歳に近づいてきたことなどが譲位希望の背景だろうか。光格も仁孝も、江戸時代の天皇の譲位適齢期をかなり過ぎている。光格の事情はすでに説明したとおりだが、仁孝の場合は次のようなことがあった。

天皇の意向を伝えられた関白は、譲位を当然のことと考えたが（「殊御岐嶽御登極雖可然」）、厄介な問題があった。それは、仙洞御所にいる女院（光格天皇中宮欣子（よしこ）、仁孝天皇母）の存在だった。譲位すると上皇として住むため仙洞御所を修復し、准后（仁孝天皇妃）も移ることになるので、女院を他の御所に移さなければならなくなる、そのことを女院がどう思うか、もしも不愉快に思うと、母子である天皇と女院の関係上よろしくない（「万一被移候儀女院思召有之時ハ、主上御間柄之処如何哉」）、それが、日ごろ天皇が尽くしている女院への孝養を損なうことになる、ということに思いを致すべきだ（「主上御平日御至孝之処モ損候様相成、至于茲儀可遠慮者也」）、そこでこのまま在位し、皇太子の御殿を拡張し、禁裏御所の庭を広げて天皇が春秋に宴会を開けるようにする、という方針をたてた。関白は、天皇と女院の母子関係への微妙な悪影響を心配したのである。

これに対して非参議正三位東坊城聡長は、天皇が孝養を尽くしていると聞いているが、女院はそのようには思っていない、天皇が気の毒なのはこのことである（「主上御至孝伺居候得共、又於女院ハ叡慮之通ニモ不被思召、遺憾此事ニ候」）、譲位して親不孝と噂されたのでは、天皇の心を傷めることになるので（「御譲国被為在候上、自然御不孝之聞出来候テハ、実ニ負叡慮候事故」）、長い在位は御苦労で恐れ多いのだが（「主上長御在位ハ御苦労恐入候得共」）、このまま在位する方が大義に叶うのではないか（「先此儘御在位被為在候方大義ニモ相叶候歟」）、と答えている（「聡長卿記」〔『孝明天皇紀』二〕）。

譲位には、幕府との関係だけではなく、朝廷内、皇族内部の関係からも、天皇の自由にならないことがあった。それとともに、「主上（しゅじょう）長御在位ハ御苦労恐入候得共」という文言が注目される。江戸時代の天皇にとって長い在位は「御苦労」なこと、と公家たちが認識していたことを示す。具体的なことは省略するが、天皇には務めるべき朝廷政務と節会など各種の年中行事、学問、和歌や音楽などの学芸（「諸芸能」）上の務め、数多い神事を主催しそのためにその前後数日間は精進潔斎する務め、さらに身体の「聖性」を維持するためのさまざまな禁忌などなど、「御苦労」なことが多かったのではないか。それが、壮年の入口である三〇歳代半ばで譲位することになる理由だろう。

現天皇の「象徴としてのお務めについて」のなかに、「次第に進む身体の衰えを考慮する時、これまでのように全身全霊をもって象徴の務めを果たしていくことが、難しくなるのではないかと案じています」という発言があった。もちろん同じこととはいえないものの、江戸時代の天皇もその務めを長く果たすことは、なかなか「御苦労」なことだったと思われる。

むすび――皇位継承の特徴

以上、近世の皇位継承を具体例に即しながら全般的にみてきた。最後に、近世の皇位継承の特徴をまとめておこう。

①近世の皇位継承は順調なものではなかった。野宮定和が一七七九年（安永八）一〇月三〇日の日記に記した「近代皇統微々如縷」との記述が、そのことをよく表現している。時に切れそうになるか細い糸のような皇統を、女性天皇や養子を挟んでやっとつないできた、というのが現実だった。

②天皇は進退と皇位継承を自ら決定できなかった。譲位・受禅の場合も、践祚の場合もともに幕府の承認が必要だった。このため、幕府の思惑や都合により譲位の意思を伝えても拒否されることがしばしばあった。だが幕府は、朝廷が許可を求める新天皇予定者について拒否することはなかった。

③譲位が政治的に利用されることがあった。後水尾天皇は五回、孝明天皇は三回譲位の意思を表明し、後水尾は六回目に譲位を強行した。これらは、幕府への不満や抗議のために譲位表明を政治的に利用した例である。後西天皇の場合は、幕府が譲位を左右した事例である。

④しばしば実質的に皇位の空白が生まれた。近代以降は前天皇の死から間髪を入れず新天皇が践祚する。しかし近

世では、幕府の許可を得るために前天皇の死を隠したため、生身の天皇の死（崩日）と公式の死（忌日）がずれ、その間は実質的に空位だった。さらに践祚の儀式は、前天皇の死と新天皇の践祚の公表からさらに数日後のことだった。ただ、剣璽は践祚の公表とともに、前天皇から新天皇予定者のもとに内々に移り、践祚の儀式とともに公式に剣璽渡御が行われている。

なお、前天皇の死と新天皇践祚の公表、および数日後の践祚の儀式の間の剣璽の動きについては、筆者には正確に理解できなかった。

⑤改元は践祚・受禅と同時ではなかった。近現代は、新天皇践祚（今回は受禅）の翌日に改元され新年号が施行されるが、近世は、前期には代始め改元それ自体がなく、その後も皇位継承から改元まで約一年一ヵ月から二年も経っている。間髪を入れず践祚と改元を行うという近現代のあり方は、歴史的には異例ともいえる。

文献一覧

久保貴子『後水尾天皇』ミネルヴァ日本評伝選、ミネルヴァ書房、二〇〇八年
高埜利彦『近世の朝廷と宗教』吉川弘文館、二〇一四年
高埜利彦「江戸時代の皇位継承」『日本歴史』八四〇号、二〇一八年
野村　玄「女帝後桜町天皇の践祚とその目的」『日本歴史』七〇一号、二〇〇六年
藤田　覚『天皇の歴史06　江戸時代の天皇』講談社、二〇一一年（二〇一八年に講談社学術文庫）
藤田　覚『光格天皇』ミネルヴァ日本評伝選、ミネルヴァ書房、二〇一八年
三上參次『尊皇論発達史』冨山房、一九四一年
村　和明『近世の朝廷制度と朝幕関係』東京大学出版会、二〇一三年
山口和夫『近世日本政治史と朝廷』吉川弘文館、二〇一七年

▼もっと知りたい人のための参考文献

五十嵐公一ほか編『天皇の美術史　4・5』吉川弘文館、二〇一七年

天皇・公家は、近世における正統な文化であった「雅文化」の担い手であり、その存在の本質とも関わる。本書は、和歌・音楽とともに重要な美術、わけても絵画の世界を中心に扱っている。

久保貴子『近世の朝廷運営――朝幕関係の展開』岩田書院、一九九八年

近世の朝廷がどのように運営されていたのかを、初期から具体的にかつ丁寧に解明している基本的研究書である。近世の改元のあり方などにもふれている。

佐藤雄介『近世の朝廷財政と江戸幕府』東京大学出版会、二〇一六年

近世の天皇・朝廷を財政制度の面から考察した書である。とくに朝廷財政を丸抱えした幕府の財政状況・財政政策と関連させながら、おもに近世中後期の朝廷財政を具体的に解明している。

高埜利彦編『身分的周縁と近世社会8　朝廷をとりまく人びと』吉川弘文館、二〇〇七年

近世の朝廷は、天皇と公家だけで運営されていたわけではなく、下級官人など多くの人々に支えられて、その日常と儀式が運営されていたことを教えてくれる。その点から、女官を扱った高橋博『近世の朝廷と女官制度』（吉川弘文館、二〇〇九年）も重要。

田中暁龍『近世朝廷の法制と秩序』山川出版社、二〇一二年

近世朝廷の法制とその変容、および公家の家の法制を初期から後期までを扱っていて、朝廷と公家を法制の面から知ることができる。なお同『近世前期朝幕関係の研究』（吉川弘文館、二〇一一年）も併読する必要がある。

辻　達也編『日本の近世2　天皇と幕府』中央公論社、一九九一年

近世の朝廷と幕府の関係、朝幕関係のあり方とその変化を通史的に扱った書で、朝廷儀礼や演劇世界での天皇の描かれ方などもふれている。近世の天皇や朝幕関係を取り上げた本が、一般向けの一書として刊行されたという画期性もある。

橋本政宣『近世公家社会の研究』吉川弘文館、二〇〇二年

近世公家社会は、武家社会と比較して古い伝統をひく面と近世的な変化を遂げた面が入り組んでわかりにくいが、それを丹念に解明しようとした書。とくに「禁中并公家中諸法度」の諸写本を検討し、法度名を確定させた。

藤岡通夫『京都御所』中央公論美術出版社、一九八七年

焼失、再建を繰り返した禁裏御所を図面から復元する研究書である。紫宸殿・清涼殿などの儀式の場、御常御殿などの天皇の生活の場、口向きなど朝廷実務の場など、近世の天皇・朝廷を空間構造から考えるために重要。

藤田　覚『幕末の天皇』講談社メチエ、一九九四年、二〇一六年講談社学術文庫

近世の天皇・朝廷も、時間とともに変化があらわれてくる。幕末維新期との関わりで、新たな変化の兆しとその内実を、一八世紀末の光格天皇と幕末の孝明天皇を中心にとらえようとした書。

宮地正人『天皇制の政治史的研究』校倉書房、一九八一年

近世天皇をたんに古代的権威と漠然ととらえるのではなく、近世国家に位置づけられた近世的な権威として理解すべきであることを、朝幕関係、官位制度、幕末政治史のなかで論じた書。

盛田帝子『近世雅文壇の研究——光格天皇と賀茂季鷹を中心に』汲古書院、二〇一三年

本書は光格天皇期が中心であるが、近世においてもっとも重視された学芸である和歌と天皇・公家の関わりを考えさせてくれる。また、熊倉功夫『後水尾院』（朝日新聞社、一九八二年）は、近世天皇と文化を考える古典的な書である。

コラム

皇位継承と天皇・公家の経済

佐藤　雄介

子どもの数というのは、家の継承を考える際、留意すべき点のひとつであろう。江戸時代の天皇の場合も、当然それは問題となった。たとえば、江戸時代最後の天皇である孝明天皇没時、健在の男子は睦仁親王、すなわち後の明治天皇ただ一人であった。

この子どもの少なさの原因について、孝明天皇の子どもを産むべき女官らの年齢層の高さが指摘されている［家近二〇〇七：四一―四六］。実際、孝明天皇の女官らの年齢層は、光格天皇（孝明天皇の祖父で前々天皇）のそれなどに比べて高めであったことが明らかになっている［高橋二〇〇九：九三、一二七など］。

この点に関して、近世後期―幕末の朝廷で武家伝奏を務めた三条実万（さんじょうさねつむ）は、「宮女事」と題された安政六年（一八五九）六月三日付の覚書のなかで（国立国会図書館憲政資料室所蔵「三条家文書」所収、なお当時実万は落飾している）、興味深い分析を述べている。かれはこの女官らの年齢層の高さを問題視し、女官らにしかるべき人が少ないことと公家の窮乏とを結びつけて考えているのである。以下、簡単に史料の内容を紹介しよう。

自分の娘が御所に出仕する際の支度料は、「微禄困窮」の堂上公家にとって、簡単に賄えるものではなく、借金をする必要がある。さらに、天皇の子どもを懐妊し出産するときには、女官の実家にも多くの費用がかからざるをえない。そのため、朝廷から娘を出仕させるよう要請があったとき、内心では娘を差し出したがらず、最初は断り、再度要請があれば、迷惑に感じながら出仕させている。

こうした事情などがあるため、女官として勤仕させる人材を精選することができない。そこで、出仕の際や降誕の節などに、相応の手当が支給されるようにしたい。そうすれば、実家である公家も安心して娘の召出しを受けることができる。これらのことが整えば、「皇胤益御繁栄之道」が開かれる。

史料の概要は、以上のようなものである。旗本・御家人や諸藩の藩士などと同じく、江戸時代の公家もまた多くは、（程度の差はあれ）窮乏していた［高埜　二〇一四：六六―六八］。近世の公家は、諸大名と婚姻関係などを結ぶことで、多額の経済援助を受けられることがあった［松澤二〇一四：四四〕。それらを考慮に入れれば、「宮女事」に記されているような反応を見せる公家がいてもおかしくはないだろう。すくなくとも当該期において、公家の窮乏という問題は、天皇の子どもの数という天皇家の相続に直結するより重大な事案であった。

さて、その一方で、子どもが多いと、それはそれで問題が生じた。武家伝奏広橋伊光（ひろはしこれみつ）の公用日記「伊光記」（東京大学史料編纂所蔵）文化六年（一八〇六）九月十八日条では、光格天皇が関白をとおして、支出の抑制を命じているが、注目すべきはその理由で、それは近年「恐悦事等」＝子どもの誕生を含む吉事などによって出費が増大しているためであった（「近来、恐悦事等ニ而御用途多相成候間、一統取締候様以関白殿被　仰出候」）。

光格天皇は、早世した者が多かったものの、多くの子どもをもうけた〔藤田　二〇一八：二九〕。子どもが多ければそれだけ、出産時の費用や賄料、雑費、病気になった際の祈禱料、病没してしまった場合の費用などが必要になる。一方で、周知のとおり、第一一代将軍徳川家斉（いえなり）には非常に多くの子どもがいたが、その子どもに吉凶事があるたびに、朝廷は家斉やその室らに贈り物をした〔佐藤　二〇一六：一七二、一八六〕。

つまり、光格天皇・徳川家斉双方の子どもの多さが、朝廷の支出増大の一因になっていた。子どもの数が多いと、それはそれで問題が生じていたのである。近世の皇位継承に関して、子どもの数とそれをめぐる問題は、種々のひろがりをもつ。公家の窮乏との関係ひとつをとっても、より具体的な実態や時期的な変化など、究明すべき点は多々ある。さらなる事例の蓄積とさまざまな視角からの検討が要される。

参考文献

家近良樹『幕末の朝廷――若き孝明帝と鷹司関白』中央公論新社、二〇〇七年
高埜利彦『近世の朝廷と宗教』吉川弘文館、二〇一四年
高橋　博『近世の朝廷と女官制度』吉川弘文館、二〇〇九年
藤田　覚『光格天皇』ミネルヴァ日本評伝選、ミネルヴァ書房、二〇一八年
松澤克行「近世の公家社会」（『岩波講座　日本歴史12　近世3』岩波書店、二〇一四年
佐藤雄介『近世の朝廷財政と江戸幕府』東京大学出版会、二〇一六年

コラム

近世の上皇と皇嗣

村　和明

このコラムでは、皇位継承と切り離せない存在である上皇と皇嗣（次代の天皇と予定されたもの）について、近世における変化を、おもに拙著［村　二〇一三］によりつつ、概観してみたい。

一八世紀前期までの朝廷には、後水尾・霊元という、個性的・意欲的、かつ長命の二人が君臨した。後水尾が生きている間にその子が四名、霊元が生きている間にその子・孫が、皇位についている。後水尾は、若い天皇の側近くに自分の側近を仕えさせ［松澤　二〇〇九］、養育と監視をになわせた。これが霊元の受禅後、天皇に近侍する議奏という役職に発展、定着する［田中　二〇一一］。

霊元は、父後水尾没後の朝廷の中心となり、熱心に制度づくりを進める一方、かなり専制的な朝廷運営をおこなった。皇嗣としては近臣を外戚とする五宮を選び、それまで皇嗣と目されていた第一皇子一宮を、一六八一年（天和元）力ずくで出家させた。小倉事件である［久保　一九九八］。これと表裏の関係にあるのだろうが、霊元は五宮の周囲をあれこれと飾った。五宮の受禅後（現在いう東山天皇）の一六八七年（貞享四）、二二一年ぶりに大嘗会がかなりの無理をおして再興されたのが最も著名であるが、それ以前からさまざまな動きが確認できる。一六八二年（天和二）に霊元は近臣たちを五宮に付け、五宮の御所に輪番で参仕させ、また上席の三名には、とくに密命をあたえて養育と監視をになわせた。この地位は、皇嗣に付く「三卿」という役職として定着してゆく。翌一六八三年、皇太子となるための儀式（立太子儀）を、三三五年ぶりに再興した。これ以降の皇嗣は、まず正式に定められ（儲君治定という）、公家たちを付けられ、ついで親王宣下をうけ、立太子儀をへて皇太子（ふつう東宮・春宮といった）となる、という過程を経るようになった（先帝の急死などで省略する場合もある）。

ついで霊元は、五宮あらため東宮朝仁親王に譲位するに先立ち、以後も自身が院政を敷くことを考え、これをささえる新しい制度を構想し、近臣たちに告げた。しかし霊元の院政は、幕府も望まないところで、こうした制度は実現しなかった。霊元は譲位後も院政にこだわってゆく。

朝廷にとり、さまざまな儀式や形式を、先例を調査してなるべく復活させてゆくというのが、近世をつうじた課題であり、幕府の支援を求めながら実現につとめたが、霊元はこれに強い政治的な思惑をからめた。自身に権力を集中させ、人的規模が拡大していた朝廷を編成・統制するとの課題をもち［山口　二〇一七］、そのために儀式や制度を考えたのであった。

霊元・東山以降しばらくは生前譲位、直系男子による皇位継承が安定して続く。とくに享保期には、霊元法皇と孫の中御門天皇、その正室から産まれたためすぐに儲君となった昭仁親王（のち桜町天皇）と、直系の上皇・天皇・皇嗣が安定して存在した。この時期に右にみた諸制度が定着をみてゆくが、その機能は霊元の望んだ院政ではなく、天皇による朝廷運営を前提とするものであった。

霊元没後、三〇頃での生前譲位という慣行は続くものの、上皇・天皇の若死にが続き、院政は事実上不可能になってゆく。これと歩調をあわせるように、皇嗣は独自の御所ではなく、禁裏御所のなかに住むようになった。まず外戚の家で育ち、儲君となると天皇正室の子として扱われ、彼女とともに禁裏御所の奥向きに住み（親王御殿が現存）、ある程度成長すると、天皇が日常生活をおくる常御所近くの殿舎（御三間、のちには花御殿、いずれも現存）に住むようになった。皇嗣に公家が付く制度は維持されたが、天皇に近侍する議奏（常御所・御三間のすぐそばの林和靖間（りんなせい）に候したといわれる）の指揮監督をうけるようになる。

上皇・天皇・皇嗣の関係から近世朝廷の歴史をふたつに分けると、老練な上皇が主導し、多数の皇子から選んだ若い天皇を監視・養育する体制から、天皇が主導し、数少ない皇子を皇嗣として手元に置き監視・養育する体制へと、一八世紀に変化したといえる。天皇・上皇・皇嗣をとりまく諸制度も、後者のようなかたちで固まったのであった。

参考文献

久保貴子『近世の朝廷運営――朝幕関係の展開』岩田書院、一九九八年

田中暁龍『近世前期朝幕関係の研究』吉川弘文館、二〇一一年

松澤克行「後光明天皇期における禁裏文庫」田島公編『禁裏・公家文庫研究』第三輯　思文閣出版　二〇〇九年

村　和明『近世の朝廷制度と朝幕関係』東京大学出版会、二〇一三年

山口和夫『近世日本政治史と朝廷』吉川弘文館、二〇一七年

Ⅳ

二つの憲法と皇位継承——近代の天皇

皇室典範の制定——明治の皇位継承

西川　誠

はじめに

近代の皇位継承

近代の皇位継承は、少しさかのぼっても、仁孝（にんこう）天皇、孝明（こうめい）天皇、明治天皇、大正天皇と、成人したという点で〝長子〟といっていい男子で行われた。昭和天皇は嫡長子である。万世一系、順調で、めでたい継承である。しかし内実は、光格（こうかく）天皇以降明治天皇まで成人した皇子は一人で、よんどころなく〝長子〟相続である。シンポジウムで藤田覚は近世の皇位継承について「よく続いたねえ」という趣旨を述べたが、大正天皇まで、実際は危うい継承であった。

皇位継承を定める法（皇室典範）の制定が企図されたとき、危うさの回避が考慮されたであろう。それが近代の継承方法の特徴となっており、前近代と異なるものとなった。この特徴は、稲田正次による制定史をたどる研究のなかでの指摘があり［稲田　一九六〇・一九六二］、集大成された史料とそれをふまえた解説論文からなる小林宏と島善高の編著書で形成過程が解明され［小林・島　一九九六・一九九七］、最近の研究としては小田部雄次の整理がある［小田部　二〇一三］。小田部は、譲位の不可、女帝・女系の否定、長子優先、嫡庶の別が従来の慣行と異なったものとし、加えて皇族永世主義の特徴も指摘する。これらが近代の継承方法の特徴であった。

本稿では、こうした近代の継承の特徴を、先学に学びつつ整理して提示していきたい。

1　明治天皇の即位

孝明天皇の譲位

順調と述べたが、孝明天皇から明治天皇の継承には、危うい点がないわけではなかった。それは孝明天皇の譲位の表明である。辞めると言って止めてもらえるから武器となる、脅しとなる。実際廷臣は慌てた。止めるために天皇をなだめた。

とはいえ光格天皇は上皇となっており、院政は〝最近〟まで続いていた。譲位は異常な事態ではない。何が問題であったのだろう。

譲位の表明は、一八五八年（安政五）六月と八月にあった。すなわち、幕府が勅許のないまま日米修好通商条約を締結したときである。したがって廷臣が反対した最大の理由は、幕府の条約締結への不満が原因であることが明瞭であることである。幕府との敵対的関係を明示してしまうのか。

もう一つは、皇位の継承が正常と許容される範囲を逸脱するのではないかと廷臣は考えたことではなかったか。

孝明天皇は言う。このような時期に帝位にいることは微力の及ぶところではない。「英明之人ニ帝位ヲ譲リ度候。差当祐宮有レ之候得共天下之安危ニ拘ル一重大事之時節ニ幼年之者ニ譲リ候事本意ナキ事、依レ之伏見有栖川三親王之中へ譲リ度存候。」（宮内庁蔵版『孝明天皇紀』第二、平安神宮、一九六七年、九二三頁。なお本論考中では、史料引用には通行の字体を用い、句読点は適宜補い、西川の注記には（ ）を用いた）。

平安時代の摂関期や院政期、幼帝の即位は常態化していた。しかしその後は幼帝は避けられたようだ。近世においても、高貴宮（霊元天皇）は幼いために兄後西天皇が即位した。数え七歳で践祚した桃園天皇は宝暦事件を引き起こした。同じ轍を避けて、男子は一人だが数え五歳の英仁親王（後桃園天皇）の践祚は避けられて後桜町天皇が女帝となった。祐宮（睦仁、明治天皇）は数えで七歳、まだ幼い。まして後継者たることを明示する儲君ともなっていない。睦仁では資格も足りない。

候補は、孝明天皇自身が書翰で述べるように、伏見宮貞教親王か有栖川宮幟仁親王・熾仁親王父子であった。「皇統の備え」（宮内庁『皇室制度史料　皇族四』吉川弘文館、一九八六年、四六頁）の存在である世襲親王家の、天皇の猶子として親王位を与えられている皇族である。親王とは元来天皇に血縁的に近い存在が与えられる称号である。「皇統の備え」であるために、四家の当主は養子より法的にはやや弱いと考えられる天皇の猶子となって、天皇から親王位を与えられている（親王宣下）。このとき閑院宮家は当主不在、桂宮家は内親王が当主であった。そこで前記三名の親王が、皇位継承有資格者となる。ところが伏見宮貞教親王は崇光天皇の一五世王、有栖川若宮は霊元天皇の五世王。律令の規定では皇親とされるのは四世まで、五世は王ではあるが皇親ではない。傍系から即位した光格天皇は東山天皇の三世王であった。つまり「皇統の備え」とはいえ、血縁的にかなり遠い。四親王家とはいえ血統の近さは意識されよう。伏見宮でも有栖川宮でもなく閑院宮から光格天皇が皇位についたのは、血縁的に近かったからであろう。

三人は、親王という点では有資格者だが、かなり皇位に遠い存在であった。

廷臣が慌てたのは、幕府に敵対することを明示することを恐れたことが一番であろうが、皇位の継承者の点で難点があることも一因であろう。

孝明天皇の譲位の意思の表明によって、「皇統の備え」が備えでありうるのかという問題が、さらに譲位そのものの問題が、意識されることとなったのではないであろうか。

ところで、難点を抱える世襲親王家の親王であるが、それでも有資格者ではある。孝明天皇も候補に挙げている。

これほどに遠い存在でも親王宣下を受けた親王は、候補者たりうる。宣下親王の存在も、問題であることが認識されたのではないだろうか。一八六二年（文久二）一二月、孝明天皇廃位の調査をしたとの噂のために塙次郎は暗殺された。候補者の存在は大きい。

さらに、一八六三年（文久三）二月青蓮院宮尊融親王が、廷臣のためらいを押し切って幕府の要請で還俗する。出家のために仁孝天皇猶子となって親王宣下を受けていたため、中川宮尊融親王となる。中川宮は幕府の期待どおり公武合体路線を維持する。維新後中川宮（賀陽宮）は親王位を剝奪され広島藩に流罪にされなければならなかった。猶子・宣下親王のはらむ問題は、さらに明らかになった。

明治天皇践祚

一八六六年（慶応二）一二月二五日孝明天皇は病死し、睦仁親王が践祚する。睦仁は一八六〇年（万延元）七月一〇日に儲君となり、九月二八日に親王宣下を受けており、順調な継承であった。

なお孝明天皇の死については、毒殺説がある。毒殺でなかったという論証は困難であるが、天然痘による病死であると考えてよい［原口　一九九〇］。

2　皇室典範の制定

皇室典範への道

一八八九年（明治二二）二月一一日、皇室典範が制定された。皇位継承の法的基礎が固められた。まずは制定まで概観しよう（表および表の番号参照。また史料は小林宏・島善高の編著書で示す［小林・島　一九九六・一九九七］）。

表　皇室典範制定略年表

①	1870年12月	四親王家以外の親王家の二代目以下の臣籍降下を決定	
②	1875年1月18日	宮内省　皇子・皇女誕生に関する諸式制定	
③	1876年3月頃	宮内省「皇親」	A229～242
④	1876年5月30日	皇子女誕生後直ちに親王内親王とする	
⑤	1876年10月	元老院第1次案「日本国憲按」	A243～247
⑥	1878年3月	岩倉具視「奉儀局開設建議」	A292～293
⑦	1878年7月	元老院第2次案「日本国憲按」	A247～258
⑧	1880年7月	元老院第3次案「国憲」	A247～258
⑨	1882年12月18日	内規取調局設置	
⑩	1884年3月17日	制度取調局設置	
⑪	1886年1月頃	制度取調局調査を基とする「皇室制規」	A345～347
⑫	1886年1～2月	井上毅「謹具意見」	A347～354
⑬	1886年2月	「宮内省立案第二稿帝室典則」	A354～355
⑭	1886年6月10日	「宮内省立案第三稿帝室典則」	A361～362
⑮	1886年6月頃	伊藤「宮内省立案第三稿帝室典則」を宮中顧問官に提示	
⑯	1887年1月	柳原前光「皇室法典初稿」	A370～382
⑰	1887年2月	井上毅「皇室典憲ニ付疑題乞裁定件々」	A388～398
⑱	1887年2月	井上毅「皇室典範・同説明案」	A400～410
⑲	1887年3月14日	柳原前光「皇室典範再稿」	A434～442
⑳	1887年3月20日	高輪会議	A447～457
㉑	1887年4月	柳原前光「皇室典範艸案」（柳原三稿）	A457～467
㉒	1888年5～6月	枢密院審議	
㉓	1889年1月	枢密院再審議	
㉔	1889年2月11日	宮中三殿奉告	

［小林・島　1996］の島善高「第一部　明治皇室典範の制定過程」（解説論文）をもとに作成。
［小林・島　1996］100頁掲載をA100と略記。

一八七五年から七六年にかけて、宮内省で皇族についての論議が行われている。明治天皇の子どもが誕生するにつれ、皇位継承が考慮されるようになった。まずは嫡庶、長幼の順を守ることを確認し（②）、皇子女への親王宣下を廃止することとなった（④）。

また一八七五年には元老院に憲法調査の命が下り、七六年、七八年、八〇年と三次にわたる元老院国憲按と呼ばれる憲法草案が作成された。そのなかには皇位継承規程が含まれていた。

こうしたなかで、右大臣岩倉具視（いわくらともみ）は、皇室制度は憲法に先立ち古制を斟酌して制定するという議論を提起する（⑥「奉儀局（ほうぎきょく）開設建議」）。明治十四年の政変でプロシア型憲法の作成が方針となり参議伊藤博文が渡欧すると、岩倉は八二年一二月に内規取調局を設置し、皇室制度の取り調べを開始した（⑨）。しかし伊藤帰国直前に岩倉は死去、取り調べの成果は大きな遺産として残らなかった。

八三年八月に帰国した伊藤は制度取調局を設置し、憲法をはじめ諸制度の取り調べに着手した。皇室制度については、八六年一月までに「皇室制規」（⑪）が作成された。女帝・女系容認、帝位終身という点で、欧州法をよく学んだ案、影響を受けた案といえる。

これに対して井上毅が「謹具意見」（⑫）を提出し、その意見を取り入れて宮内省で「皇室制規」を改めた「帝室典則」（⑬⑭）が作成された。伊藤は、宮中顧問官に意見を問うたがはかばかしい意見がなかったため（⑮）、三条実美を経て帝室法作成への強い意欲をもっていることを知った柳原前光に検討を依頼した。柳原は「皇室法典初稿」（⑯）を作成し、それについて井上毅が意見を提出、両者が意見交換し、調整がつかないものが伊藤の裁断に任された（⑰）。一八八七年（明治二〇）三月、伊藤、柳原、井上が伊藤邸で会合を開き（⑳高輪会議）、最終方針が確定する。それをもとに四月に柳原が「皇室典範艸案」を作成した。

翌年五月枢密院に「皇室典範艸案」（㉑）を改定した「皇室典範」が提出され審議が行われた（㉒）。翌年一月枢密院で再議され（㉓）、二月に制定となった（㉔）。

以上の経緯で作成された皇室典範に、皇位継承の特徴が結実する。次に作成経緯のなかでどのように結実していったか、特徴ごとに述べていこう。

憲法と皇室典範

皇室典範は、憲法とは別の存在として制定され、公にはされたが公布されなかった。これも明治皇室典範の特徴であった。

憲法と皇室に関する法を別に作成するという考えは、岩倉の発想である。元老院の憲法草案は、欧州の制度をさまざまに取り入れたものであった。こうした点に岩倉は危惧を抱いた。一八七六年（明治九）頃に岩倉は、侍講元田永孚に、「宮禁内ノ規則ニシテ憲法ニ関セサル者〔割注部分省略〕ハ固ヨリ皇家ノ私事ナルヲ以テ国政官吏ニ委スヘキニアラス」（「岩倉右大臣ヨリ密事ノ内調書写」、〔小林・島　一九九六：二九一〕）と述べ、皇室の婚姻・子女・皇族について内々の調査を考えていた。そして七八年三月には「奉儀局開設建議」⑥を提出し、次のように主張する。現在立憲の政体を立てようとしているが、「先ツ帝室ノ制規天職ノ部分ヲ定ムヘシ」、「博ク群籍ヲ蒐集シ祖宗ノ旧規ヲ考証シ外国ノ成例ヲ参酌シ」調査起草して裁可を得ようと考える、「君権已ニ鞏ケレハ民権其度ヲ踰ユルコトナク」「立憲為治ノ地ヲ為」す。

明治一〇年頃から岩倉にさまざまに意見を問われていた井上毅は、岩倉の挙げる奉儀局の調査項目が多岐にわたることに反対した。しかし、八一年七月の井上毅の起草による岩倉の「大綱領」では、「帝位継承法ハ祖宗以来ノ遺範アリ別ニ皇室ノ憲則ニ載セラレ帝国ノ憲法ニ記載ハ要セサル事」とあり〔同前：二九九〕、皇位継承は憲法に記さないことについては合意に至っていた。

岩倉は、明治十四年政変後の伊藤の憲法調査中に、内規取調局開設の建議を提出する〔同前：四四〕。そこには、「事務皇室ニ関スルモノハ外国ニ準拠スヘカラサル者アリ」と述べられており、皇位継承以外の皇室に関する事柄も調査対象とされていた。建議は容れられ、八二年一二月内規取調局が設置され岩倉は総裁心得になる。伊藤が帰国して憲法を作成する前に皇室に関する法・制度については準備しようとしていた。

つまり岩倉は、皇室の法は「私事」である、旧規の考証と外国の例とを検討すべきであるが旧規を重視すべきである、参政権を認める前に皇室に関する法を先行して作成し、憲法と別立てとしようとしていた。

伊藤は岩倉の考えとすべて一致していたわけではないが、皇位継承を含む皇室法を別に編纂することは継承する。

なお島善高は、別立てにする点では一致するが、岩倉は皇室法あっての憲法、伊藤は立憲制の一環としての皇室法という相違があると論じている［同前：三八］。

伊藤が岩倉の方針を継承したのは、宮中を非政治化しようとしていたことが一因であろう。坂本一登の研究から、伊藤が天皇の政治的意思は内閣に表明されることをめざし実現させたことが明らかになっている［坂本　一九九一］。天皇・皇室に内閣以外の政治的意思が関与することは避けようとしていた。こうした発想の元には明治一〇年代前半の、侍補が明治天皇の顧問団的存在となって活動した天皇親政運動の影響があろう。宮中府中の別が強調されるようになったのは明治一〇年代からであった。天皇・皇室に関しては政治的意思が介入しがたい状況にしておこうというのは、自然な発想であろう。とくに皇位継承については、さまざまな意思が入り込む可能性がある。

八七年の高輪会議⑳で伊藤は、皇室法には「無窮（むきゅう）」に不動のものがあると述べる（「皇室典範・皇族令草案談話要録」［小林・島　一九九六：四四八］）。制定後は政治的に介入する余地のない法とするという意思表示であった。

宮中に関しては政治的介入が為されないようにする、宮中の制度は伝統を重視している姿勢を示す（「皇室典範義解」となる皇室典範の説明から外国の事例は、八八年の枢密院審議後顧問官の指摘で、できる限り削除された。伊藤宛井上書翰、［同前：一〇二］）、とくに国会の介入を防ぐために皇室法は私事ととらえる（皇室典範家法説）、伊藤はこうした方針を固めた。この方針に従い、皇室典範は、憲法と別の法として編纂されることとなった。

八八年の枢密院会議で皇室典範を公布するかどうかが問題となった。報告員（説明員）の井上毅は、公文式で公布することとなれば「異日必ス之ヲ国会ノ議ニ附セサルヲ得ス」と述べ（「皇室典範草案枢密院会議筆記」［小林・島　一九九七：五三四］）、伊藤は、法律も勅令も「固（もとよ）リ典範ニ関係ヲ有セサルナリ、憲法スラ典範ヲ支配スルコト能（あた）ハス」と答弁し、公布しないこととなった。ただし顧問官の意見を入れ人民に知らせるために公にすると回答している［同前：五三六］。

男子・男系の継承——女帝・女系の否定

歴史上女性天皇（女帝）は存在したのに、なぜ否定されたのであろうか。元老院の第一次案⑤では女帝が、第三次案⑧では女系の継承が認められていた。近世まで女帝は存在した。欧州の調査を詳しく行った元老院には、欧州には女帝・女王の存在とその子の継承が存在することは明瞭であった。

この第三次国憲按に対し、元老院議官から、皇女が結婚した子孫は「異姓」である、「異姓ノ子ニシテ帝位継承スルコトヲ得バ之ヲ万世一系ノ皇統ト云可ラズ」との反対意見が出た（「国憲草按各議官意見書」［小林・島 一九九六：二六四］）。万世一系を支えるのは太陽神の子孫という信仰と、王朝の長さが徳の良質性を示すという儒学的理解によるのであれば、後者の点で王朝の姓が変わることは受け入れられないであろう。女系は、観念体系の点で実現が困難であった。

一八八六年（明治一九）の「皇室制規」⑪では依然として女帝・女系は認められていた。なお笠原英彦は、皇統存続を至上命題とする強い意思を見出している［笠原 二〇一〇］。これに対し、井上毅は、伊藤に「謹具意見」⑫を提出して反対した。参考として「東京横浜毎日新聞」の掲載された嚶鳴社の女帝論争のうち女帝反対論、すなわち、島田三郎の女帝は摂位に類する（天皇位の代行、摂政のような存在である）、配偶者が政治力を行使する問題があるという意見、沼間守一の社会の慣習として男子相続であるという意見を引用する。そして、日本の女帝は摂位である、女系は易姓となると反対した。男帝であろうと配偶者と姻戚が政治的影響力を行使する可能性はあるが。ともあれ宮中の政治化を嫌う伊藤には、説得的であったろう。

次の段階の「宮内省立案第二稿帝室典則」⑬から女帝・女系は消えているので、男子・男系の継承となったのは、以上の意見が勘案されたためであろう。

庶出子の容認と嫡子優先、長子優先そして養子の否定

女帝・女系の否定は皇位継承者の数を減らすことになり、皇統の安定性を欠くことになる。井上は「謹具意見」（⑫）のなかで、女帝・女系を否定しても「皇胤ヲ繁栄」させる方策すなわち継承を安定させる方策があるとし、王の臣籍降下はこれに反するとする。そして欧州で重視される皇位継承の原則的問題として、私生児の除外、男系が絶えたときの女系の問題、君主の不能力の場合の対応を挙げている。「謹具意見」（⑫）では井上は対案を明示していないが、臣籍降下の否定と私生児の容認が対案であろう。

「皇室制規」（⑪）に先立つ制度取調局の諸案では、元老院各案で認められていた庶出子の継承が、否定されていた。井上の言によれば、欧州王室の原則を適用しようとしたのであろう。しかし、「皇室制規」では庶出子の継承が認められ、「宮内省立案第二稿帝室典則」（⑬）では、庶出子は誕生後皇后の養子とする規程も設けられた。一八八六年（明治一九）を境に、つまり井上毅の「謹具意見」（⑫）の頃を境に、庶出子の継承が検討され再び認められるようになる。

庶出、養子の問題は、七五年頃から宮内省で検討されていた。②では、嫡出皇子女は命名と同時に親王宣下、庶出は生後一〇〇日から一年に親王宣下、皇后養子は「上古ヨリノ旧例ヲ案スルニ皇位継承ノ法長幼ノ序ヨリモ嫡庶ノ別ヲ重セラルル国体」であるから嫡出の目途がない場合に皇后養子とする、と定められた［小林・島　一九九六：八］。

そして親王宣下を検討することは、天皇の猶子となって称号を受ける皇族の存在への検討にも波及する。七六年三月頃、宮内省で皇親についての検討会が開かれた（③「皇親」）。側室を制度化する（嬪）、嬪でない場合の庶子を皇后養子とするのは「名義不正ノ御子」を養子にすることであると論ぜられ、世襲親王は「皇親」外の王族である、「血系遠キ諸王ヲ養子トシテ親王」とするのは「弊風」などの議論が出た。この議論の直接的な影響は、七六年五月に、嫡庶の別なく、また宣下もなく、皇子女は誕生後ただちに親王内親王と呼ばれるようになったことである（④）。明治天皇の嫡子が生まれず、庶子の誕生が続いていること、血縁的に遠い親王が存在することから、まずは皇子女と宣

下親王を区別することとしたのであろう。

そもそも「謹具意見」⑿が出された八六年一月頃、生存しているのは庶出の嘉仁（よしひと）親王（大正天皇）のみ。皇子二人と皇女四人は死去していた。庶出子を認めなければ、継承は危うい。

さて「宮内省立案第三稿帝室典則」⒁は宮中顧問官の評議にかけられたが、あまり多くの意見は出なかったらしい。そのなかで、副島種臣と元田永孚が、嫡庶の厳格な継承順の設定を提起している〔同前：六五―六六〕。元田は、庶子が皇后養子となる条項を削除し、嫡子誕生の望みがない場合、庶子が皇太子となりあらかじめ皇后の養子とする、その後嫡子が生まれても継承順は変えない、と立案している。

庶子を認めた場合、継承順に異論のないようにしなければならないことが確認される。元田の考案のように、養子という制度にすると継承順が変わる可能性がある。何らかの意思が入る余地がある。「皇室典範義解」では養子を禁じた第四十二条で異姓だけでなく皇族間の養子を禁じるのは「宗系紊乱（そうけいびんらん）の門を塞（ふさ）ぐなり」と述べている。養子は、皇族全体で認められないこととなった。嫡系が養子を否定しても、傍系で養子を認めれば底が抜けよう。

こうして皇室典範第二条「皇位ハ皇長子ニ伝フ」と長子優先が規定され、第三条で長子系がすべて存在しないときに次子以下、第四条で「皇子孫ノ皇位ヲ継承スルハ嫡出ヲ先ニス」、皇庶子孫の継承は「皇嫡子孫皆在ラサルトキニ限ル」と嫡子優先が規定された。

なお嘉仁親王への対応は、八六～八七年の検討を待ってはいられなかった。八七年八月三一日皇后の実子とされている。

譲位の否定

近世以前は譲位は否定されていなかった。光格天皇も院政を行っている。なぜ否定されたのであろう。

「皇室制規」⑪で突如として帝位は終身という考え方が出てくる。⑪は欧州法に影響された案と考えるので、帝位に空位無しという欧州の観念によるものであろう。外国の事例ということで削除されてしまったが、「皇室典範義解」の草案には、「英国ノ古諺ニ国王不レ死ト謂フ」と引かれている〔小林・島　一九九六：一〇二〕。

それに対し井上毅は、一八八六年（明治一九）「謹具意見」⑫のなかで、譲位と摂政を択一的にとらえ、摂政の欠点を挙げる。摂政は国会の承認が必要であり、皇位に国会の意思が関与することとなる、国会に問わなければ政治力が足りないだろうと述べる。そして陽成天皇の譲位を、病で身を引いた「美事」と評価する。このように皇位継承に国会の意思の介入を防ぐ視点から論じている。しかし摂政に国会の承認は必要条件ではない。

結局、高輪会議⑳で伊藤は別の観点から譲位を否定する。「天皇ノ終身大位ニ当ルハ勿論ナリ」と述べ、譲位は「随意」であり、仏教の悪影響と述べる。「随意」という言葉に、継承の安定性のために、天皇自身の意思の介入も否定していることが示されている。孝明天皇の例が想起されたのではないか。そして終身である以上、摂政制が整えられることになる。

皇族永世主義

幕末から多くの皇族が復飾（還俗）していた。そして新たに宮家を創出することが認められていた。すべて伏見宮系であり、天皇から遠い皇族であった。やはり違和感はあったのであろう。一八六八年（明治元）閏四月一五日、還俗した親王は一代限りとするという趣旨の法令が出される。二世を認めるなど特例が重ねられるが、内規取調局の段階では、四親王家廃止論まで出され、親王から八世に臣籍陛下と定めていた（「皇族内規」〔小林・島　一九九六：三〇四〕）。八四年三月と推定される明治天皇の意見は、四親王家のみ存続であった〔同前：六二〕。

その一方で、皇統継続の不安はある。内規取調所案に井上毅は、皇室繁栄のために皇族永世主義を採用するように提案する〔同前：四六〕。「帝室典則」への宮中顧問官の意見に対して、宮内書記官の三宮義胤（さんのみやよしたね）は皇族永世主義に言及している〔同前：六六〕。前述のように、井上は「謹具意見」⑫で、女帝・女系の対案として、臣籍降下の否定と庶出子の容認を考えていた。皇族永世主義という考えも広がりつつあった。

とはいえ、八七年の「皇室法典初稿」⑯では、臣籍降下の規定があった。高輪会議⑳では、世襲親王家制の廃止・親王宣下の廃止を伊藤が断じている。こうして、四親王家・親王宣下は廃止するが、全皇族の臣籍降下は求めないという結論になった。「皇室典範艸案」㉑においても臣籍降下規程は存続していた。

ところが高輪会議から一年経った八八年四月に完成した皇室典範の枢密院諮詢案では、臣籍降下規程は削除され、すべての皇族に皇族永世主義が適用されていた（「皇室典範草案枢密院会議筆記」〔小林・島　一九九七：五七二―五八〇〕）。この点について、「皇室典範艸案」作成に関与していた柳原前光、枢密院会議では三条実美などが反対する。維新以来の血統的に遠い皇族の増加への違和感が噴出する。具体的には、費用が増大するという論点で批判した。

報告員（政府委員）の井上毅は、五世以下を皇族としないのであれば、継体（けいたい）天皇の継承に差し支えを生じる、臣籍降下は大宝令に存在しない、臣籍降下をした宇多（うだ）天皇の即位という「不祥」の事が発生した、と反論した。議長の伊藤は、臣籍降下を否定しているわけではない、原案取り調べのときは、五世以下降下可能とし疎遠の皇族より適用の予定であったが、「種々穏カナラル所アリテ遂ニ削除」と答弁した〔同前：五七五〕。

臣籍降下規程が突如として削除された理由はわからない。このとき、明治天皇の男子は庶子の嘉仁親王しかいない。有栖川宮家も熾仁親王は子に恵まれず、弟の威仁（たけひと）親王が嗣ぐこととなっている。伊藤が井上らの意見を採用して皇族永世主義とし、皇位継承の安定を図ったのではないだろうか。女帝・女系の代案は、庶出の容認と皇族永世主義であった井上の構想が、伊藤の支持の下実現したことになる。なお浅見雅男は、一代宮家の二世を認めるなど特例を容認してきた明治天皇の意向ではないかと推定する〔浅見　二〇一六〕。

皇太子

最後に皇太子についてふれておきたい。

柳原の「皇室法典初稿」⑯が成立した頃、井上は、皇太子皇太孫の号を詔書によって公布するという点に疑問を呈した⑰。皇子孫不在の場合も立太子を行うか、その場合養子の性質にならないか、という内容である。柳原は皇子皇孫でなければ今後は皇太子皇太孫としない意であると回答（「疑題件々ニ付柳原伯意見」［小林・島　一九九六：三九九］）、この解釈が採用されることになる。皇室典範第十五条では、「儲嗣タル皇子ヲ皇太子トス」となり、義解で「今既に皇位継承の法を定め、明文に掲ぐる所と為すときは、立太子・立太孫の外、支系より入て大統を承くるの皇嗣は立坊の儀文（立太子の儀礼と文書）に依ることを須ゐず」と説明される。第十六条で詔書による皇太子皇太孫の公布を規定するが、義解では「皇嗣の位置は立坊の儀に由り始めて定まるに非ず」と説明する。戦後の皇室典範でも第十五条の内容が第八条として残る。二〇一九年（平成三一）の譲位にあたり皇嗣殿下なる見慣れぬ称号が誕生したゆえんである。

また柳原は継続して席次を皇位継承順にすることを主張しつづける。高輪会議⑳では皇后・皇太后の位次（席次）とも関係したようで、皇族令への記載を含みつつ皇室典範からは削除する結論となった。宣下親王が現存している以上、嘉仁親王の席次が一位となることは自明のことではなかった。天皇猶子・宣下親王の存在は皇位継承に何らかの意思が入る不安定要素を含んでいた。柳原のこうした主張は、妹愛子が嘉仁親王の生母であったためとしばしば指摘されている。

典範奉告の二月一一日、既得の身位を失わせるのは妥当ではない、これまで親王宣下、叙品（皇族の位階、一品から四品まである）を受けた皇族は旧により、その他は皇位継承順とすることとなった（『明治天皇紀』第七、吉川弘文館、一九七二年、同日条）。

皇室典範の成立

一八八八年（明治二一）枢密院諮詢案を見た柳原前光は、五月二四日意見を加えた「欽定皇室典範」とともに伊藤博文に書翰を送った。局外ではあるが、草案作成に関与したこともある、「加之憲法欽定外に於て別機軸を出し、茲に此典範を被レ定、皇位継承を正し、後世の紛議を定め、財政及帝室費の制帝国議会の干渉を不レ容等は、惣て皇家巍然永立之聖謨に付き」、失計ないよう意見を述べる、と記す（『伊藤博文関係文書』八、塙書房、一九八〇年、六七頁）。

前項までに述べたように、この書翰にも見られるように、伊藤たちは、皇室典範を憲法外とし、紛議が発生しないことをめざし、国会の不関与を決めた。皇位継承をはじめ皇室典範事項に別の意思の介入することを避けた。譲位を否定して、天皇の意思の介入さえも避けた。一時の意思の介入を排除して制度の安定性を目標にした。そして皇位継承の安定性も目標とした。この原則の下に策定された皇室典範は、非公布主義（皇室典範家法説）、譲位の不可、女帝・女系の否定、長子優先、嫡庶の別、皇族永世主義を特徴とすることとなった。

3　皇室典範増補

皇室典範増補

伊藤博文は、一八九八年（明治三一）二月九日、天皇に皇室に関する意見書を提出した。この建議がもととなって、一八九九年八月二四日帝室制度調査局が設置され、伊藤博文が総裁となった。一九〇三年七月に副総裁に伊東巳代治が就任して活性化する［西川　一九九八、川田　二〇〇二］。調査の結果、政府と宮内省の関係が検討され、公式令に結実し、皇室典範に追加が行われ、皇室諸制度が整備された。この調査でめざされたものについては、国制の改革、内閣と軍の関係の改革、政府と宮内省との関係の整理、皇室制度整備があるが［瀧井　二〇一〇］、皇位継承の問題を中心に述べよう。

伊藤の建議のなかに皇族待遇の件があり、臣籍降下規程を設けなかったのはやむをえないことによるが、帝位に遠い存在は「非望ノ端モ之ヨリ生セサルコトヲ保シ難シ。且帝室有限ノ財力ヲ以テ之ヲ保護シ、皇室至当ノ地位ヲ永遠ニ持続セシメンコト到底望ムヘカラス」。「其〔皇族〕ノ制限ノ法ヲ定ムルハ今日ノ急務タル所以ナリ」と述べる〔小林・島　一九九六：一五〇〕。不相応な望みをもつかもしれないこと、費用を維持できないことから、皇族の数を限ることすなわち皇族永世主義の見直しを提起している。典範制定の際に三条や柳原たちの反対理由と同じ財政上の問題を挙げて改革をめざしている。当時皇族は九宮家。伏見宮、有栖川宮、閑院宮、幕末還俗の久邇宮（元中川宮・賀陽宮）、山階宮（元勧修寺宮）、王政復古後の小松宮（元仁和寺宮・東伏見宮）、華頂宮（元知恩院宮）、梨本宮（元梶井宮）、北白川宮（元照高院宮・聖護院宮、元輪王寺宮）、一戸創設前の賀陽宮を入れれば一〇宮家となる〔宮内庁　一九八六：九〇〕。泉下の三条と柳原は溜飲を下げたであろうか。

こうして五世以下の皇族の降下規程が、一九〇七年二月一一日に皇室典範増補として公布された。一九〇四年一〇月一二日の帝室制度調査局総裁奏議で伊藤博文は、皇室典範は帝国憲法と並び「不刊ニ垂ル」（何時までも伝わり続く、の意か）、しかし時の流れにより、「皇室ノ宝典モ亦聊カ其ノ未タ備ハラサルモノヲ増補」する必要がある、皇胤の繁栄と財政の関係、皇族の法律上地位について検討し、皇室典範増補を上奏する〔小林・島　一九九七：八二四〕、と述べる。「不刊」の典であり、改正でなく「増補」となった。公布後の二月二六日には、北白川宮能久親王の四男輝久王が、小松宮彰仁親王の死去にともない祭祀を継承して臣籍降下することが内定した。のち小松輝久となる。増補の適用であり、皇族の養子が認められていない結果であった。

ところで、皇室典範増補公布前の二月一日、公式令が公布されている。その目的の一つに、皇室法が国民を拘束することもあるという考えから、皇室典範家法説を放棄し、皇室典範を憲法と並ぶ国家の根本法とすることがあった。

そこで、皇室典範と新たに設けられた皇室令は国民が知るように公式令によって公布されることとなり、皇室典範の非公布主義は改められている。

なお、一九一八年（大正七）一一月二八日には、皇族の婚家先として王公族（朝鮮の元皇帝一族）を加える増補がなされている。

4　大正天皇の即位

大正天皇践祚

一九一二年（明治四五）七月二九日、明治天皇が崩御する。直系の男子は一八八九年一一月三日立太子礼を済ませていた嘉仁親王だけであり、順調に継承された。ただし空位無しとの観念から、明治天皇の法律上の死は、三〇日と発表される。なお法制・儀礼については、大喪に関しては公布されておらず、即位については帝室制度調査局立案の登極令（とうきょくれい）が一九〇九年に公布されており、それに従って行われていた。

大正天皇と正妻九条節子（さだこ）（貞明皇后）の間には践祚までに三人の男子が、その後一人の男子が生まれ、継承への不安は薄れた。

摂政設置

大正天皇の体調は一九年に入ると悪化した。原敬首相は二月一五日に葉山で大正天皇に面会、石原健三宮内次官から「御脳ノ方ニ何カ御病気アルニ非ラスヤ」という侍医の判断を聞いている（『影印　原敬日記』第十四巻、北泉社、一九九八年、同日条）。譲位の制は採用されておらず、天皇不予の場合は摂政の設置となる。

摂政は、天皇に替わって国務を行う以上、天皇に等しい存在に近づけなければならない。藤原氏が摂政についた長い伝統は採用できない。また皇后は皇族出身でない可能性があり、女子であるために、摂政の地位にふさわしいかどうか問題がある。このような視点で皇室典範は整えられた。「皇室制規」⑪では「皇統最近ノ皇族」であったが、柳原の「皇室法典初稿」⑯では「成年以上最近ノ皇族男子」、皇后、皇太后……の順となる。柳原は「成年」を一時はずしたようで、「藤原氏人臣ヲ以テ摂政タリシ覆轍(ふくてつ)ノ踏ムコトヲ恐ル」、それゆえに範囲を広めるために成年を設けなかったと、井上に説明している（「疑題件々ニ付柳原伯意見」［小林・島　一九九六：三九九］）。

皇室典範は次のように定める。摂政は、天皇未成年の場合と長い病のための親政不能の場合に置かれ（十九条）、成年の皇太子または皇太孫が就任し（二十条）、皇太子・皇太孫不在の場合または未成年の場合は、第一親王及び王、第二皇后、第三皇太后……がなる（二十一条）、皇族男子の摂政就任順は皇位継承順（二十二条）。

一九年四月二九日、立太子礼を済ませていた裕仁(ひろひと)親王は満一八歳の成年となった（天皇皇太子皇太孫の成年は一八歳、他の皇族は二〇歳）。裕仁親王の成年がもう少し遅ければ、天皇の宮務・政務を支えていた貞明皇后は摂政になれない。最も皇統に近い親王は、有栖川宮威仁親王が一九一三年に死んでおり、幕末の箇所でふれた伏見宮貞教親王の弟の伏見宮貞愛(さだなる)親王である。皇統としては遠い。海軍の元帥であり、山県有朋との関係から政治的な不安定さが発生したかもしれない。

また摂政を置くにしても、皇族会議と枢密院会議の議を経なければならなかった。一方学習と経験のために、元老や原首相は皇太子を二一年三月から九月まで外遊させることとしていた。帰国までは、大正天皇の病は重くなく、帰国後は摂政が置かれるにふさわしい病とならなければならなかった。言語障害や歩行障害が見えていたが、宮内省の発表は、二〇年三月、二〇年七月、二一年四月と、疲労のため病状は進んでいるが静養するという発表であった。なお二〇年四月には枢密顧問官には診断書が示されている。二一年一〇月四日、歩行障害、態度の弛緩、発語障害があり注意力・記憶力が減退し快方には向かっていない、幼少時脳膜炎様の病に罹患したと、発表する。一一月二五日皇族会議と枢密院会議が開かれ、裕仁親王は摂政となった。同日の宮内省は、生まれつき体が弱く、脳膜炎様の疾患にかかり、大病を経て心身の発達に遅れがちであり、践祚以来政務多端のため、記憶・判断・思考の「諸脳力漸次御衰へさせられ」との発表を行った。他に選択肢のない摂政就任であることを国民に示した［永井　二〇〇三、古川　二〇〇七］（病状説明は［古川　二〇〇七：二〇一］より重引）。

大正天皇は、摂政設置まで健全な存在でなければならなかった。直前に、大病とならなければならなかった。摂政設置後は、病の重篤さと存在の軽さを示していかなければならない。四竈孝輔（しかまこうすけ）元侍従武官の嘆きと、押し込め論［原　二〇〇〇］が発生する。

おわりに

伊藤博文ら皇室典範の起草者たちは、皇位継承にあたり、継承順改変の意思が入り込まないように、継承資格者が豊富であるように制度化し、安定して静謐な継承が行われることを望んだ。こうして、譲位の不可を含む近代の皇位継承の特徴が形成された。とはいえ、継承がイレギュラーがつきものの肉体の終焉を前提としている以上、想定外のことは起こりうる。

敗戦後、幾度となく昭和天皇の退位論が登場した。譲位は随意と退けた伊藤の営為と、それに拘束された裕仁親王の皇太子就任前後を考えれば、いとも軽々と出現した退位論である。国体の護持、皇統の維持の前には、譲位不可論は重みを減じたのであろう。退位を選択せず、高齢にもなっても神事を続けた昭和天皇の身体表現は、今上天皇の譲位の意思の実現に幾ばくかの貢献をしたのではないだろうか。

文献一覧

浅見雅男『皇族と天皇』ちくま新書、二〇一六年
伊藤博文『憲法義解』岩波文庫、一九四〇年
稲田正次『明治憲法成立史』上・下、有斐閣、一九六〇・一九六二年
小田部雄次『近現代の皇室と皇族』敬文舎、二〇一三年
笠原英彦「皇室典範制定過程の再検討――皇位継承制度を中心に」『法学研究』八三巻一二号、二〇一〇年
川田敬一『近代日本の国家形成と皇室財産』原書房、二〇〇一年
宮内庁『皇室制度史料　皇族四』吉川弘文館、一九八六年
小林宏・島善高編『日本立法資料全集16・17　明治皇室典範』上・下　信山社、一九九六・一九九七年
坂本一登『伊藤博文と明治国家形成――「宮中」の制度化と立憲制の導入』吉川弘文館、一九九一年（のち講談社学術文庫、二〇一二年）
瀧井一博『伊藤博文――知の政治家』中公新書、二〇一〇年
永井　和『青年君主昭和天皇と元老西園寺』京都大学学術出版会、二〇〇三年
西川　誠「大正後期皇室制度整備と宮内省」近代日本研究会『年報近代日本研究　二〇　宮中・皇室と政治』山川出版社、一九九八年
原　武史『大正天皇』朝日新聞社、二〇〇〇年（のち朝日文庫、二〇一五年）
原口　清「孝明天皇は毒殺されたのか」藤原彰ほか編『日本近代史の虚像と実像Ⅰ　開国～日露戦争』大月書店、一九九〇年
古川隆久『大正天皇』吉川弘文館、二〇〇七年

▼もっと知りたい人のための参考文献

加藤・河西論文を参照。手にしやすいもの一点を付け加える。

島　善高『近代皇室制度の形成――明治皇室典範のできるまで』成文堂、一九九四年

小林宏・島善高編『日本立法資料全集16　明治皇室典範』上、所収の解説論文の元となった論考。

近代の三人目の天皇として——昭和天皇の場合

加藤　陽子

はじめに

憲法と典範の意味

一八八九年（明治二二）に大日本帝国憲法（以下、憲法と略）と皇室典範（以下、典範と略）が制定されたことで何か良いことはあったのかと、仮に、制定者たる伊藤博文や井上毅に尋ねることができたとすれば、皇位の継承順序が法定されたのがその一つ、と彼らは答えるのではないだろうか。

同年二月一一日に公布された憲法第二条は「皇位は皇室典範の定むる所に依り皇男子孫之を継承す」とし、また同年に制定されたが公布はされなかった典範第一章に皇位継承の章を置き、その第一条として「大日本国皇位は祖宗の皇統にして男系の男子之を継承す」と規定していたこと、続く第二条～第八条でより詳細に皇位継承順序を規定したことで、継承をめぐり史上繰り返されてきた紛議の可能性はこれでなくなったと考えられた。帝国学士院の編纂で、そのうち典範関係を美濃部達吉が書いた［日本学士院　一九六二：五一〇］『帝室制度史』も典範への評価を、「成文の条規を以て、皇位継承の順位を一定し、皇嗣は冊立（さくりつ）に依らず、法定の順位に従い、〔中略〕以て将来長く継承の疑義を絶ち、再び紛争を生ずるの余地」がなくなったとの評価を下していた［日本学士院　一九三九：一三二］。冊立とは「さくりゅう」とも読み、天皇の命令、勅命によって皇太子が立てられることをいう。他章でも言及されたと思われるが、前近代では勅命・遺詔・院旨など、天皇や院の意志により、あるいは権力を握った摂関家などの推戴によって、随時、皇太子の冊立が可能だった［同前：一二六］ため、継承をめぐる対立は絶えなかった。

天皇をとりまく政治と社会

典範制定によって、迪宮裕仁（みちのみやひろひと）は、誕生時点で皇孫として、また明治天皇崩御時には皇太子としての地位が安定的に確保された初めての天皇となった。だが裕仁親王が成長を遂げた大正期にあっては、皇統をめぐる対立はもちろん起こりようはなかったが、天皇と宮中をめぐる政治や社会は決して平穏なものではなかった。一九二一年（大正一〇）一一月二五日、皇太子は摂政となるが、その前の約半年間、欧州外遊へと出ていた。出発は同年三月三日のことだったが、この時期はといえば、その直前の一月にコミンテルン執行委員会極東書記局がイルクーツクに誕生し、同年五月に朝鮮共産党が、同年七月に中国共産党が上海に誕生した時期に重なる。少なくとも三つの王政（ロシア、ドイツ、オーストリア）が崩壊した第一次世界大戦後の世界的潮流は、この時期、極東まで届いていたことになる。幼少期に患った病のため、発話や体勢維持に異常を来していた父大正天皇を日本に残し、皇太子は欧州へと旅立った。いや、旅立つ必要があった。このような事態のもっていた特殊性にまずは注目したい［坂本　一九九八］。

いっぽう国内においても、外遊がなされる直前の二一年二月一一日の建国記念日を期し、外遊反対の集会が明治神宮において右翼や国家主義団体によって計画されていた［今井・高橋　一九六三：四七二］。第二節で述べるが、外遊と皇太子の婚約履行問題（宮中某重大事件）の二つを結びつけて争点化し、一般国民の関心を喚起することに成功した右翼、国家主義者らの政治勢力がこの時期に登場してくる。彼らが攻撃を加えた相手は、元老（山県有朋、松方正義、西園寺公望）、宮中側近（中村雄次郎宮内大臣）、首相の原敬らであり、これまで天皇と宮中を支えてきた政治主体にほかならなかった。

天皇の職務とは

本章では、生まれながら天皇になることが確定していた裕仁親王が摂政に就任するまでの「天皇の創られ方」について、その身体と継承に焦点を当てて論ずる。異例に感じられるかもしれないが、一九二八年（昭和三）一一月一〇日の即位式を画期として昭和天皇の継承の問題をみることはせず、摂政就任の前後に焦点を当てて論じたい。摂政となった裕仁皇太子を支える宮中（牧野伸顕宮相、珍田捨巳東宮大夫）、元老（西園寺）、皇位の正統性を憲法・典範・皇室令を参照しつつ正当化する役割を担う法務官（倉富勇三郎、平沼騏一郎）が、摂政就任の時点で顔を揃えるからである。その際、中世史を専門とする新田一郎が述べた、天皇の地位や役割を、その時代時代の「「権威」構造の上で規定」されたものとしてとらえる視角に留意したい〔新田　二〇〇六：一五三〕。むろん、中世史において有効な視角を近代史に適用するには、近代の天皇がなすべきだと考えられた職務が何かをおさえておく必要があろう。

天皇の職務とは、永井和によれば、①国政、軍事、宮中の三領域にわたる祭祀と儀礼の主宰、②国務、軍務、宮務の案件の裁決、とまとめられる。とくに、裁決の前提となる「万機親裁」と呼ばれる職務は、「国務、宮務、軍務の諸事項について天皇が裁可を下し、国家意思を最終的に確定」させることを意味していた〔永井　二〇〇二：二〇〇三：一〇〕。万機親裁を、天皇の身体と動作に着眼して説明すれば、(a)内閣、宮内省、軍部からの奏請書類を決裁し、親署が必要な公文書に署名すること、(b)内閣、宮中、軍部の輔弼者（それぞれ、国務大臣、内大臣・宮内大臣、陸海軍両総長と両軍部大臣）からの奏上を聞き、可否の意を示すこと、となろう。

天皇の国務に関する輔弼責任は国務大臣が基本的に負うが、国務大臣が負わない例外的な責務もあった。美濃部の分類によれば、(i)政府と分離されている宮中（宮中府中の別）に対する責務、(ii)政府と分離されている軍・軍隊（国務と統帥の別）に対する責務、(iii)天皇の祭祀に関する責務などであった〔美濃部　一九二七：五一〇―五一二〕。そうであれば、憲法が制定されて立憲君主制が導入されて以降、近代の天皇が置かれた政治的基盤を考える際、国務大臣の責任が及ばない領域、その領域と天皇との間で結ばれる関係性に、天皇の治世の安定性の成否が、ひとえにかかってくると考えられるのではないか。

例外領域

換言すれば、前掲の(i)の宮中と天皇、(ii)の軍・軍隊と天皇の関係性をみることで、憲法制定以降の近代の天皇制の存在基盤の実態がわかるのではないか。(i)については、美濃部の国家法人説が、立憲制のなかに天皇を安定的に位置づけるという点で果たした役割、また皇族の臣籍降下をめぐる紛糾が宮中に与えた衝撃などが論点となろう。(ii)については、大島明子が明らかにしたように、明治初年の士族叛乱期の危機を、明治天皇の軍事的な権威を人為的に早急に高め、徴兵制を確立することで凌いだ明治政府〔大島　二〇〇一・二〇〇八〕、またその記憶を継承した大正・昭和の政府にあって、天皇と軍・軍隊が築いた関係性が問題となってくる。西郷隆盛の文武に関する権威との戦いだった一八七七年（明治一〇）の西南戦争を制した政府が、その翌年八月二三日深夜に勃発した竹橋事件（近衛砲兵大隊兵士が大隊長・士官を殺害に及んだ事件）に震撼し〔岡　一九九三、山県陸軍卿によって「軍人訓誡」が一〇月一二日に出され、天皇の「御容貌の瑣事たりとも」批評するのは不可とされたこと〔牧原　二〇〇六：四〕など想起したい。

(i)の宮中、(ii)の軍・軍隊については、一九〇七年（明治四〇）二月、西園寺公望内閣が策定した公式令（国家の発する詔書、勅書、法律、勅令等の諸文書の様式と副署者を定めた法。副署という方式から、内閣総理大臣の権限を明確化した）の制定〔国分　二〇一五〕にともない、国務の例外領域であった宮中に関する文書発給形式が皇室令により[3]、また、軍・軍隊の統帥に関する文書発給形式が軍令によって規定されるようになった[4]。内閣、憲法、議会、政党など、立憲制を支える諸制度の整備が進むなか、本章が対象とする大正・昭和期は、宮中と軍・軍隊という二つの例外領域が、拡大していく時期に相当する［加藤 二〇一八：二〇二］。

三人目の天皇

ここで、皇太子が外遊した時点の原首相が、山県元老に語ったエピソードを引用しておきたい。以下は、一九二〇年（大正九）一二月一一日のこと、いわゆる宮中某重大事件の責任をとり、枢密院議長の職を辞したいと述べる山県を引き留めるため原が話をする場面である。原はいう。「摂政と云うが如き事は皇室に取りても国家に取りても重大事件なり。殊に王家にても臣民にても三代目は大切の事にて、徳川も家光に因り基礎立ち、独逸は失敗せしと云うも三代目帝に依って隆盛を極めたり、故に大切の上にも大切」［原 一九六五：三三二―三三三］だと。皇太子の摂政就任は国家の大事であり、まして三代目が肝心なので、それを見届けるまで枢府議長を辞してはならないと諌めたものである。しかし歴史は、この会見から一年も経たない二一年一一月四日に原がまず暗殺者の手によって東京駅頭に倒され、山県もまた翌年二月一日に死去したことを教える。

先行研究

二〇一一年（平成二三）四月の公文書管理法の施行により、宮内公文書館が同法の適用を受ける文書館となったことは、近代の天皇研究を飛躍的に増進させ、歴史研究者にとっては何よりの福音となった。所蔵史料の目録がネット上でも公開されるようになり、宮内庁編修の『昭和天皇実録』（以下、『実録』と略）も一四年から公開をみた。

このように、近年急速に研究環境の整備が進むも、じつのところ本章の扱う時期の昭和天皇については、それ以前から多くの優れた研究が書かれていた。その理由は、宮内大臣・内大臣を歴任した牧野、内大臣秘書官長・内大臣を務めた木戸幸一、侍従次長河井弥八、帝室会計審査局長官倉富など、宮中で枢要な地位にあった側近の日記、また原首相の遺した日記・関係文書等が早くから用いられていたからだ。まずは伊藤之雄が、皇太子が摂政から天皇へと成長する過程を天皇の権力基盤の実態をおさえつつ、またイギリス君主制との比較の観点から描き［伊藤　一九九六・一九九八・二〇〇二・二〇〇五］、また永井和は、前述の牧野日記、倉富日記、原日記をつきあわせ、皇太子が摂政、天皇となる過程を制度史的な分析視角を明解にしつつ描いた［永井　二〇〇三］。永井には、天皇と宮中との関係を皇族会議(5)における紛糾から明らかにした先駆的な論考もある［永井　二〇一二］。

本章の目的

先行研究をふまえ、本章では天皇（摂政）の身体と継承に重点を置き、次の二点を論じたい。第一に、近代の三人目の天皇を支える理論と憲法について、美濃部の議論を中心にみる。美濃部は国家法人理論と君主制原理の矛盾を、歴史を援用することで乗り切ろうとした。第二に、天皇を支えるべき政治主体としての皇族と天皇（摂政）の関係を考察する。これは、先に述べた、例外領域である宮中と皇室を描くことでもある。本来は第三として、例外領域としての軍・軍隊と昭和天皇との緊張関係(6)を描かなければならないが、第三点についてはすでに論じたことがある［加藤　二〇一八］ので、本章では、上記二つの問題関心を中心に論じたい。

1　象徴、憲法、歴史

二つの象徴

歴史の面白さの一つは、現代社会で起きた出来事が、まったく予想もつかない方向から、突然、過去の歴史を引き出す瞬間に立ち会えるところにある。天皇の地位について私たちは、一九四六年（昭和二一）一一月三日公布の日本国憲法第一条「天皇は、日本国の象徴であり日本国民統合の象徴であつて、この地位は、主権の存する日本国民の総意に基く」との規定から、天皇が象徴であること、また、四七年五月三日施行の皇室典範第四条「天皇が崩じたときは、皇嗣が、直ちに即位する」との規定から、天皇の崩御によってのみ皇位の継承がなされるとばかり考えていた。

だが、二〇一六年（平成二八）八月八日、現天皇自身が譲位を欲する意思を国民に説明したことで、高齢となっても国事行為や公務を続けなければならない天皇の身体の苛酷さ、またそれが憲法の根本原理である個人の尊厳に照らして問題となりうる点に初めて思い至った。高齢による身体の衰えが万人に共通する普遍的現象だということにも気づいていった。いっぽう、内閣の設置した「天皇の公務の負担軽減等に関する有識者会議」の席上、退位反対の立場をとる平川祐弘は、同年一一月七日、天皇の位置づけを「そこにましまして祈ってくださることに最も大切な意味」があるとし、「象徴天皇の能動性」という考え方は「さかしら」だと断じた。また、同年一一月一四日には渡部昇一が、天皇は「お休みになって宮中の中でお祈りくださるだけで十分」と述べて世の中の大勢に衝撃を与えた[7]。

天皇とは、ただ祈っていさえすればよい「象徴」なのか、それとも、ときに災害や疾病に苦しむ全国津々浦々の人々に寄り添うための公務に邁進する「象徴」なのか。二〇一六年という年は、この相対立する二つの「象徴」像が、生身の天皇の高齢化という問題を前に、赤裸々にその姿を現した瞬間だった。

ただ、二つの拮抗する象徴像が現れたのは今回が初めてではない。すでに一九四六年、敗戦後に新たに法律として制定される皇室法としての典範審議の時点で登場していた。静かな、活動的ではない象徴像をまずは準備したのは、新典範の起草にあたった内閣法制局だった。極東国際軍事裁判が四六年五月から開かれていた当時の日本の政治空間のなかで、天皇の戦争責任論を惹起しかねない、退位の道を可能とする法文が入っては困る内閣法制局は、「生前の退位を認めない理由如何」との質問を予測し［芦部・高見　一九九〇：一九五］、想定問答を四六年一一月頃作成していた。

そこからは、明治憲法下の天皇は統治権の総攬者だったが、戦後の天皇は象徴となったのだから、「退位の必要性を減ずる」、象徴となった天皇の役割は戦前期に比べて軽くなったとの認識が読みとれる。

象徴は「楽」なのか

実際、四六年一二月一六日の貴族院の新典範審議過程で東大総長南原繁（なんばらしげる）は、退位規定を入れなかった理由を政府に尋ねていた。南原いわく、天皇は戦前期のような「神秘的な超人的な観念」ではなくなり、国民の象徴となったのだから、「国民の象徴たるに相応しく、何よりも一個の人として精神及び身体の健全性乃至正常性」が最重要なので、退位が必要となる事態も予想されるのではないかと質した〔同前：四〇六〕。これに対し、憲法改正担当国務大臣・金森徳治郎（かなもりとくじろう）は、天皇の地位は新憲法で国民の総意にもとづくとされた、そして、日本の国民が天皇の退位を希望するような事態は予想できない、よって退位規定は不要と答えている〔同前：四一二〕。金森は、四六年八月の時点ですでに、日本国憲法審議過程の貴族院において、京大名誉教授・佐々木惣一から、憲法第一条中の「象徴」の意味を問われた際、「静かなる法律上の地位、即ち活動力を眼目とせざる所の法律上の地位」と答えていた〔河西　二〇一八：一二〕。政府側は、静かな活動的ではない象徴像、戦前に比べて職務が楽な象徴像を抱いていたとわかる。

ここで、南原が述べた、「神秘的な超人的な」天皇像と、「精神及び身体の健全性乃至正常性」が最重要とされる天皇像、との対比に注目したい。この時期、同様な観点から政府案を批判していたのは、昭和天皇の末弟・三笠宮崇仁（みかさのみやたかひと）親王だった。自らも戦前期、国民の視線の前にさらされる立場であった人ならではの明察である。四六年一一月三日付の枢密院宛意見書で三笠宮は、「天皇は性格、能力、健康、趣味、嗜好、習癖ありとあらゆるものを国民の前にさらけ出して批判の対象にならねばならぬから、実際問題とすれば今まで以上に能力と健康を必要とする」(8)と述べていた。静かな活動的ではない天皇像か、国民の前に全身をさらし、これまで以上の能力も健康も求められる天皇像なのか。

再現前としての象徴

南原や三笠宮が提起した、国民の注視の前に全身をさらすという意味での象徴像は、和仁陽がカール・シュミットの repräsentation から説いた概念「再現前」の定義に近い［和仁　一九九〇：一七一］。再現前とは、公共・公衆を前に、公人が何らかのイデアー＝理想像として役柄を演ずること、理念的なものが可視化されること、とまとめられよう。

このような天皇像は、じつのところ戦後に登場したのではなく、憲法体制が確立された時点［坂本　一九九一］からあったのではないか、むしろ、この点が憲法体制の核心的部分だったのではないかとの論争的な視角を述べたのは瀧井一博だった［瀧井　二〇一三］。宗教としてのキリスト教、王権の正統化を保証する役割の一端を担う教会、これらを欠いた近代日本において、換言すれば、神なき国での西欧近代化［三谷　二〇一六：一五一］を図らねばならなかった近代日本にあっては、「人心帰一の機軸[9]」として、天皇と皇室を創造しなければならない。瀧井は、「明治憲法下の天皇制構築の背景には、カント［ー］ロヴィッチ的な「二つの身体」とシュミット的な「再現前」があったと言える。伊藤はこの二つの示唆を受けながら、象徴＝シンボルとしての天皇を概念化したのではないか」と考えた［瀧井　二〇一三：二四二］。

王の二つの身体

再現前に加えて瀧井が指摘していたもう一点、カントーロヴィチの「王の二つの身体」［カントーロヴィチ　二〇〇三］を説明しておこう。カントーロヴィチは、一六～一七世紀においてイギリス王権を正統化する論理として、次の法的擬制が生まれていたことを描いた。すなわち、王は自らの内に二つの身体を持っていると。一つは自然的身体（通常の肉体、過ちを犯し、衰え、可死的である）であり、いま一つを政治的身体（目で見たり手で触れたりできない抽象的身体であり、王を頭として、臣民を四肢とするような政治組織や統治組織からなり、罪を犯さず、永続性がある）とする。抽象的な身体でありながら、頭、四肢、統治組織を持つといった、王の政治的身体の概念は、中世キリスト教神学から発想されたものだった〔同前　上：三二―三六〕。頭部をイエス・キリストとし、四肢を教会になぞらえるアナロジーは、神学教義を知る者にはよく理解できただろう。

国家法人理論

だが、意外なことに、日本においても、人間の身体に擬して、国家の政治機能を説明する方法はよく見られた。それは、憲法制定前の時期、留学から帰国した直後、制定されるはずの憲法構想を、明治天皇と皇后に進講した藤波言忠宮内省侍従のノートに、「一国の政体は毫も人体と異なる所なし」〔堀口　二〇〇七：一三七〕との、伊藤博文以下が学んだローレンツ・フォン・シュタイン直伝の講義の言葉が遺されていたことからもわかる。

シュタインがこのような内容を藤波に教えたのは、一九世紀後半にドイツで確立した近代公法学・憲法学の理論的枠組みであった国家法人理論〔長谷部　二〇一六：八〕をふまえていたからだと考えられる。長谷部恭男によれば、公法学は学問として先に確立していた私法学の法概念を導入することで学問として自立したが、そのときに採り入れた中核的な法律概念が、法人概念、とくに社団法人の概念だったという〔長谷部　二〇一七：二三〕。国家というのは、国民から構成される法人（社団法人）であって、それを出発点として、国家のあり方を法学的に筋の通ったかたちで説明するのが公法学である〔同前：二四〕と。

国家法人理論を日本で最も早く体系的に紹介したのは美濃部だったが、一九一一年（明治四四）夏、中等教員夏期講習会の席で連続講義を行っていた。その講義録が『憲法講話』にほかならない。美濃部はわかりやすい言葉で、「法律上から見て、国家は一の法人であると申します。法人とは法律上の人ということで、即ち法律上人と同一視」されると述べて、法理上の見地からは、団体としての国家を、あたかも「一個の人」のようにみなすと解説している〔小

路田　二〇〇三：一六〕。ここにいう団体とは、共同の目的をもって結合する多数人の集まりであって、必ず一定の目的をもち、その目的を達するための活動力と意思力をもち、その活動を行う機関を持っている、と美濃部はたたみかける〔同前：二一七〕。

これらの諸点を考えると、神なき国で天皇と皇室を「機軸」として、西欧近代化を促成で行った明治国家の作業は、これまで考えられてきた以上に複雑な作業だったとわかる。伊藤博文の有名な「帰一」発言についても、キリスト教を信奉する宗教心を適宜用いて国民を一つにまとめあげることの能否という意味以外に、より深いもう一つの意味を読みとるべきなのではないか。イエス・キリストと教会のアナロジーで王と国家を類推し、その地位を正統化し、その地位を身体として想像可能とする西欧近世までの学問的蓄積が、日本にはない、という点である。一九世紀後半のドイツでようやく確立した国家法人説を導入することで、天皇と国家の関係を人体に喩えて説明する途が開けたといえよう。

援用される歴史

それでは、神なき近代日本で、人心帰一の機軸たる天皇と皇室をどう位置づけてゆくのか。キリスト教に代わって何が援用されたのだろうか。それは「歴史」であった。明治の日本に憲法と利益線、文武双方の概念を教えたシュタイン〔加藤　二〇〇二〕は、後に伊藤博文のもとで、首相秘書官として憲法起草にあたった金子堅太郎に対し、「歴史はその国の成立、また国民の始祖等を知るためにはもっとも有益にして不可欠の学科なり」「日本の歴史を知らずして、何んぞ皇室の独立と尊厳を保つことを得んや」〔金子　二〇〇一：四八〕と語り、元老院議官海江田信義への講義においては、「日本の天皇は民造物にあらず、天然の天皇なるに依り、国を治るに甚だ安し」〔瀧井　二〇〇五：一五二〕と述べていた。

天皇をめぐる歴史物語は、それぞれの時代ごとに綿密に手入れを施され、創造されつづけた。大正天皇の病状が悪化し、議会開院式の勅語朗読が不可能だとわかった一九一九年（大正八）、歴史を援用しようとする動きが活発化する。この年は、裕仁皇太子が一八歳の成年を迎えた年でもあった。同年四月下旬から、当時の波多野敬直宮相と帝国学士会委員・岡野敬次郎が協議し、宮内省からの下賜金一万円を元手に、「国家の根本ともなるべき我皇室の制度を調査する」ことが決定された［日本学士院　一九六二：五〇八―五一四］。翌二〇年から始まる皇室制度についての歴史編纂については、典範関係を美濃部が、歴史関係を三上参次が担当となって進められた。この年はまた、『明治天皇紀』が天皇一代の事績をまとめた『実録』ではなく、金子堅太郎の働きかけにより、「国家」の歴史として編修されることとなった年でもあった［岩壁　二〇〇四］。

歴史と法律の別

美濃部の責任で監修された『帝室制度史』の国体総説、天皇と臣民の項[10]をみておこう。ちなみに、この巻の初版は一九三七年（昭和一二）だった。ここで美濃部は、「天皇は民を愛重したまうが故に、国を治めたまうにも亦民意を重んじたまうこと、我が上古以来の国体なり」と書き、『日本書紀』神代巻を引きつつ、「上古に於いて、既に衆議に詢いて、事を決するの風行われたるを推測せしむるに足る」［日本学士院　一九三七：三二三］と書く。君民協治を歴史的事項として描いていたのだ。美濃部自身、すでに一九一一年段階で、同様のことを講じていた。統治権は国家の権利であって、君主の権利でもなく国民の権利でもないことを論じ、君主が自らの利益のため、統治権を行使するというのは、「実に我が古来の歴史に反し、我が現在の政体に反する」とまで述べ、古来の歴史においては、天皇は「常に国民の幸福を以て自己の幸福となし給うたことは、歴史上の顕著なる事実であって、民の富めるは即ち朕の富めるなりというような優渥なる聖詔の有ったことも、決して一度では無い」（傍線は引用者、以下同じ）［小路田　二〇〇三：

六七］とまで断定的に述べた箇所に通ずる。

また美濃部は、『憲法講話』をより発展させた著作『逐条憲法精義』（初版は一九二七年）中の憲法の上諭部分を解説した箇所でこうも述べていた。万世一系の帝位とは、民意にもとづいたものでもなく、超人的な神意にもとづいたものでもない、ひとえに、「皇祖皇宗から伝わった歴史的成果」であって、上諭に「朕が親愛する所の臣民は、即ち朕が祖宗の恵撫慈養したまいし所の臣民なるを念い」とあるのは、上古以来の国体にもとづくものであって、「君民一致の国体」が生まれたゆえんだと論じていた［美濃部　一九二七：五四］。

すべて、歴史

賢明な読者はもうお気づきだと思うが、先の傍線部分、「歴史上の顕著なる事実」などと美濃部が論じ、史料批判を当然必要とする『日本書紀』を躊躇することなく引証に及んだ理由は、日本の国体が「万邦無比」であり、天皇は「万世一系」だというのは国民の信ずる歴史的神話であって、法律論ではない［長谷部　二〇一七：三七］との前提理解が美濃部にあったからだろう。国家を団体とし、統治権は国家に属するものとし、天皇をその最高機関だとする美濃部の主張に対し、批判を加えていた者たちの議論への、一つの適切な反論の方策が「歴史」であった。

美濃部自身もこの点について正直に述べていた。国体という語は、「法律的観念ではない」［美濃部　一九二七：七三］と。「国初以来、日本が万世一系の皇統を上に戴き、君民一致、嘗て動揺したこと」がない状態、これが国体観念の中核をなすが、これらは「国の歴史及び歴史的成果としての国家の倫理的特質」であり法律的観念ではない。そうではなく、歴史的観念であり、倫理的観念でもあると述べていた［同前：七三］。

美濃部は、天皇が政治責任を負わなくても済む体制、どのような天皇が出現しても、国家の目的を達しうる天皇制［国分　二〇一〇］を、長い意味での安泰なものとして考えていたのだろう。もし、君主に統治権を持たせ、君主がその自らの利益のために統治権を行使すれば、「君主の無責任ということは実際に望むべからざる所であって、皇室の尊厳を傷くる」結果が避けられなくなると見通していた。日本の「皇室が世界無比の尊厳を保たれ、国民の尊王忠心は政治上の如何なる変動にも拘わらず、寸毫の動きもなかったということは、実に我が古来の政体に於て、天皇が親(みずか)ら国政の衝に当られなかったことが其の原因の一」つ、と意義づけてもいた［小路田　二〇〇三：九六］。

君主制原理

先にも述べたように、明治憲法が起草される時期の少し前、近代公法学がドイツで確立された。その国家学の核心は国家法人理論だったが、じつのところ、もう一つ、一九世紀の欧州に生まれ、日本に輸入された観念があった。それが、ナポレオン退位後にルイ一八世の王政復古期にフランスで書かれた「一八一四年憲章」中の君主制原理であった。この考え方は、一八五〇年一月のプロイセン憲法に継受され、明治政府が憲法担当の顧問として重用したロエスレルの発想として、憲法の上諭部分などにしっかりと書き込まれることとなった［長谷部　二〇一六：四—五］。プロイセン憲法が国王の大権を列挙し、統帥権もまた国王の排他的留保の下に置いていたのは、このような経緯による。ロエスレル由来の君主制原理は、上諭のみならず、憲法第三条（天皇は神聖にして侵すべからず）、第四条（天皇は国の元首にして統治権を総攬し、此の憲法の条規に依り之を行う）においても通底していた。

美濃部は自らの国家法人説への批判を予想して、著書中に想定問答を書いている。批判者いわく、憲法には天皇が統治すると書いてある、天皇が統治権を保有することは憲法によって明らかに定められている、だから、国家が統治権の主体だというのは、憲法無視だと。これに対し美濃部は、憲法はただ、「統治の権能が天皇」に発することを定めているだけで、その「権能が法律上の観念」において、天皇一人に属する権利として認められているのではないとして、批判を封じていた［美濃部　一九二七：二三］。美濃部は、いわば、旧い革袋の中に、新しい思想を入れようと尽力した人といえるのではないか。

2　少年が天皇となるまで

神器の繋がる所

後に昭和天皇と追号される天皇、名を裕仁、称号を迪宮とするその人は、一九〇一年（明治三四）四月二九日午後一〇時一〇分、皇太子嘉仁親王（大正天皇）を父として、皇太子妃節子（九条道孝第四女子）を母として第一男子として誕生した［宮内庁　第一巻　二〇一五：二］（以下、『実録』からの引用は、一：一のように表記する）。父大正天皇が、一八七九年（明治一二）八月三一日、明治天皇の第三皇子として、皇后の実子ではなく典侍柳原愛子(なるこ)から庶子[11]として誕生し、八七年八月に儲君治定、皇太子となったのが八九年一一月三日の詔によった事実と比較すれば、大きな制度上の変化が父と子の間に横たわっていた。本章冒頭で述べたとおりである。

結果的に裕仁親王誕生には間に合わなかったものの、皇統の正確を期するとして伊藤博文は、一九〇二年（明治三五）五月二九日公布の「皇室誕生令」条文、「皇子誕生のときは宮内大臣をして産殿に候せしむ」の草案段階で、皇子の場合は「神器の繋がる所を崇敬する所以にして、永く瀆統に関する疑端を杜絶する」ため、宮内大臣だけでなく、内大臣・首相も産殿に伺候すべきとの修正案を用意していた［吉田　二〇一五］[12]。だが、結果的に伊藤の修正要求は通らず、第一条「皇子の誕生には宮内大臣若は内大臣をして産殿に候せしむ」と決定された。

大正天皇という不安

このように為政者らは、憲法・典範の制定以降も皇位の正統性確保に執心していたが、その不安の対象は正統性ではなかった。皇嗣たるべき嘉仁親王が幼少期の病気のゆえに、適切な教育を施されずに成長してしまったことへの憂慮だった。宮中の制度化に意を用いた伊藤は、一八九八年（明治三一）二月に天皇に提出した書類において、嘉仁に対して教育担当者が傍観座視する様は寒心に堪えないと述べ〔春畝公追頌会　下巻　一九七〇：三四五―三四六〕、また、嘉仁の輔導役だった有栖川宮威仁親王への意見書では「皇家の大権を御保持遊ばされ候事、甚だ至難」とまで述べていた。

その反動もあって裕仁親王へは、厳格な教育が幼少期から志向された〔梅本　二〇一五〕。木戸孝正東宮侍従長が発意し、菊池大麓学習院長の周旋で、保母として東京府女子師範学校訓導であった足立タカが、一九〇五年（明治三八）五月から雇用され、木戸の指示によって足立は「迪宮淳宮両殿下御側日誌」を同月一九日から記録しはじめる。昭和天皇と秩父宮の多彩な幼少期の記録はこうして遺された〔二：九八〕。原敬関係文書中の「迪宮・淳宮御養育関係書類」中の裕仁親王九歳の時点での愛らしい皇統理解や、なかなかに鋭い歴史眼などは、このような書類から明らかとなったものだろう〔加藤　二〇一八：七九―八〇〕。親王によるモノローグを二つ。

御祖父様〔明治天皇、引用者注、以下同じ〕の御次はおもう様〔父上の意、嘉仁皇太子〕で、おもう様のお次は迪宮で、その後つぎは淳宮〔秩父宮〕さんで、その後つぎは光宮〔高松宮〕さんね。それから後は絶えるのね。おたた様、もう御生みにならないから。

迪宮ねー、仁徳天皇の御話を先生から伺ってもね、おしまいにどうなったか伺わないの。〔中略〕何処でおいくつで、御死になったか。そして何処に御陵があったか。御話して下さらないから知らないの。だからつまらないの。〔中略〕偉い人っていつでも、おしまいがわからないのね、どうして死んだのか。

皇孫教育

『実録』は、一九〇一年（明治三四）の生誕から二一年（大正一〇）の摂政就任に至る叙述に精彩がある。三谷太一郎のコメント「天皇が形づくられていく過程を見ることで「天皇とは何か」の理解が可能になるのではないか[13]」に導かれ、大急ぎで、天皇の教育の仕方を以下に追っておこう。学習院初等科卒業後は、一九一四年五月から、東宮御学問所が開所され、そこで、倫理、漢文、国語、算術、武課、地理、博物、習字、外国語、歴史などを学んだ［二：三五］。ここで用いられた歴史書が、白鳥庫吉、白石正邦、津田左右吉の編纂によるものであったこと［二：三六、四八］などは貴重な情報だろう。

圧倒的に多い軍人の拝謁

御用邸などの避寒地で多く過ごしていた裕仁親王に対し拝謁を求めた人々には圧倒的に軍人が多かった。『実録』を用い、一九一六年を例にとって、拝謁した人物の属性を分析した志賀賢二によれば、のべ人数で陸軍は六〇名、海軍は四九名だったのに対し、政治家は一一名にすぎなかった［志賀 二〇一五］。政治家中の例外は大隈重信であり、一九一五年五月一九日「日支条約がようやく締結の見込み」［二：一一三］、二〇年五月六日「約一時間にわたり閑を賜う」［二：五八四］、同六月一四日「一時間以上にわたり、米国事情その他について言上」［二：五九七］、同九月二九日「約一時間にわたり日米関係、米国における排日問題」［二：六三二］など、実質的な内容をともなう話をしていたことがわかる。

当該期が第一次世界大戦の前後であり、軍人の凱旋報告など多かったとは予想できる。また、勅任官数の陸海軍比率が二対一だった事実に鑑みれば[14]、海軍側の面会者が相対的に多かったこともわかる。むろん沼津など御用邸の場所にもその差の要因はあろう。

軍人の面会が目立つ要因の一つには、一九一〇年三月三日公布の皇族身位令第一七条の規定「皇太子皇太孫は満十年に達したる後、陸軍及び海軍の武官に任ず」などからくる要請などむろんあった。皇太子は天皇となった暁に大元帥とならねばならず〔坂本　一九八八〕、明治天皇自身の考えでは、皇族や臣籍降下した人々を軍人にすることで、元来連携を欠きがちだった陸海軍の調整役としての役割が皇族に期待されていたとみられる〔高久　一九九三、賀二〇一五〕。

生物学

迪宮九歳のモノローグは先に引用したが、『実録』が皇太子の歴史への興味を特筆しはじめるのは、一九一〇年（大正九）四月六日条であり、「この頃、親王は歴史に興味を示され、この日、歴史上の人物を種々御批評になる。特に天智天皇や豊臣秀吉に関心」とある〔一：四〇六〕。同年七月六日条では、関ヶ原の戦いについて、「裏切りをする二心を持った者を嫌う旨」の発言が記される〔一：四二七〕。また同年一一月二九日条では、自らを歴史の教師に見立てて侍女などに講義を試みる様子も描かれた〔一：四六〇〕。

元老というものが、将来的に天皇となる者の研究する学問対象までも決めていたことは、倉富枢府議長（議長には一九二六年に就任）の日記によって判明した事実だった〔永井　二〇〇三：三四八〕。西園寺は一九二八年（昭和三）一〇月、倉富に向かい「天皇陛下の生物学を研究遊はさることに付ては、相当考慮の末決したるものなり（中略）生物学なれは別に害もなきことなり」（一〇月二〇日条）と語っている。西園寺と倉富との間で交わされた、読む人をヒヤリとさせるような会話に、天皇が学問第一と幕府側から示されていた時代を想起するまでもなく、「天皇の学問」の内容が、その時代の権威構造のなかで決定されていたということがあらためてわかる。

石地蔵

明治天皇が一九一二年七月二九日午後一〇時四三分に死去［一：五八八］し、翌三〇日午前〇時四三分の崩御発表とともに、皇孫裕仁は皇太子となった［同前］。一九年五月、裕仁皇太子の成年式祝賀晩餐会（皇嗣は満一八歳で成年、他の皇族は満二〇歳で成年）が開催された。席上の皇太子の態度について山県は、奈良武次東宮武官長（二〇年七月から）に向かい、次のように不満を述べていた。話しかけても皇太子は「御返詞なく、又何にも御下問なく、恰も石地蔵の如き御態度。甚遺憾を感ず、畢竟浜尾の箱入り御教育の如き方針に基因すると思う、今后一層開放的に御教育申上げ御自由御活発の御気性を養成せざるべからず、御外遊も之に依て必要を感ずるなり、是非実行せざるべからず」［波多野　二〇〇〇：一一六］。ここに出てくる浜尾とは、浜尾新東宮大夫を指す。箱入り教育を正すための外遊、との論理が登場しているのがわかる。

また、二〇年八月一四日、皇太子の教育について山県は、奈良東宮武官長に次のような指示を与えていた［二：六二二］。①人に接する機会を多くし、談話に慣れさせること、②学問については間口を広くして、奥行きは浅くてもよい方針を採ること、③乗馬演習の励行、④近衛兵を招いて軍隊指揮を実習すること、⑤語学を練習すること、⑥御外遊の場合は、皇太子という立場ではなく、伯爵位の地位で手軽に少数の供奉員で渡航するのがよいこと、等だった。明治天皇と大正天皇の時代にあって、軍事問題に関し天皇の最高顧問として元帥府の議論を取り纏めていた山県もまた、「天皇の学問」を決定する政治主体の一人だったことがわかる。

天皇となる修練

教養、語学、乗馬、近衛軍隊指揮練習を求めた山県の要求は厳しいものだったが、皇太子側近とて無策ではなかった。一六年二月七日条には「将来の勅語等御朗読を顧慮し、朗読及びその際の書籍保持の御態度」などについて指導を受け始めていた［二：一八四］、また同年三月六日条には「朗読の際の音調」についての指導も加わる［二：一八八］、同年一一月三日には、一五歳を迎えた裕仁の立太子の礼（皇太子の身位を内外に宣示するための儀礼）が挙行された［二：二四二］。一七年四月からの御学問所の講義スケジュールからは、月二回の軍事講話が週一回の軍事学［二：二八四］となり、馬術についても一五年四月段階から週二回［二：一一〇］実施されている様子が確認できる。

　皇太子教育があらためて元老の懸念の対象となった背景には、大正天皇の更なる病状悪化があったのだろう。それにともない、天皇の「御名代」としての行啓も始まる。一九年一一月二五日の海軍大学校、経理学校、軍医学校卒業式に天皇の名代として臨席し、これが嚆矢となったとの記述がある［二：五二八］。二〇年四月一三日条には、同月九日から天皇が御座所での「御政務以外は、一切の公式の御執務」を止めたため、外国使臣からの信任状の代理受領を皇太子が務めることとなった経緯が述べられていた［二：五七四］。

　首相であった原も中村宮相に対して、二〇年一〇月二八日、「皇太子殿下の御態度例えば頻りに御身体を動かせらるる様の事は、誰か近侍の人より申上げて御矯正相成たきものなり、又洋食の召上り方も実は御存じなき様に拝見せり、是れも誰か篤と申上ぐるやう致たきものなり、殊に御洋行とあれば其辺御大切の事と思ふと云ひたる」［原一九六五：三〇五］と注意を与えている。同じ頃、宮内省の若手官僚であった松平慶民は、外遊に反対する貞明皇后に対し、「現在東宮職の方針は知育に偏し常識の教育方法に欠陥あり、御外遊は之を補う[15]」と述べて外遊の不可避を説得していた。皇后への説得は、三親王（伏見宮貞愛、閑院宮載仁、東伏見宮依仁）の賛成の後に、三元老（山県、松方、西園寺）の意見一致を経て、二一年一月一六日、松方内大臣が葉山御用邸へ出向き、あらためて皇后からの承諾の意思を確認し、ここに外遊についての最終決定をみた。出立まであと一ヵ月半という異例の事態だった。

宮中某重大事件

この時期、宮中と政界を揺るがせたのは、大正天皇の病状、皇太子の外遊だけではなかった。裏面では、宮中某重大事件として知られる、皇太子妃に内定をみた(16)久邇宮良子が色盲の遺伝的要素をもつ可能性があるとの医学的情報を摑んだ元老山県ら「純血派」（西園寺、原もこの派に含まれる）が婚約破棄、つまり久邇宮家からの辞退を主張したのに対し、履行を支持した国民世論を味方につけた杉浦重剛東宮御学問所御用掛らの「人倫派」（久邇宮家、頭山満らの右翼、陸軍内反長州派、薩派）との対立が政治問題化していた［浅見　二〇一六］。この対立を激化させたのは、一九二〇年一二月、これまで皇太子に倫理学を進講し、久邇宮邸で良子女王にも同様に講義をしていた杉浦が、「女王が色盲の遺伝子を有する可能性があることから、父邦彦王に対し婚約辞退が求められているとの事実」を知らされ、「人道上、取るに足らぬ些少の欠点をもって御内定を取り消すことは、満天下に悪模範を示すものであるとしてこれに反発」し、病気を理由として御学問所御用掛の辞表を提出したことによる［二：六六二］。

いっぽうの山県は原に対し、同年一二月一一日、「何分万世一系の御血統に如斯事ありては、吾々は如何にしても賛成の出来ぬ事」［原　一九六五：三三一］と語り、譲歩しない構えをみせた。杉浦の動きをうけて、内田良平や頭山満ら右翼は、婚約破棄を支持する山県や原を、外遊問題と結びつけて批判した。二一年二月九日付で内田が作成した怪文書には「殿下御外遊の御沙汰を洩れ聞き候、庶民中には万一不逞の外人若くは鮮人ありて、御外遊中に容易ならざる不敬の行動を為すものあらんか、其れこそ由々しき大事なりと思い、迫って、殿下御発輦の途上に身を以て埋め死を以て諫止し奉らんと痛憤するものすら不尠候」と、外遊推進派を脅す文章が含まれていた［今井・高橋　一九六二：四六三］。

3　分断される皇室と宮中

先鋭化する対立

これは、「不逞の」外国人や朝鮮人が外遊中の皇太子を狙うかもしれない、その危険を未然に防ぐため皇太子外遊を阻止するために自らは捨身の抗議を行うとの事実上の脅迫にほかならず、外遊と婚約という、本来別個の問題の取引を実質的に持ちかける文書であった。貞明皇后は外遊反対派であったため、この議論は宮中をも分断する意味をもった。二月一一日の紀元節を期し、明治神宮で皇太子外遊反対の国民大祈願の示威運動が国粋主義者らによって計画されていると知った山県ら「純血派」は、外遊を優先するため、婚約履行問題では屈服を余儀なくされた。二月一〇日、皇太子の婚約には何ら変更なしと声明したうえで、中村宮相は辞任する。

山県と同様の考えに立っていた原内閣の田中義一陸相は、まさに同日二月一〇日付の山県宛書翰で、いわゆる「人倫派」の面々が、「就中(なかんずく)、是を皇太子殿下の御渡欧と結び附け、不穏の文書を撒布するに至候[17]」として、二つの別件がリンクさせられたという問題の本質を正しく摑んでいた。同書翰の冒頭で田中は、人倫派が「虚偽流言を逞うし、遂に民衆運動を起し、之に政治と結び付け」た点を憤激している。皇室の問題に民衆を巻き込む前例を作ったことは、「社会党等は手を叩いて喜」んでいるはずとも書く。

いうまでもなく裕仁皇太子は、外遊後の摂政就任が予定されていた人間である。そのようななかで、内田ら怪文書を作成した右翼らに内部情報を与えていたとまで噂された久邇宮邦彦王（良子の父）が外戚となる危険性への懸念が、貞明皇后や西園寺によって急速に抱かれるようになった。中村宮相の後任者となった牧野宮相が、二一年五月九日、前々宮相の波多野から聞いた話からは、直書をもって貞明皇后に迫った久邇宮の態度に、皇后が立腹していた様子が伝わる。皇后は「ああ云う風にては他日皇太子様が御困まりなさる事もあるべし」、「御自分様が勝った」といった久邇宮の態度が困ると述べていた［伊藤ほか　一九九〇：一〇］。西園寺もまた、同年二月四日、「一と癖ある方なり」と久邇宮を評し、「皇室の将来を考ふるに、久邇宮、外戚を以て何かに干渉なきを保すべからず、而して又之に所謂薩派が跡押をなす様のこと」があるのは心配だと話した旨、原は記す［原　一九六五：三四五―三四六］。

帰朝と令旨

一九二一年三月三日、皇太子一行は軍艦香取に乗艦し横浜を出立した。訪問国は結果的に、イギリス、フランス、ベルギー、オランダ、イタリアおよびローマ教皇庁となったが、出発時点でイギリス以外の国について未定という、この種の外遊としては異例を極めた［梶田　二〇〇六］。後に昭和天皇自身、欧州旅行は自らの人生にとって「花」(18)だったと語ったように、欧州行きは成功であり、裕仁皇太子も成長を遂げた［波多野　一九九八］。『実録』の分量・記述の豊富さと日時を勘案するとき、編纂主体たる宮内庁にとっても、この外遊が昭和天皇にとっての一大事件であったと認めていると推測できよう［賀　二〇一六］。

皇太子に供奉した若手の宮内省官僚たちも、浜尾東宮大夫や貞明皇后など東京からの干渉を逃れえたためか、自由な動きが見られるようになってくる。この頃、牧野宮相の下には、関屋貞三郎宮内次官、西園寺八郎式部官、二荒芳徳(ふたらよしのり)書記官、松平慶民事務官など、能力の高い若手の宮内官僚が揃い始めていた。帰朝に際して皇太子が発表する令旨の文章作成は、宮内省の新旧勢力が対峙した初めての例となった。

宮内省は、二一年八月二〇日付で、香取艦上の甘露寺受長東宮侍従長に宛て、浜尾東宮大夫の責任の下で作成された令旨案草案を送付した(19)。三連からなる草案の特徴をまとめれば、①日本国民と、訪問国国民への感謝、アメリカ訪問が果たせなかったことへの遺憾の気持ち（第一連）、②第一次大戦の戦跡を見て、大正天皇が日々めざすところの平和の大切さを自覚したこと、国家間の相互関係協調の必要、我が国国民の欠点を自覚したうえで国内の相克対立を乗り越えたいとの趣旨（第二連）、③大戦の痛手から必死に回復しようとする欧州を見よと呼びかけ、日本国民に対しても、維新の苦労を考えれば日本の再生も成功するはず（第三連）、と結んだものだった。

試みに、令旨草案の末尾の文章を示しておこう。文体の古めかしさが際立つ。いわく、「我国民、勇往不折、私を捨て公に赴くの精神猛然たるものあり。苟も維新開国の時、国風を一新したるが如くせば、何ぞ其事の成らざるを憂へん。予は卿等が予と共に此感想を同くすべきを信して疑はず」といった調子であった。傍線部からわかるように、この令旨が想定していた相手は総理大臣だった。

瑞々しい令旨の文章

令旨草案を受け取った香取艦上の宮内官らは、八月二五日に宮内省に返電し、自らが起草した、別の令旨案を示した。この草案に対し、宮内省は再び手を入れ折衷案として香取に送ったが、香取側も譲らず、九月一日夜の牧野宮相の最終決定により、香取艦上で起草された令旨案が用いられることとなった。

第一に、皇太子が令旨で呼びかける対象者が、総理大臣から国民へと劇的に変えられていた。第一連には、「予の外遊に関し、朝野の表示せる一憂一喜の至情は予の欣感忘れざる所なり」との躍動感溢れる文章がある。また、相手国への感謝を述べる第二連のレトリックも、浜尾案とは異なっていた。いわく、「歴訪諸国の歓待は、蓋し予に対する厚意の表現に止まらず、実に我が国民に対する友情の発露なり。予は此の機会を以て、国民と共に深厚なる感謝の意を表せざる可からず」として、列国が自分を歓待してくれたのは、日本国民への列国国民の友情のゆえだと、国民に花を持たせた書き方になっていた。締めの第四連では、日本だけに立て籠もる心根の狭さについての自戒を込めた文となっていた。いわく、「我に国粋の精華ありて固有の特長に属す。然れども、我国の宜く他邦に学ぶべきものも亦尠からず。予、冀くば、国民と共に維新の広謨に則りて、今後益々奮励し、彼の長を取りて我の短を補ひ、国運の隆昌を期し、世界文化の発展に資し、以て皇上陛下の聖意に副わんことを」。日本には「国粋の精華」というべきものがあるが、外国に学ぶことも重要であり、自分皇太子は国民と共に国を発展させ、世界文化の発展に資するようにし、大正天皇の願いにかなうようにしたい、と述べていた。

この令旨が画期的に理解しやすいものだったことは、後の二八年一一月に挙行された、即位の大礼当日に読まれるべき勅語の文体の参照モデルとなったことから知られる。即位の大礼で読む「紫宸殿の儀に於て賜りたる勅語」案を考えるための、大礼使勅語寿詞起草委員会（第三回）が、同年七月一九日に開催された際、大礼使長官だった近衛文麿は「教育勅語程度にても六か敷かも知れず、今上、東宮御時代の御渡欧御帰朝の際の令旨は非常に結構なりき」と評価していた[20]。

皇太子の可視化

これまでの記述から、外遊反対運動と宮中某重大事件が思いも寄らぬ連動を遂げたことで、宮中を支えていた元老、政府首脳、宮中勢力らに対する広範な批判が、国家主義者らの手によって巻き起こされた様子がわかった。のみならず、帰朝時に若手の宮中官僚によって作成した令旨は国民の人気を博し、東京市長後藤新平が日比谷公園で開催した帰国奉祝会には三万四千人もの人々が詰めかけ、三等郵便局長や私立小学校長など、これまで招待客に入らなかった人々も招待された［加藤　二〇一八：一〇七］。続いての、青年団主宰の奉迎会にも皇太子は出席している。

天皇や皇室の問題が、元老やプロフェッショナルな政治家によって専断される時代ではなくなった時代がやってきていた。プロフェッショナルな政治家の代表格であった原敬が、二一年九月三日条で、令旨の全文を日記中に引用しながらも、先の引用文中の傍線で示した「一憂一喜」という語句、また「長を取りて、我の短を補」うという表現について、これは「陳腐」だから削除すべきと関屋次官に伝えた旨を記していた事実は象徴的であろう［原　一九六五：四三四］。外遊直前の不穏な状況を思い出せば、「一憂一喜」という表現が原の心を波立たせた理由は容易に想像できる。

このような渋い反応を示していた原も、皇太子の帰朝を迎える国民が「沿道横浜東京間殆んど人なき所なしとも云うべき盛況」で、いたるところで万歳の声が絶えず、「国民歓喜の色」と描写していた［同前］。外遊は、当初は箱入り教育から皇太子を解放し、広い視野を与えるためのものであったが、ここにきて、国民の誰しもが納得するような摂政就任への布石の意味が強まったといえる。万機親裁が不可能となった大正天皇が居る政治空間で、自らが摂政となるための皇族会議を開催するという、アクロバティックな作業が今後待ち受けていた。外遊は、摂政設置を少しでもスムーズに進めるため、目に見えるかたちでの国民の支持を朝野に示すために必須の手続きとして意味づけられたといえよう。

皇族という不安

成功裡に外遊を果たした皇太子であれば、摂政就任の手続きはたやすかったと、現在の我々には思える。しかし、当時の宮内当局や元老などの当事者は、そうは考えていなかった。ある一件が、外遊前の時点で起こっていたからである。一九二一年（大正一〇）二月、中村宮相が宮中某重大事件によって辞任したことは先述した。中村の前任者である波多野宮相もまた、一〇年六月に辞任を余儀なくされていた。一年ごとに宮相が交代する異常事態であった。いったい、宮中で何が起こっていたのだろうか。波多野宮相辞任の理由は、皇族の臣籍降下問題をめぐる対応のまずさであり［原　一九六五：二四九］、皇族らの反発［小田部　二〇〇九：九九］を予想できなかったことに起因していた。[21]

明治期であっても、国家財政の逼迫、天皇の血筋からみた場合の親疎の意識[22]［同前：九〇］から、岩倉具視や伊藤博文らは、天皇の実系から遠い皇族の人数拡大防止を企図し、臣籍降下の案を練っていたことはよく知られている。

しかし、この方面の問題は皇族からの反発が強く、ようやく一九〇七年（明治四〇）の皇室典範増補の第一条「王は勅旨又は情願に依り家名を賜い、華族に列せしむるものあるべし」によって、降下の基本原則が決定をみた。典範増補は、皇族会議と枢密顧問の諮詢を経て、田中光顕宮相と西園寺首相以下の国務大臣が副署し、明治天皇の裁可を経て決定された大方針ではあった。

皇族会議

典範増補から一〇余年の時がたち、成人に達する伏見宮系皇族も出てくる。よって増補の施行準則を定める必要がこの時期、一九二〇年に到来する。二〇年五月一五日に開催された皇族会議が、施行準則をめぐって、まさに、政府・宮内省側と皇族とが激突する場となった。成年となった裕仁皇太子が初めて参加する皇族会議だった。皇族会議の、典範の条章中での位置づけには高いものがあった。①皇嗣の心身の異常があった場合の継承順序変更の場合、「皇族会議及枢密顧問に諮詢」すること（第九条）、②天皇が長期の故障により、「大政を親ら」とることができなくなり、摂政を設置する場合、「皇族会議及枢密顧問の議を経て」摂政を置く（第一九条第二項）等の規定である。[23]

第九条（継承順序の変更）が発動される場合では、天皇の諮詢を受けて、皇族会議と枢密院での審議がなされる必要があり、第一九条第二項（摂政設置）が発動される状況では、天皇に意識がない場合などを想定したうえで、天皇からの諮詢を必要とせず、皇族会議と枢密院での審議を経て、摂政設置が決定されるものとされていた。問題は、皇族会議と枢密院との間を「及」という一文字でつなぎ、前後の開催順序がぼかされていたことにあった［アン二〇一六］。井上毅が執筆した「典範義解」もまた、①皇族会議で発議し、枢密顧問の審議に付す場合と、②枢密顧問の発議によって、皇族会議の協同を求める場合と、共に場合によってありうることだとしていた［宮沢　一九四〇：

一四八］。

準則と『実録』

今回は、枢密院審議の後に皇族会議が開催された。これがまずはいけなかった。しかし、宮内当局からすれば、典範増補ですでに決定済みの事案であり、その運用のための細則にすぎないと考えられていた。準則の第一条の条文は「皇玄孫の子孫たる王、明治四〇年二月一一日勅定の皇室典範増補第一条及皇族身位令第二五条の規定に依り、情願を為さざる時は長子孫の系統四世以内を除くの外、勅旨に依り家名を賜い華族に列す」というもので、準則が画期的だったのは、血縁という点で明治天皇の実系から遠かった伏見宮系皇族の諸王について、邦家親王から算えて「長子孫の系統四世以内を除き」成年後に爵位、世襲財産、家名が授けられると同時に臣籍に降下しなければならないと決定したことだった［賀　二〇一八：二〇二］。

本問題とその後の臣籍降下の実際については、倉富勇三郎日記を用いた永井和［永井　二〇一二、岡本愛祐関係文書、宮内公文書館原文書を用いた賀申杰［賀　二〇一八］らの優れた研究がある［高久　一九八一、川田　二〇〇一、原田　二〇〇三、梅本　二〇一三］。宮内省案が成立するまでの、法務官僚としての倉富や平沼らによる草案作成過程についても平沼騏一郎文書を用いた研究がある［佐々木　二〇一三］。これらに学びながら論を進めたい。皇族会議は成年以上の皇族男子をもって組織され、内大臣、枢密院議長、宮内大臣、司法大臣、大審院長が参列するものとされていたことは先にも述べた。

皇族側の出席者は、伏見宮貞愛親王、閑院宮載仁親王、東伏見宮依仁親王、伏見宮博恭（ひろやす）王、博義（ひろよし）王、山階宮武彦（たけひこ）王、賀陽宮恒憲（つねのり）王、久邇宮邦彦王、梨本宮守正（もりまさ）王、朝香宮鳩彦（やすひこ）王、北白川宮成久（なるひさ）王であり、これに皇太子が加わり、年長者として貞愛親王が議長となって議事が統理された。参列員として、山県枢府議長、松方内大臣、原法相、波多野宮相、横田国臣大審院長、説明委員として石原健三宮内次官、倉富帝室会計審査局長官〔二：五八六—五八九〕の顔ぶれが並んだ。

五月の正式会議の前、皇族の反対が多数を占めることが宮内側に伝えられたため、元老、政府、宮内官僚らは、皇族会議令「皇族会議員は自己の利害に関する議事に付き表決の数に加わることを得ず」を使い、皇族各自の利害に関係があるからとして採決をとらないこととする一方、反対皇族から会議中に意見を述べる自由を認めるとの妥協案が、五月一三日に成立した。会議のわずか二日前のことだった〔倉富　二〇一〇：五五三、永井　二〇一二〕。

『実録』では、波多野宮相からの説明、倉富からの条文説明、その後に邦彦王、鳩彦王、博恭王からの反対意見の表明、最後に載仁親王から、皇族会議令第九条にもとづいて、採決せずと宣告して会議は終わったと書かれ、皇族らの反対意見の内容は記されず、また本来は発言していた山県の意見も記されていない〔二：五八七〕。反対意見の筆頭に名が上がる邦彦王とは、久邇宮邦彦のことであり、皇太子妃に内定した久邇宮良子の実父にほかならない。

山県の演説

『実録』は詳細を書かなかったが、「大正九年議案　第一号　皇族会議議事録」(24)によれば、当日の会議は緊迫したものだった。まずは波多野宮相がこれまで繰り返してきた説明を行う。すなわち、ここに掲げる議案は、すでに明治天皇が決定した典範増補の、「施行の標準を示す」ためのものだという点であった。続く倉富による条文説明の後、山県は次のように発言した。

皇族の臣籍降下は「日本国民と皇室との関係を密接にし、国民同祖挙国一姓の観念を養い、以て国民団結の中心を皇室に置くの美風を助長する」という点からもきわめて重要なのだと論じていた。引用中の傍線部を読むと、明治憲法審議の際、当時の枢府議長だった伊藤が、枢密院の席上で述べていたこと、すなわち、宗教がない日本、神なき日本にあって、「機軸とすべきは独り皇室あるのみ」と同様の発想が山県に息づいていたことがわかる。傍線部の前の山県の言葉も興味ぶかい。「国民同祖挙国一姓の観念」とは、おそらく、憲法上諭の第一段落、「朕が親愛する所の臣民は即ち朕が祖宗の恵撫慈養したまいし所の臣民」をふまえた考え方だった。この部分について、たとえば美濃部は「君民の関係が上古以来歴史的に連続し、今日の国民は即ち皇祖皇宗の臣民の子孫に外ならない」とする〔美濃部一九二七：五三〕。君民協治の核として、国民をこのようなものと想定している点で、伊藤も山県も美濃部と考え方を同じくする人々といえた。

反対の中身

いっぽう、当該案に反対を唱えた久邇宮の考えは違った。こう述べる。天皇の皇位継承の歴史をふりかえると、複数の男子の皇嗣があっても早世によって結果的に一人となってしまった例は甚だ多い（光格天皇は八人、仁孝天皇は七人、孝明天皇は二人、明治天皇は五人）。「近世四五百年間の御継統を拝するも、直系にして御断絶ありたること二回あり」（称光天皇、後桃園天皇）と具体的な事例を述べて、皇位継承の対象者である成人男子皇族の立場としての危惧を述べていた。引用はしなかったが、先の山県の演説のなかには、「皇嗣に関し憂慮するが如きは杞人、天地の崩壁を憂うるに等」しいと述べた部分があった。継承者不足を案じて臣籍降下に反対する皇族に対して、まさに故事成語の「杞憂」その人だとあざけったこと、その山県の言への有効な反論となっていた。

時系列を再度確認しておけば、久邇宮邦彦王によるこの皇族会議での一件の後、同じ年の年末から翌年二月にかけ、宮中某重大事件と外遊阻止事件が起きたことになる。純血派と人倫派の対立には、このような根深い背景があった。

このような波乱含みの準則案は、枢密院での可決、皇族会議の協議を経て、一九二〇年（大正九）五月一九日、大正天皇に上奏され裁可を受けた。賀申杰は、施行準則制定後における臣籍降下の実例について戦前期の一二例を分析し、準則が出来た後もなお、下賜金・爵位の種類・家名をめぐっての混乱が、戦前期を通じてまったく収束しなかった様相を描く［賀　二〇一八］。その理由として、「皇族の臣籍に降下したる場合の御待遇に関する件」という、準則制定の直後に策定された下位の法規の運用が、皇室の家長たる大正天皇の病気、若き裕仁皇太子（昭和天皇）と皇族との安定しない関係、皇室財産の逼迫等の事情により、不安定であったことを挙げる。

町人根性

昭和期最後の元老となった西園寺は、紛糾した皇族会議の直前、二〇年五月一〇日、山県、松方、西園寺らの元老が宮内省に参集した席でこう述べていた。皇族らの「此の如き意見は、露骨に云えば町人根性なり。此の如き事になりたる病根は何処に在るべきや」［倉富　二〇一〇：五五〇］と嘆じた。それに対して、波多野宮相もまた「結局自家愛着の考」にすぎないと承けていた。久邇宮邦彦王の反対意見の主旨が、元老・宮内省側にまったく響いていなかったことが確認できる。

皇族たちの意識を推測するのは困難だが、戦後の回想として、閑院宮載仁親王の子息であった春仁王が次のように書いているのは参考となろう。春仁王は、皇族に対する宮内省の措置は「下克上」であり、「宮内大臣なり、宗秩寮総裁なり、或はその下僚が、自己の見解を以て、皇族の意志を掣肘するが如きは、全く言語道断」であり、「皇族は宮内省の方針や、意見に支配される」必要はなく、「皇族は自主性を持つべき」だと主張している［賀　二〇一八：二一七］。

春仁王のいう、皇族は自主的であってよいとの論理は、憲法と典範の設計当時の思想からいえば無理もなかった。美濃部は皇室の自律主義について、憲法第二条「皇位は皇室典範の定むる所に依り皇男子孫之を継承す」の部分で説明を加えていた［美濃部　一九二七：一〇七］。自律主義について、憲法がその第七四条第一項で、皇室典範について議会の関与を全否定していることから、美濃部もまたこのように名づけていたが、この点について美濃部は批判もしていた。その批判点は、皇位継承という案件までを、憲法が典範に譲っていた点に向けられていた。皇位継承は、国家にとって最も重大な、国家と国民に関係する論点だったにもかかわらず、これを典範に譲ってしまっているのは問題だとし、憲法起草者に向かって「不幸にして、以上の理論は皇室典範の立案に預かった人々の明白に認識しなかったところで、その誤解の結果として、皇室典範の形式の上に大なる錯誤を来したのは、遺憾」であると手厳しい〔美濃部　一九二七：一二一〕。先の議論で久邇宮が、皇位継承に絡めて自らの反対意見を述べていたのは象徴的なことであった。

摂政設置

憲法第一七条第一項「摂政を置くは皇室典範の定むる所に依る」、また典範第一九条第二項「天皇久しきに亘るの故障に由り、大政を親らすること能はざるときは皇族会議及枢密顧問の議を経て摂政を置く」により、摂政設置が、一九二一年（大正一〇）一一月二五日、午前一一時からの皇族会議の全員の賛成、午後一時一四分からの枢密院会議において全会一致で混乱なく決定された〔倉富　二〇一二：一一九四—一二二九、三：五二四—五二五〕。

議決の文言は「天皇陛下御病患久しきに亘り、大政を親らしたまうこと能わざるを以て皇室典範第一九条第二項の規定に依り、摂政を置かるべきものと議決す」との簡単なものである。摂政就任以降の披露の順序を『実録』から見ておこう。一一月二五日、天皇皇后に報告し、東宮大夫を交代させ（浜尾から珍田へ）、東宮侍従武官と侍従武官との兼務の確認（同一人物が天皇と摂政の武官となる）、同月二六日の賢所への報告、西一ノ間における宮相、式部長官、皇族への謁見、鳳凰ノ間での宮内親任官、勅任官へのお披露目。西一ノ間での元老への謁見。再び、東溜ノ間で宮内奏任官、西一ノ間で内閣総理大臣への謁見。この後、初めて国民への令旨が首相に手渡される。統治の目的を語った部分には、「外は国交を敦くし、内は国民の福祉を増進せむこと」と書かれていた〔三：五二九〕。一二月二八日、海外に摂政就任を報ずる天皇の親書が英国以下の三〇ヵ国に発出された〔三：五五一〕。

試行錯誤

裕仁皇太子は、これで無事に摂政となることができた。しかし、問題は山積していた。摂政となって一ヵ月もたたないうちに、問題は生じた。一二月一二日、光格天皇例祭をどう行うかという問題だった。結果的には、徳川義恕侍従が代拝したが、摂政就任後初めての親祭だったので、宮内省での協議がなされた。「摂政は天皇に代わり祭祀を行うものとし、摂政御拝礼、皇后御拝礼の順とする」と決定された［三：五三九］。しかし、摂政の班位は皇太子より下であったため、この方針も、運用の過程で守られなくなる。摂政として皇太子が祭祀に出席する場合、また、朝儀とされる儀式において、皇后と摂政との席の順番が問題となってくる。摂政が大演習統監で不在であったり、皇后が避寒で不在であったり、そのような偶発的なタイミングを利用して、両者が結果的に揃って列席しなくともよいような運用も進む。そのような宮内省側の対応がとられた背景には、皇室の儀礼などの制度を考察する役回りの帝室制度審議会の面々と宮内省の対立があった［三：五五五、西川　一九九八、梶田　一九九八、崎島　二〇一六、国分　二〇一五］。帝室制度審議会は一九二二年に実質的に機能を停止し、摂政周辺では、宮内次官の下での「常侍官会議」が定期的に開催され、実質的にこちらが機能するようになる［崎島　二〇一六］。

牧野の苦労

宮内省と帝室制度審議会が対立した要因は、派閥争いといったものだけではなく、やはり、規則や法令を超えた部分で、貞明皇后と摂政との関係を調整しなければならなかった宮内省独自の立場があったゆえだということが史料からはわかる。二一年一〇月二八日、皇族のなかで、宮内省に対して最も硬派な対応を取っていた久邇宮邦彦王は、説明のため参上した牧野宮相に対して、摂政設置にあえて反対はしないがと前置きし、次のような問いを発していた。それは、貞明皇后の位置づけについてだった。久邇宮は「皇后様の位地如何になり行くべきや」と問うた。牧野の返答は「政治上には今までと何等御代〔変〕わり被為れず、宮中、府中の判然たる事は尤も大切の義に付、十分の注意を要する次第なるが、儀容の方面に付いて両陛下は勿論従前と御同様に万事取計うべきは論なし」と、ひたすら変化など実質的にはないのだとの逃げをうっていた〔伊藤ほか　一九九〇：三三二〕。

その他の難問

摂政就任を控えた皇太子がやったことを確認しておきたい。それは軍務であった。二一年一一月一三日から二〇日まで、陸軍特別大演習を初めて統監し、二一日には代々木練兵場での観兵式に臨んでいた〔三：五〇八―五一八〕。摂政となるためには、軍・軍隊との関係を取り持つことが大事だったことが、あらためてわかる。宮中と軍・軍隊は例外領域であった。

宮中という例外領域の統御〔吉田　二〇一八〕が、いかに大変なものであったか、摂政就任前の皇族への牧野宮相による説得の過程を牧野日記から確認しておきたい〔伊藤ほか　一九九〇〕。二〇年五月の皇族会議（臣籍降下）紛糾の教訓に学んだ牧野宮相は、皇族たちの意見や不満を事前に掌握することに全力を傾けた。二一年九月三日、外遊から帰朝した裕仁皇太子を迎えた牧野は、九月二五日、皇太子と面会し、大正天皇の容体、医師診断書、侍従長・侍従武官長の報告書を見せて内覧を乞うた。翌二六日には元老筆頭格の山県を訪問して協議を遂げるも、その際山県は、元老会議に大隈も呼ぶべきだとの提案を行う。自らへの皇族たちの忌避感を恐れたものか。あるいは、皇太子時代から裕仁親王への拝謁が格段に多かった大隈への配慮か。同日牧野は、松方内大臣と面会し、貞明皇后への対応を協議する。続く二八日、西園寺、載仁親王と協議を遂げ、二九日に貞愛親王、三〇日に依仁親王といった具合に、三親王家の動向をまずは押さえる。一〇月二日から、鳩彦王、博恭王、成久王らへの了解工作を試み、同月一一日、再度松方内大臣と面会、貞明皇后説得のための最後の調整を行い、同月二四日には貞愛親王に皇族間の意見調整を依頼していた。二五日、再度、鳩彦王と成久王に面会する。この二人は邦彦王以外で最も議論に強い皇族として知られていた。このとき、鳩彦王から、「御上に於かせられ御同意なき時は如何成行くや」との質問を受けた牧野は、「本件は全く皇族方の御発動にて決するものにして御上の御思召に依るものにあらず」と法規上のことを答えつつ、大正天皇へは情義を尽くした礼をとる意向を答えていた。一〇月末の時点での牧野宮相の準備は万全なものだった。

原敬暗殺の意味

だがここで、驚天動地の事態が起こる。一一月四日、原首相が東京駅頭で暗殺されたのである。これは、摂政設置の時期を問題とする皇族にとっては、摂政設置を遅らせる格好の論拠を提供する事態となった。内閣の更迭があれば、首相奏薦、次期首相任命という、天皇の身体をともなう大権行為が必要となり、天皇の万機親裁の虚構性が天下万人に自覚されてしまう虞が出てくるためであった。事実、牧野宮相、倉富宗秩寮総裁事務取扱らが、一一月二一日、伏見宮邸に出向き、皇族ら一二人に説明を行ったとき、鳩彦王が次のような質問を発した。摂政設置は仕方ない、だが、時期の問題は問われなければならないのではないかと。原が暗殺され、立憲政友会の高橋是清が内閣を組閣していた。「内閣更迭に付、御親裁ありたる時より僅々の日々を経たる今日、天皇の御不能力を直に発表する時は、国民は之を黙過すべきや如何」〔伊藤ほか　一九九〇：三七〕。なかなかに恐ろしい質問だったと思われる。裕仁皇太子の帰朝以来の人気と、現実の問題としての天皇の病状の深刻化だけが、これら国民の疑念を封ずる道だといえた。だが翌日の一一月二二日、皇族の事前協議の場において、皇太子に対する皇族会議召集請求書への、貞愛親王、載仁親王、依仁親王、博恭王、邦彦王、守正王の署名を、牧野宮相は獲得することができた。『実録』は、一一月二五日の皇族会議での鳩彦王の質問を、ただ「論難」とのみ記している〔三：五二二〕。

考えてみれば、牧野の二一年一〇月二八日条の日記からわかるように、「法律上は〔大正天皇の〕御承諾を願う必要」

がない案件〔伊藤ほか　一九九〇：三二〕であり、皇族会議も当然開かれるべき案件だったはずである。しかし、皇族会議召集請求書なるものが皇太子に宛てて、皇族たちの署名をもって請求されなければならない手続きがふまれた。皇族会議令など、内閣、議会が関与できない場での手続きは、かくも肥大化していた。もともとの典範の「皇族会議及枢密顧問の議を経て」は、天皇が発議しえない状況を考慮したものであり、熟慮を尽くした条文といえたのだったが〔アン　二〇一六〕。

秩父宮の閑院宮観

ここまで、皇室の中核たる皇族について、国家財政や国民感情を必ずしも理解しえなかった彼らの行動につき、元老、宮内官僚、法務官僚が遺した史料にもとづいて描いてきた。皇室の自律性が強く意識された憲法、典範体制における、皇位後継者のプールとしての皇族については、より内在的な分析が必要ではあろう。今後の課題としたい。ただ、昭和天皇の一歳違いの弟秩父宮雍仁親王が、一九四九年七月時点で書いていた未発表原稿「陸軍の崩壊」(25)中の皇族観は興味深い。秩父宮は閑院宮載仁親王を陸軍のロボットだったと強い論調で批判していた。軍上層部が幕僚の言いなりになるのはよく見られた現象だが、このような傾向は「元帥閑院宮の参謀総長就任によってその最悪の段階に進んだ」と書く。

閑院宮は、満洲事変の勃発後の一九三一年一二月、参謀総長に就任する。秩父宮による先の文章はこう続く。「閑院宮は陸軍の長老ではあつたが、陸軍中央官衙に勤ムされた経験はなく、且、軍の実体から遊離して居られたから全くのロボットであつた」と。このような変態状態がじつに一〇年に及んだ（一九四〇年一〇月まで参謀総長）のだから、陸軍にとって不幸この上もなかった、と。天皇との関係でも、「部下に対する訓示上奏共に下僚の作文を取次ぐに過ぎず蓄音機レコード以上の何もの」でもなく、天皇の「御信頼は零に近かった」とまで暴露されている。このように書かれた閑院宮であったが、宮内省や法務官僚にとっては、宮中問題においてもロボットであった点が有益だったのではないか。事実、一九二〇年、二一年の皇族会議において、年長の親王として貞愛親王とともに、宮内省の方針に反対しがちな若手皇族を押さえる役回りを演じていた。

軍・軍隊との距離

宮中と軍・軍隊の結節点に皇族が居たということ、これは天皇の政治的基盤の安定要因を考えるとき、重要な視角となろう。明治天皇の場合と簡単に比較はできないが、明治天皇の場合、有栖川宮熾仁、小松宮彰仁（こまつのみやあきひと）など、天皇を支える、意味のある皇族のネットワークが存在した［佐々木　二〇一四、小田部　二〇一六］。それに比べ、昭和戦前期において、陸軍が参謀総長に閑院宮を担ぎ、海軍が軍令部長（後に軍令部総長）に伏見宮恭博王を担いだ罪は重かろう。

もう一つの例外領域である、軍・軍隊と昭和天皇との関係は拙著［加藤　二〇一八］をお読みいただきたいが、昭和天皇（裕仁摂政）と皇族の関係が、安定したものとはまったく言えなかったことを考えれば、天皇と軍・軍隊の関係もまた、一見するところより不安定なものだった可能性は高い。軍隊の叛乱といえば、一九三六年（昭和一一）の二・二六事件が知られるが、それ以前の、二九年の張作霖爆殺、三一年の三月事件、満洲事変、一〇月事件、三二年の上海事変、血盟団事件、五・一五事件、三三年の神兵隊事件など、これを昭和天皇に対する軍・軍隊からの異議申し立てとみて、再考する必要もありそうだ。

一九三二年五月一六日、木戸幸一内大臣秘書官長は、渙発すべき詔書案の起草を行っていた。その内容は、軍部に向かっては規（のり）を超えた行動を戒め、政党に向かっては政治腐敗を戒めようとしたもので、人心一新を説こうとしたものだった。木戸が、「明治維新の際に五ヶ条の御誓文」を宣せられたと同じような詔書渙発を、この時期に発出する必要ありと考えたこと自体が重要だろう［木戸日記研究会　一九六六：一四四］。結局、西園寺元老の反対で詔書渙発はなされず、斎藤実首相による、国民生活の窮乏に政府は対処するとの主旨のラジオ演説に代えられた。当時の、天皇と軍・軍隊の関係を測るのによい事例として挙げたいのは、同年七月一一日、天皇が陸軍士官学校の卒業式に出席できなかった事実である［波多野ほか　二〇〇〇：一六九］。この事実を侍従武官長の奈良は日記ではなく、回顧録草稿のみに記していた。天皇に対する士官学校生徒の態度について学校側が自信をもてないほど、士官学校の空気が悪化していた一つの証左なのではないか。軍・軍隊の暴走を対外政策、安全保障政策への彼らの不満という観点だけからではなく、天皇との関係性からもおさえる必要があろう。そのためにも、『実録』で使用されたにもかかわらず、目録に掲載されず公開も許されていない、武官府史料など軍・軍隊と天皇の関係を示す史料の公開が切に望まれる。

附記

一、史料引用にあたっては、片仮名を平仮名に、句読点・濁点を適宜補い、正字・旧字等は新字新仮名遣いにし、読み易さを優先した。法文や条文も本方針で統一している。

二、文献注として、たとえば、梅本肇「皇族会議、波多野宮相辞職と倉富勇三郎」二〇一三年一一月一八日、東京大学大学院近代政治史演習報告」のように、活字化されていない成果も挙げたが、これは本章の執筆者が開講している大学院演習における『倉富勇三郎日記』『実録』会読時の報告である。未公開の成果を明記する問題性は自覚しているが、報告者のオリジナリティを明確にし、執筆者の創見と区別するためにこのような表記とした。了とされたい。

注

（1）　近代の宮中と天皇を実証的に論じた先駆的研究として、［西川　一九九八、坂本　一九九八、梶田　一九九八、国分　二〇一五］がある。

(2) 皇族の範囲は、典範第三〇条で「皇族と称うるは、太皇太后、皇太后、皇后、皇太子、皇太子妃、皇太孫、皇太孫妃、親王、親王妃、内親王、王、王妃、女王を謂う」と定められていた。皇室とは、天皇および皇族よりなる大家族団体であり、天皇を家長とし、皇族はその家族と考えられていた［美濃部　一九二三：二四六］。

(3) 公式令第五条は、皇室典範にもとづく諸規則、宮内官制その他、皇室の事務に関して勅定を経た規程で、発表を要するものを皇室令と定めた［美濃部　一九二七：七三二］。

(4) 一九〇七年九月一二日軍令第一号で定められた。第一条で、陸海軍の統帥に関し勅定を経たる規程を軍令と定めていた［美濃部一九二七：二六〇］。

(5) 皇族会議（典範第五五条、五六条、明治四〇年皇室令一皇族会議令）は、皇室の家族会議であり、成年以上の皇族男子をもって組織し、皇室の大事について、天皇の諮詢に応えるものとされた。会議は勅命をもって召集し、天皇より下付した議案について可否を論ずる［美濃部　一九二三：二七〇］。

(6) 軍にとって明治天皇の軍事指導者性は比類ないものだったが、大正天皇や昭和天皇の時代、そのような像を維持することが困難になっていった。この点に自覚的だった田中義一が、軍の指導者から、軍人の保護者としての天皇像へと転換を図ろうとしたのではないかとの刺激的な考察に、朴完「第一次世界大戦後における日本陸軍の自己改革に関する研究――国民・皇室・帝国の視点から」（東京大学大学院人文社会系研究科　二〇一八年一〇月博士論文）。

(7) https://www.kantei.go.jp/jp/singi/koumu_keigen/kaisai.html の第三回、第四回議事録参照。

(8) 森暢平によって、二〇〇三年に大阪府公文書館で発見された新史料「新憲法と皇室典範改正法案要綱（案）」。

(9) 『枢密院会議議事録』第一巻、東京大学出版会、一九八四年、一五七頁。一八八八年六月一八日、枢密院議長としての伊藤の発言。「我国に在ては、宗教なる者其力微弱にして一も国家の機軸たるべきものなし。〔中略〕我国に在て機軸とすべきは独り皇室あるのみ」。

(10) 第一編天皇／第一章国体／第一節国体総説／第六款天皇と臣民、という構成。

(11) 明治天皇も、父を孝明天皇、母を典侍中山慶子(よしこ)として庶子として誕生した。

(12)　依拠史料は、「皇室誕育令書類」（宮内公文書館、識別番号93679）。

(13)　「朝日新聞」二〇一四年九月九日付朝刊。

(14)　昭和の即位の大礼準備のため、勅任官と同相当官を各省庁別に記した文書によれば、陸軍は一八八名であったのに対し、海軍は九四名だった。「大臣官房秘書課　大礼関係録　大礼使評議会議事録」（宮内公文書館、識別番号26663）。

(15)　松平慶民「大正十年東宮御渡欧ニ関スル文書写」（憲政資料室収集文書1324）（国立国会図書館憲政資料室蔵）。

(16)　久邇宮邦彦王第一女子良子を皇太子妃予定者とする御沙汰が邦彦王に下されたのは一九一八年一月一日条［一：三五〇頁］。

(17)　編纂委員会編『山県有朋関係文書』第二巻、山川出版社、二〇〇六年、三一九頁。

(18)　一九四二年一二月一一日、侍従小倉庫次に対し昭和天皇は、「自分の花は欧州訪問の時だったと思う。相当、朝鮮人問題のいやなこともあったが、自由でもあり、花であった」と語っている。「小倉庫次侍従日記」『文藝春秋』二〇〇七年四月号。

(19)　以下の記述は、「皇太子帰朝に際し、総理大臣に下賜する感想案」「牧野伸顕文書」（国立国会図書館憲政資料室蔵）による。

(20)　「極秘　昭和三年　勅語寿詞起草委員会議事録　白根官房庶務課長」（国立公文書館蔵、2A/31-5/勅6）、「極秘　勅語寿詞起草委員会議事録」（同前、2A/31-5/勅6-2）。

(21)　山県は原に「波多野宮相何分にも事務運ばず、又過日皇族会議に於けるが如き失態も度々ありたるに因り、松方、西園寺にも協議し、其賛同を得て自分より辞職を勧告し更迭に決したり」（一九二〇年六月一八日条）と語っている。

(22)　とくに、北朝三代目の崇光天皇〔一三三四〜九八年〕時に分かれた伏見宮系は遠い血縁とされ、この伏見宮家を臣籍に降下させることが課題となっていた。

(23)　ほかに、品位に欠けた皇族への懲戒と禁治産宣告（第五四条）、典範改定増補（第六二条）。

(24)　「皇族の降下に関する施行準則付属書類　大正九年」（宮内公文書館、識別番号26339）中の書類。

(25)　秩父宮雍仁親王「陸軍の崩壊」『中央公論』二〇〇六年一一月号、六六頁。

文献一覧

浅見雅男『皇族と天皇』ちくま新書、二〇一六年
芦部信喜・高見勝利編『日本立法資料全集　1　皇室典範』信山社、一九九〇年
アン・ジェイク「摂政の設置とその意味――『昭和天皇実録』大正一〇年九月～一二月」二〇一六年七月一一日、東京大学大学院近代政治史演習報告
今井清一・高橋正衛編『現代史資料　四　国家主義運動（一）』みすず書房、一九六三年
伊藤隆ほか編『牧野伸顕日記』中央公論社、一九九〇年
伊藤之雄「山県系官僚閥と天皇・元老・宮中」『法学論叢』一四〇巻一・二号、一九九六年
伊藤之雄「原敬内閣と立憲君主制（一）（二）（三）」『法学論叢』一四三巻四・五・六号、一四四巻一号、一九九八年
伊藤之雄『日本の歴史　22　政党政治と天皇』講談社、二〇〇二年
伊藤之雄『昭和天皇と立憲君主制の崩壊――睦仁・嘉仁から裕仁へ』名古屋大学出版会、二〇〇五年
伊藤博文著、宮沢俊義校註『憲法義解』岩波文庫、一九四〇年
岩壁義光「明治天皇紀編纂と史料公開・保存」『広島大学史紀要』六号、二〇〇四年
梅本　肇「皇族会議、波多野宮相辞職と倉富勇三郎」二〇一三年一一月一八日、東京大学大学院近代政治史演習報告
梅本　肇「昭和天皇の御養育方針に見る「意図」と「記憶」」二〇一五年六月八日、東京大学大学院近代政治史演習報告
大島明子「廃藩置県後の兵制問題と鎮台兵――外征論との関わりにおいて」黒沢文貴ほか編『国際環境のなかの近代日本』芙蓉書房出版、二〇〇一年
大島明子「一八七三（明治六）年のシビリアンコントロール――征韓論政変における軍と政治」『史学雑誌』一一七編七号、二〇〇八年
岡　義武『岡義武著作集　第五巻　山県有朋・近衛文麿』岩波書店、一九九三年
小田部雄次『皇族――天皇家の近現代史』中公新書、二〇〇九年
小田部雄次『大元帥と皇族軍人　明治編』吉川弘文館、二〇一六年
賀　申杰「平穏な日々から見る昭和天皇の幼少期の生活」二〇一五年六月二二日、東京大学大学院近代政治史演習報告

賀　申杰「皇太子の航海生活及び「第三艦隊」の英国訪問」二〇一六年六月一三日、東京大学大学院近代政治史演習報告
賀　申杰「大正九年における臣籍降下基準の沿革に関する一考察——降下した皇族の待遇問題を中心に」『東京大学日本史学研究室紀要』第二二号、二〇一八年
梶田明宏「酒巻芳男と大正昭和期の宮内省」近代日本研究会『年報近代日本研究　二〇　宮中・皇室と政治』山川出版社、一九九八年
梶田明宏「大正十年皇太子御外遊における訪問国決定の経緯について」『宮内庁書陵部紀要』第五七号、二〇〇六年三月
加藤陽子『戦争の日本近現代史——東大式レッスン！征韓論から太平洋戦争まで』講談社現代新書、二〇〇二年
加藤陽子『増補版　天皇の歴史　8　昭和天皇と戦争の世紀』講談社学術文庫、二〇一八年（原版は二〇一一年）
金子堅太郎著、大淵和憲校注『欧米議院制度取調巡回記』信山社、二〇〇一年
川田敬一『近代日本の国家形成と皇室財産』原書房、二〇〇一年
河西秀哉『近代天皇制から象徴天皇制へ——「象徴」への道程』吉田書店、二〇一八年
カントーロヴィチ、E・H、小林公訳『王の二つの身体——中世政治神学研究』上下、ちくま学芸文庫、二〇〇三年
木戸日記研究会校訂『木戸幸一日記』上巻、東京大学出版会、一九六六年
宮内庁編修『昭和天皇実録』第一巻、東京書籍、二〇一五年
宮内庁編修『昭和天皇実録』第二巻、東京書籍、二〇一五年
宮内庁編修『昭和天皇実録』第三巻、東京書籍、二〇一五年
宮内庁編修『昭和天皇実録』第五巻、東京書籍、二〇一六年
倉富勇三郎日記研究会編（代表永井和）『倉富勇三郎日記』第一巻、国書刊行会、二〇一〇年
倉富勇三郎日記研究会編（代表永井和）『倉富勇三郎日記』第二巻、国書刊行会、二〇一二年
国分航士「大正六年の請願令制定と明治立憲制の再編」『史学雑誌』一一九編四号、二〇一〇年
国分航士「明治立憲制と「宮中」——明治四〇年の公式令制定と大礼使官制問題」『史学雑誌』一二四編九号、二〇一五年
小路田泰直監修、頴原善徳解説『史料集　公と私の構造　第一巻　美濃部憲法学と政治　憲法講話』ゆまに書房、二〇〇三年
坂本一登『伊藤博文と明治国家形成——「宮中」の制度化と立憲制の導入』一九九一年、吉川弘文館（講談社学術文庫、二〇一二年）

坂本一登「新しい皇室像を求めて――大正後期の親王と宮中」近代日本研究会『年報近代日本研究　二〇　宮中・皇室と政治』山川出版社、一九九八年
坂本悠一「皇族軍人の誕生――近代天皇制の確立と皇族の軍人化」岩井忠熊編『近代日本社会と天皇』柏書房、一九八八年
崎島達矢「摂政の形成・運用」二〇一六年一〇月二四日、東京大学大学院近代政治史演習報告
佐々木政文「臣籍降下問題をめぐる倉富勇三郎の行動とその意味」二〇一三年一〇月二八日、東京大学大学院近代政治史演習報告
佐々木雄一「政治指導者の国際秩序観と対外政策――条約改正、日清戦争、日露協商」『国家学会雑誌』第一二七巻第一一・一二号、二〇一四年
志賀賢二「『昭和天皇実録』から読み取る裕仁皇太子の人間関係と青年期教育」二〇一五年一一月二日、東京大学大学院近代政治史演習報告
春畝公追頌会編刊『伊藤博文伝』下巻、一九四〇年、一九七〇年復刊
高久嶺之介「近代皇族の権威集団化過程――その一　近代宮家の編成過程」『社会科学』（同志社大学人文科学研究所）二七号、一九八一年
高久嶺之介「近代日本の皇室制度」鈴木正幸編『近代日本の軌跡　7　近代の天皇』吉川弘文館、一九九三年
瀧井一博編、ローレンツ・フォン・シュタイン講述、陸奥宗光筆記『シュタイン国家学ノート』信山社、二〇〇五年
瀧井一博「象徴としての天皇――明治憲法下での議論」『東アジアにおける知的交流　キイ・コンセプトの再検討』四四巻、二〇一三年一一月
永井　和「太政官文書にみる天皇万機親裁の成立――統帥権独立制度成立の理由をめぐって」『京都大学文学部研究紀要』四一号、二〇〇二年
永井　和『青年君主昭和天皇と元老西園寺』京都大学学術出版会、二〇〇三年
永井　和「波多野敬直宮内大臣辞職顛末――一九二〇年の皇族会議」『立命館文学』六二四号、二〇一二年
西川　誠「大正後期皇室制度整備と宮内省」近代日本研究会『年報近代日本研究　二〇　宮中・皇室と政治』山川出版社、一九九八年
新田一郎「中世における権威と権力――「王権」という道具立てをめぐるコメント」大津透編『王権を考える』山川出版社、二〇〇六年

日本学士院『日本学士院八十年史』日本学士院、一九六二年
日本学士院『帝室制度史』第一巻、吉川弘文館、一九三七年、一九七九年（復刻）
日本学士院『帝室制度史』第三巻、吉川弘文館、一九三九年、一九七九年（復刻）
長谷部恭男『憲法とは何か』岩波新書、二〇〇六年
長谷部恭男「大日本帝国憲法の制定――君主制原理の生成と展開」『論究　ジュリスト』一七号、二〇一六年
長谷部恭男×加藤陽子「憲法と歴史の交差点」ちくま新書編集部編『憲法サバイバル』筑摩書房、二〇一七年
波多野勝『裕仁皇太子ヨーロッパ外遊記』草思社、一九九八年
波多野勝ほか編『侍従武官長　奈良武次　日記・回顧録』第四巻、柏書房、二〇〇〇年
原奎一郎編『原敬日記』第五巻、福村出版、一九六五年
原田一明「明治四十年皇室典範「増補」考」『國學院法学』四〇巻四号、二〇〇三年
古川隆久『昭和天皇――「理性の君主」の孤独』中公新書、二〇一一年
堀口修編著『明治立憲君主制とシュタイン講義――天皇、政府、議会をめぐる論議』慈学社、二〇〇七年
牧原憲夫『シリーズ日本近現代史　②　民権と憲法』岩波新書、二〇〇六年
丸山眞男「超国家主義の論理と心理」『丸山眞男集』第三巻、岩波書店、一九九五年（初出は一九四六年）
三谷太一郎『戦後民主主義をどう生きるか』東京大学出版会、二〇一六年
美濃部達吉『憲法撮要』有斐閣、一九二三年
美濃部達吉『逐条憲法精義』有斐閣、一九二七年
吉田ますみ「『実録』と柳原愛子の涙」二〇一五年六月一日、東京大学大学院近代政治史演習報告
吉田ますみ「近代における政始について」『東京大学日本史学研究室紀要』第二二号、二〇一八年
和仁　陽『教会・公法学・国家――初期カール＝シュミットの公法学』東京大学出版会、一九九〇年

もっと知りたい人のための参考文献

升味準之輔『昭和天皇とその時代』山川出版社、一九九八年
　不朽の書『日本政党史論』全七巻（東京大学出版会、新装版二〇一一年）の書き手による先駆的著作。陸軍船舶二等兵として終戦を迎えた著者が、戦犯問題と退位問題を軸とし、戦前と戦後の天皇の事蹟を縦横につなぎつつ歴史的検討を加えた書。内容の濃さと良心的な価格に鑑みると、必携必見の書としてお薦めしたい。

原　武史『皇后考』講談社学術文庫、二〇一七年、原版は二〇一五年
　『本』（講談社）連載中の「鉄道ひとつばなし」が雑誌連載のギネスを狙える稀代の「鉄」学者である著者の、もう一つの突出した才能が一番よく表れた書。大正の最末期、長慶天皇の在位が確定され、神武天皇以来の皇統譜が整ったことの意味の重大性を、貞明皇后と裕仁摂政の緊張関係から見た視角の卓抜さは、追随を許さない。

古川隆久『昭和天皇――「理性の君主」の孤独』中公新書、二〇一一年
　『昭和戦中期の総合国策機関』（吉川弘文館）で企画院・革新官僚を解明し、戦前期日本の「革新」派についての研究を深めた一方、『戦時議会』（同前）で戦中期の議会の確固たる存在意義を描いた著者。昭和天皇の全生涯を確実な史料でおさえた諸著作のうち、最も手に取りやすいかたちの書。天皇の思想形成過程の叙述が秀逸。

小田部雄次『皇族――天皇家の近現代史』中公新書、二〇〇九年
　『梨本宮伊都子妃の日記』（小学館文庫）を翻刻したことで知られ、皇族に早くから着目してきた著者による皇族論の通史。近代皇族の成立から現代まで悉皆的におさえ、皇族を規制していた法制、軍事と宮中という憲法の例外領域をつなぐ存在である皇族に光を当てた功績は大きい。『大元帥と皇族軍人』（吉川弘文館）全二冊も。

尾藤正英抄訳『荻生徂徠「政談」』講談社学術文庫、二〇一三年、同『江戸時代とはなにか――日本史上の近世と近代』岩波書店、一九九二年
　前者所収の論考「国家主義の祖型としての徂徠」は近代史に興味がある人々には必読。国家主義思想の隆盛を近代の特性とすれば、神道家の祭政一致論に早くから着目し、政治における非合理的要素に自覚的だった徂徠は近代の祖となる。後者に所収された天皇機関説事件の意味を問うた論考も必読。

丸山眞男著、古矢旬編『超国家主義の論理と心理』岩波文庫、二〇一五年
　巻頭論文「超国家主義の論理と心理」が重要。一九四六年三月に執筆された本論文は何度読んでも引きこまれること必定。公・私の領域が截然と区別された中性国家となれなかった日本。美濃部達吉が苦心惨憺しつつ君主制原理を国家法人説で中和させる試みは挫折し日本は戦争の時代に突入する。『西園寺公と政局』編纂、極東国際軍事裁判速記録を同時代的にフォローして書き上げた本作はやはり不朽のものといえよう。

カントーロヴィチ、E・H、小林公訳『王の二つ身体――中世政治神学研究』全二巻、ちくま学芸文庫、二〇〇三年
　本書が展開する世界と、近現代の天皇制は無縁だと思っていた。だが、身体を理由とする退位（譲位）への扉は開かれた。一九世紀ドイツで確立した公法学は、私法から法人理論を導入したが、著者が本書冒頭でふれたエピソード、サンフランシスコ大司教を法律用語で表現すれば「単独法人」となる等、震撼するほど面白い。

大津透編『王権を考える――前近代日本の天皇と権力』山川出版社、二〇〇六年
　そもそも、歴史学研究会の総合部会例会で天皇の身体と皇位継承を研究部長として筆者がとりあげようと思った契機は本書の面白さによる。だが残念、本書は前近代のみをカバーする本であり、ならば、射程を近現代まで延ばしたうえで、そこから再度前近代を眺めたらどうなるか、これが筆者の野望であった。

高木昭作『将軍権力と天皇――秀吉・家康の神国観』青木書店、二〇〇三年
　将軍（武家）と天皇との力関係の実態を探るのではなく、将軍権力がもっていた神国（仏国）意識との関係から天皇権威の存続理由を考えた鋭い論考。天皇が日本に存在していることを、日本の神国たる証だとする考え方の土台は、民衆から将軍まで共有されており、その土壌は中世期に準備されたことなどを読み解く。

加藤陽子『増補版　天皇の歴史　8　昭和天皇と戦争の世紀』講談社学術文庫、二〇一八年、原版は二〇一一年
　自らの著作を挙げるのは心苦しいが、本章で十分に論じられなかった軍・軍隊と天皇の関係性、その緊張関係につき、第三章「内なる戦い」と第四章「大陸と太平洋を敵として」で詳しく描いた。天皇の対中認識のある種の「古さ」に、軍・軍隊の中枢部にいた軍人らが実質的に反旗を翻してゆく過程を描いた。

戦後天皇制と天皇——制度と個人のはざまでの退位

河西　秀哉

はじめに

本章では、敗戦後における天皇の身体と皇位継承の問題を扱いたい。一九四六年一一月三日公布・翌年五月三日施行の日本国憲法によって、天皇は「象徴」となった。これによって、天皇制は敗戦後も継続することになる。

この新しい制度はいかにして誕生したのか。すでに研究史において、象徴天皇制の形成に関してはかなりの蓄積がある。天皇制を残すことで一致した日本側と占領軍（ＧＨＱ）は、一方でどのような内実をともなった制度にするのかについては、必ずしも一致していなかったと思われる。当初、大日本帝国憲法をより「民主化」する程度でよいと考えていた日本側は、自主的に憲法草案を作成する。しかし、ＧＨＱはこの日本側の案では連合国の世論を納得させることはできないと判断していた。昭和天皇への厳しい処罰を求め、天皇制の廃止さえ求めかねない国際的な流れに対応するためには、天皇制が劇的に変化したことをアピールし、今後の世界に脅威を与える存在でないことを示す必要があったのである。そこでＧＨＱは自ら草案を作成し、日本側に提示する。そこに天皇は「symbol（象徴）」と記された。また、天皇の国事行為を限定し、その存在意義がきわめて少ないことを文言上で示した。それは、天皇制を残すための国際社会へのアピールだったと思われる。

一方で、日本側も単に「象徴」を「押し付けられた」だけではなかった。帝国議会の審議において、憲法改正担当の金森徳次郎国務大臣は「あこがれの天皇」論を主張し、戦前との連続性を強調するなど、「象徴」の内実を曖昧化する。これには意図があった。憲法の条文だけに限定されない、天皇の位置づけが可能になるからである。ＧＨＱも占領政策を円滑に進行させるため、天皇の権威を欲していた。それゆえ、日本側の答弁を事実上黙認し、協力関係を維持していく。そしてその結果として、敗戦後の天皇制の存立根拠は日本国憲法にあるのか歴史にあるのかはっきりとしなくなり、また「象徴」の範囲も曖昧化する。

これが、「象徴」とは何かをめぐって、戦後日本社会のなかでさまざまな展開が生まれる要因となった。そして、「象徴」とは何かを天皇やマスメディア、私たちが模索することにもつながった。二〇一六年八月の明仁(あきひと)天皇による「おことば」は、まさにその集大成ともいえる出来事であった。では、どのような展開が敗戦後から現在まであったのか。本章では、とくに退位、「象徴」の模索という二つの問題に焦点をあて、敗戦後における天皇の身体と皇位継承の問題に迫ってみたい。

1　天皇制を維持するための退位

敗戦直後の道徳的退位論

アジア・太平洋戦争の敗戦直前から、日本国内では昭和天皇の退位論が提起されはじめる。その代表的な一人が、元首相の近衛文麿であった［吉田　一九九二：三三―六四］。近衛らは、天皇には憲法に規定される法的・政治的責任はないにせよ、敗戦を招くことになった道徳的責任が存在するのであり、天皇が退位して責任をとることで人々は納得し、天皇制を今後も継続させることができる（責任をとらなければ継続が危うくなる）と主張した。それは、予想される連合国による戦犯裁判に先回りして対応することでもあった。ここでは、天皇個人と天皇制という制度を分けて考え、制度を継続維持するためには天皇個人の身体をある種の犠牲にしてもかまわないとの発想が、近衛のような華族という支配層から登場していることに注目しておきたい。彼のなかでは天皇制と天皇個人は一体ではなかった。

こうした昭和天皇の退位論は一定の広がりを有していた。たとえば、敗戦直後に外務省から委託され、天皇制維持の「合理的根拠」を提示するために一九四六年一月に論文を記した矢部貞治東京帝国大学教授は、次のような主張を展開する［河西　二〇一八a：九九］。

> 永い歴史的発展の中で天皇制は自然人格としての天皇を超えた連綿たる高御座の権威として存立し、又民族、豪族、権臣、閥族、封建勢力を超越した公的存在であり、且又非権力的な本質を以て寧ろ文化的精神的統一の象徴として純化せられて来たことを否定することは得ない……第一に為さるべきことは、今上天皇の自発的退位である……今上天皇が具体的に国政を親裁せられたか否かという事務上の責任問題は何であれ、国家の元首としての戦争責任は免れざる所に属する。自然人格としての天皇が責任を明らかにせられることは却って宝位としての天皇制を保持する所以でもある（「天皇制と民主々義」『天皇制研究』第八号、外務省外交史料館蔵）

矢部はここで、近衛同様に天皇制という制度と天皇個人を分離している。そして、天皇の地位は「自然人格」を超えた「公的存在」であり、だからこそ「文化的精神的統一の象徴」となったという。ここで、道徳・文化の中心としての天皇という概念が登場してくるのである。そうすると、天皇は道徳的中心であるがゆえに、敗戦を招いた道徳的責任を引き受けざるをえなくなる。そこで、矢部は天皇の自発的退位によって、天皇制を維持させようとしたのである。政治責任を回避しつつも、天皇制を維持するためには天皇は道徳的責任をとるべきとの思考は、広がりをみせていた。このほかにも、敗戦直後は高松宮や三笠宮、東久邇宮などの皇族などからも退位論が主張されており、国内においても無視することのできないほどの影響力をもっていた〔冨永　二〇一四：三七—三八〕。

こうした状況のなかで、吉田茂内閣は一九四六年七月、憲法改正にともなう法制度の整備に関して調査審議する諮問機関として、臨時法制調査会を設置する。委員には官僚や学者などが選出され、皇室関係を話し合う第一部会では、皇室典範要領（試案）を作成するための小委員会が設けられた〔奥平　二〇〇五：九五—九六〕。そのなかでは、佐々木惣一などの学者出身の委員などからは天皇退位に関する規定を設けるべきとの意見もあったようであるが、大勢は明治期に定められた皇室典範に沿って改正すべきとの声が強かった。そして一〇月、臨時法制調査会は皇室典範改正について、「皇位継承の原因は崩御に限ること」とし、退位の規定は設けられなかった。その理由は、第一に天皇の地位に就いた以上、責任を果たしてもらうことが必要であるとの考えがあったこと。天皇は限られた人にしかなれない立場であるからこそ、それだけ責任感をもって取り組む必要があるとの意見であった。第二に歴史上、退位にはさまざまな弊害があったこと。退位のないことのほうが皇位継承を円滑に進めることができるというのである。こうした論理は、その後も退位を否定する考え方として残ることになる。そして第三に次のような考え方もあったという。

現実ノ問題トシテ、従来ト甚ダシク異ツタ原則ヲ法文ニ掲ゲルコトニ依リ、現実ノ事態ニ対シ諸種ノ憶測ト雰囲気トヲ生ゼシメテ困難ナ事態ヲ招来スル虞ガアルコト等ノ見地カラコノ問題ヲ解決致シマシテ従来通リ皇位継承ノ原因ハ天皇ノ崩御ノミニ限ルコトニ相成ツタ次第デアリマス（『日本立法資料全集1　皇室典範』信山社、一九九〇年）

ここでいわれる「現実ノ問題」とは昭和天皇の戦争責任問題を指している。つまり、もし新しい皇室典範に退位に関する規定が設けられた場合、現実問題として進行している天皇の戦争責任に直結し、退位すべしとの声が高まるのではないか。そして、天皇の退位が天皇制という制度存続までをも危うくさせる危険性がある。そうした危惧から、退位という選択肢を排除するため、新しい皇室典範にはそうした規定を設けるべきではないと考えられた。ここでは、法的問題よりも現実の政治問題が重要視されたといえる。敗戦後に退位問題が生じている状況が、法律の内容を規定したのである（加藤　二〇一八：三九三―三九九）。

このように退位に関する規定が新しい皇室典範に入らなかった理由として第四に、「不就任の自由」との関連もあった［奥平　二〇〇五：一〇三―一〇五］。退位の自由を認めてしまった場合、天皇にならないという不就任の自由も認めなければならない、そうすると皇位継承者がまったくいなくなり天皇制がなくなる可能性もある。それを避けるため、退位も規定はできないと考えられた。こうして、新しい皇室典範には退位に関する条項は入らなかった。

この新しい皇室典範案は議会への提出前、枢密院の審査にかけられた。その際、昭和天皇の弟である三笠宮が「新憲法と皇室典範改正法案要綱（案）」という文書を執筆し、枢密顧問官へ配布された（大阪府公文書館蔵「羽室家文書」）。そのなかで三笠宮は天皇の退位についても言及している。「新憲法で基本的人権の高唱されてゐるに拘らず」、「「死」以外に譲位の道を開かないことは」その憲法の趣旨に反しているのではないかと三笠宮は提起する。拒否権の存在しない天皇に、もし内閣との意見の相違が生じた場合、どうすればよいのか。「天皇が聡明であり、良心的であり、責任観念が強ければ強い程」天皇は苦しい立場に追い込まれる。三笠宮はこうした事態に備え、天皇が退位を皇室会議に発議できる権限を保障しておくべきだと強調する。そうしなければ、「天皇は全く鉄鎖につながれた内閣の奴隷と化するであらう」と述べた。「人間」としての天皇の存在を意識すれば、その意思というものが生じることになる。戦前のような権限を有しない天皇が自らの意思をどこで発露することができるのか。三笠宮はそのための最終手段として、退位は担保しておくべきだと主張し、皇室典範に組み入れるように述べたのである。この意見は聞き入れられなかったものの、天皇の「人間」としての意思と退位という問題は、平成の状況をみると、非常に重要な提起であったように思われる。

結局、昭和天皇の退位は実現しなかった。その理由は、退位が天皇制廃止につながる危険性があったからである。昭和天皇は強い「皇祖皇宗」への責任意識をもち、天皇制を維持継続していくことを重要視していた［吉田　一九九二：二二九］。自らは個としての天皇という存在であるが、連綿として継続した天皇という地位にあることを強く意識し、それを継続させることこそ第一義に考えていたのである。

道徳的退位論からの発展

その後、一九四八年四月、東京裁判が結審をし判決を待つ段階のなかで、再び退位論が広がっていく。『週刊朝日』一九四八年五月一六日号に、三淵忠彦最高裁判所長官・佐々木惣一らによる座談会が掲載され、そのなかで退位論について言及がなされたことで、退位の観測が広がっていく［冨永　二〇一四：五〇―五七など］。

政府においてもそれは大きな問題となった。三宅喜二郎外務省特別資料部第一課長は七月、「御退位問題と戦争責任問題」という文章を執筆し、芦田均首相に提出している（国立国会図書館憲政資料室蔵『芦田均関係文書』）。そのなかで三宅は天皇は輔弼を受けているので、憲法上の開戦・敗戦に関する責任はないとしつつ、道徳上の責任については「従来特殊の倫理的性格をもつて居た我国の天皇として、陛下御自らにおかれて、祖宗に対し、また国民に対し、特殊の道徳的責任を感じて居られるであろうことは自然である」と述べた。人々からは道徳的責任論を展開すべきではないとしつつも、天皇の自発的な道徳的感情としての責任の発露については許容したのである。そして、「御退位の意義は、ただに自然人としての今上陛下の、今次戦争に関する道徳的感情を顕現し、道徳的責任を解除するという点に止まらず、これによつて宝位としての日本国天皇の権威を護持し、天皇制の道義的基礎を悠久に伝えることになるという点にも存するのである」と三宅は主張する。ここで重要なのは、三宅が「人間」としての天皇の意思の発露としての退位、天皇制維持のための道徳的退位という二つの観点から退位を提起しているところであろう。前者が「人間」としての天皇という観点、後者が道徳的退位論の系譜を引き継ぎ、それを融合させて三宅は退位論を主張している。これまで提起されてきた退位論の論理を官僚が述べ、首相に提出した点で、この時期にこうした主張が一定の広がりをもっており、深刻に受け止められていたことが想像できる［河西 二〇一八a：二〇七―二一〇］。

以上のような敗戦直後からの退位論は、天皇の道徳的責任が追及された。そうした論理は、天皇の個人としての意思を浮上させる。しかし敗戦という事態によって、天皇の意思をむしろそれまで以上に抑制するような日本国憲法へと帰結する。ところが、その新憲法は基本的人権が柱となっていたゆえ、天皇の意思は発露できないにもかかわらず、人々の自由は保障されるという矛盾が生じることとなった。

また、皇室典範の改正をめぐって、退位の条項を入れるか否かは大きな問題となった。しかしそこに入れることで現実の戦争責任問題と結びつけられ、ひいては昭和天皇の退位と天皇制の廃止につながる危険性が指摘されると、皇室典範に退位の規定は組み込まれなくなった。敗戦直後という政治社会状況のなかで、ここでも天皇の意思の発露は避けられることとなったのである。

2 退位論のその後

ミッチー・ブームと退位論

これまで述べてきたように、占領初期から中期にかけての退位論は、天皇の道徳的責任を追及したもの（道徳的戦争責任論）であった。それが、講和独立が近づき「新生日本」への期待感が高まり、明仁皇太子という存在への注目が重なるなかで、一九五二年に中曽根康弘が提起したように、天皇制の「若返り」を求めた退位論が主張されるようになる。これらは結実しなかったものの、象徴天皇制の展開に与えた影響は大きかった〔河西　二〇一八b：一六一—一八三など〕。じつは、その後も昭和天皇の退位論は戦後日本社会のなかで折に触れて登場する。そしてそれは、天皇の身体と皇位継承の問題に大きな意義をもっていたものと考えられる。本節ではその点をみてみたい。

一九五八年一一月二七日、皇室会議において明仁皇太子と正田美智子との結婚が認められ、同日記者会見が行われた。それまで、旧皇族か旧華族との結婚が噂されていた皇太子の相手が、そうではない「平民」の正田美智子であったこと、二人の結婚が「恋愛」と騒がれたこと、そうした結婚が当時の大衆社会と親和性をもっていたことなどから、世間では「ミッチー・ブーム」と呼ばれ、皇太子と正田美智子は大きな人気を得ていくことになる〔松下　一九五九など〕。二人の若さ・清新さが人々に歓迎されたといえる。

その潮流を背景にして、退位論が登場する。その口火は、『週刊新潮』一九五八年一二月二九日号の記事である。この記事は、ブームによって人気のある二人に新しい象徴天皇制を任せてはどうかという意見が出ていることを紹介、それまでの退位は「天皇にとってはもちろん、国民感情からいってもやや悲劇的な色彩が濃かったのにくらべて、こんどの機会はいわば「天皇引退の花道」を飾る意味をもつ」と論じた。つまり、それまでの退位論が昭和天皇の戦争責任を追及する意味で展開されていたので「悲劇的」ではあったが、今回はむしろ慶祝ムードであることを背景に論じられていることに意義があると強調し、「天皇引退の花道」と表現したのではないか。おそらくそれは、占領末期に中曽根が展開した「天皇制の若返り」という要素を引き継ぎつつ、ミッチー・ブームという実際上の象徴天皇制の展開に後押しされ提起された退位論であった。いうなれば、戦争責任という要素がなくなった「明るい退位論」だったと評価できるかもしれない(1)。

この週刊誌記事に影響を受けたのか、国会でも退位論がとりあげられる。社会党の受田新吉は一九五九年二月六日の衆議院内閣委員会で次のように発言した。

天皇の御地位というものに対して、新しい憲法が保障する基本的人権、いわゆる憲法の第三章に掲げられてある基本的人権と矛盾する面が相当起っておらないか……たとえば皇太子が成年に達せられ、あるいは御結婚をされる。そして十分後継者として天皇の地位を守ってもらえるということになり、また天皇御自身も、一般でいうならば定年退職に当られるくらいの年配になられる、こういうことになるならば、天皇の御退位の自由ということが一応認められていいのではないかと思うのでございます

ここで重要なのは、基本的人権という概念から退位論が提起されていることである。このような人権概念からの退位論については、一九五六年に同じ社会党の田畑金光が参議院内閣委員会において憲法改正と皇室典範との関係性から質問をすでにしていた[古川　二〇一八：四六]が、皇室問題を積極的かつ好意的に国会でとりあげる受田が、ミッチー・ブームによって明仁皇太子と正田美智子の人気が高まっていること、そして退位論が週刊誌でとりあげられていることを背景にして、国会で主張をしたことに意味があった。

ここでの論点は、天皇の高齢問題であった。受田は「定年退職」という一般社会の例を出しながら（昭和天皇はこのとき五七歳）、日本国憲法が天皇条項を定めた第一章と国民の基本的人権を定めた第三章に矛盾があると論じ、退位論を展開したのである。週刊誌の報道はミッチー・ブームという現象を受けてのある種の観測を報道したものであったが、受田の国会での主張はそれを論理化したものだった。また、ミッチー・ブームによって人々の象徴天皇制に対する親近感が高まっていたことを背景にした、天皇をより「人間化」するための退位論といえる。それによって、人々と天皇をこれまで以上に近づけ、象徴天皇制を強固にする意図があったのではないだろうか。これに対して林修三法

制局長官は、過去の退位に問題があったことなどを理由にしてそれに慎重的な意向を示す答弁を行ったため、退位が実現されることはなかった。とはいえ、一九五〇年代末、占領期とは異なる退位の論理が展開されたのである。この基本的人権と天皇との関係をどう考えるのか、という点はその後の退位論にも引き継がれることになる。

外遊から提起される退位論

その後、しばらく退位論が登場することはなかった。それは、ブームが落ち着き、むしろ皇太子夫妻への飽きや批判が出ていた［河西　二〇一六：九五］ことと無関係ではないだろう。一九五〇年代には期待されていた彼らが退位後の受け皿として想定されていたからこそ、退位論は展開されたのである。それゆえ、皇太子夫妻への期待感の低下とともに一九六〇年代には退位論が登場することはなかった。

その風向きが変化するのが、昭和天皇が古希（七〇歳）となった一九七一年である。この年は天皇としての初めての外遊であるヨーロッパ訪問が九〜一〇月に予定され、その関連のなかで退位論が登場する。その初発は管見の限りでは、『週刊新潮』一九七一年三月六日号の「四月二十九日「天皇御退位」説の根拠」という記事である。このなかでは、外遊をめぐって二つの観点から退位論が提起されていることを紹介している。第一に、「政府高官」がもらした「陛下が退位されて、ご自由な立場で外遊されるのがいちばんいいのではないか。そのほうがスケジュールもたてやすいし、陛下のおためにもなるだろう」という言葉が代表するように、なるべく天皇の意思に沿って自由に外遊日程を組むためにも、責任ある立場から離れてはどうかという退位論である。『週刊新潮』はこれを、「一種の〝思いやり〟からの退位説」と評価した。この観点からの提起は、一九五〇年代末に受田が展開した基本的人権の観点を受け継いでいた。初めての天皇外遊であれば窮屈になる可能性がある、であるならば昭和天皇の意思が必ずしも反映されない日程になる危険性がある、だからこそ退位することで「人間」としての意思を表出できるようにしてはどうか、そのように考えられたからこその退位論であった。

一方、第二は「某旧華族夫人」による「海外へお出になるということは、これはご退位を前提としなければ、成立しないことでございましょう」という言葉のように、天皇という立場には外遊する権利・権限がないという観点からの退位論である。天皇なしでは国が成り立ちえない、もし海外で何かあったときにどうするのか、そのような点から天皇という立場での外遊はありえず、退位して臨むべきという思考であったと思われる。第一の立場とは異なり、昭和天皇個人への配慮や同情という意味はなく、天皇は無私でなければならないという発想から提起されたものであった。ただしどちらも、天皇という立場は自身の意思を表出することができないという前提があったことには注意しておく必要がある。このように、天皇制と天皇個人の矛盾が考えはじめられていた。

ヨーロッパ訪問を含む外遊が天皇の「花道」と考えられ、退位の観測が報じられることもあった。『アサヒ芸能』一九七一年九月一六日号が、「天皇は来年10月訪米後ご退位される！」とのタイトルを掲げた記事を掲載している。この記事はヨーロッパ訪問直前のものであるが、その後にはアメリカ訪問が予定されていたことからそれを契機に天皇は退位してもよいのではないかという論調であった。記事では、「陛下も、もうご高齢（七〇）になられたし、在位期間も歴代のなかで最長でいらっしゃる……余生をおたのしみになられては」という清水馨八郎千葉大学教授の意見が冒頭に紹介され、評論家の村上兵衛も「本当は、天皇にも定年制があるといいのですがねえ」と述べるなど、天皇の年齢を強調して退位の理由とする言説が並べられた。ここでは、古希を迎えた天皇が辞めるにあたって、二つの外遊はまさに「花道」になると考えられた。天皇初の外遊という大きな仕事を成し遂げた昭和天皇はそれを契機に引退し、その後「余生」を静かに過ごしてはどうかという論が浮上したのである。

そうした意見は『アサヒ芸能』だけではなく広がりつつあった。ロンドンの夕刊紙『イブニング・スタンダード』に『天皇ヒロヒト』（戦時・敗戦直後の天皇や宮中の動向を描いた書籍、日本では一九六六年に毎日新聞社より刊行）の著者であったレナード・モズレーが訪欧・訪米という「この二つを終えれば、ご自分の陛下としての価値観を終わり、そのあとは戦争の罪によごされていない新しい年代にゆだねるべきだ、とのお考えのようだ」と書いたことが、日本のメディアで報道される（『毎日新聞』一九七一年一〇月六日夕刊、『週刊現代』一九七一年一〇月二一日号など）。ここでは、昭和天皇は戦争責任という重荷を外遊によって果たすからこそ、そこで一仕事を終えたことになる、だからこそ退位して引退する契機である、そして「余生」を暮らしてはどうか、という意味合いが込められていた。こうした意見は、高齢となった天皇をどうするのかという問題、「人間」として天皇の「余生」とはどうあるべきなのか、そうした問題を突きつけたといえるだろう。

同時期、皇室典範に退位の条項がないため、退位までは言及しないものの、明仁皇太子を摂政にして昭和天皇の仕事の負担を解消すべきではないかという意見も登場した。天皇のヨーロッパ訪問後に出版された『週刊現代』一九七一年一一月二五日号は、皇太子を摂政にしようとする動きが存在していることを報じる。その記事のなかでは、昭和天皇の在位がすでに長期にわたること、古希を迎えたことなど、この時期の退位論で論じられてきた論理が展開されている。そうした「花道」論の延長に皇太子の摂政就任が考えられていた。また、これには次のような理由も存在しているという。

> 今や皇太子殿下も四十歳に近い。今回の天皇のご訪欧に当たっては、立派に国事行為の臨時代行を勤められた。国民もこぞってそれは認めた事実だ。そこで時期も実績も整ったので、皇太子殿下が摂政に就任され、老齢の天皇を激務から解放させてあげる

皇太子が天皇訪欧中に国事行為の代行を務めたことは、いわば「天皇職の〝予習〟」だったと評価するのである。

明仁皇太子自身、すでに社会的にも経験を積み年齢を重ねているため、天皇としての職務を遂行する必要があるとの論であった。それによって、高齢の昭和天皇の仕事を分担し、天皇を「激務から解放」しようとする試みだったといえる。同記事のなかで『毎日新聞』の皇室担当記者であった藤樫準二は、「陛下が激務から解放されて、ご自由に、好きな生物学のご研究にでも励まれ、余生を楽しんでいただこう」と述べており、この摂政論も退位論同様に天皇の「余生」という観点が重要視されていたのである。「人間」としての天皇という問題がここにもあらわれていた。なおこの記事では、明仁皇太子の摂政就任は、現行の皇室典範ではやや難しいことにも言及している。「天皇に異常な事態がなければ」摂政を設置することができないためである。これは大正天皇の状況を想定したものと考えられる。そこで、『週刊現代』は憲法学者の星野安三郎東京学芸大学教授による皇室典範改正は可能とのコメントを掲載し、その点に可能性を見出した。

このように、この時期の退位論や摂政論では、日本国憲法や皇室典範改正など、憲法・法律の観点からも考察がなされているのが特徴である。それは国会でも議論された。一九七一年三月一〇日の衆議院内閣委員会において、民社党に移っていた受田新吉は次のような質問をし、政府の見解を求めた。

私は、陛下の退位があってはいけないという立場をとる人間ですが……退位されることについてのいろいろな議論が出るということは、陛下はお疲れになったであろう、もうこれ以上御勤務されることが困難であろうという思いやりの心もあるし……要するに皇室典範は、天皇が崩じたるときは、皇嗣があとをつがれるとなっていて、天皇は一生涯その任にあられるわけです。そうなっておる。したがって退位論ということになると、これは皇室典範の規定の「天皇が崩じた」ところを改めるということで、一応法律論として済むのではないかと私は思うのですけれどもここで受田は、天皇は終身続けるべきとの立場を採っていて退位論に否定的な立場から質問をしており、「定年退職」に言及した一九五〇年代末の発言とは立場を変えている〔古川　二〇一八：四六〕。とはいえ、ここでの受田は、天皇の仕事が膨大であり、摂政を置くまでではなくても、国事行為の一部をいつも委任するような国事行為代行の法律を整備し、「陛下に気楽に御用邸等でお休みいただけるような形をとるべき」と考えていた。その意味では、天皇の「余生」を考慮する点は継続していた。そうした立場から、世間で登場している退位論は法律上可能であるのかどうか、政府に見解を質した。それに対して山中貞則総理府総務長官は「われわれまた国会議員たる者、国民を代表する者として、陛下に対してそれぐらいの思いやりというものを持つべき時期に来ておる……そういう思いやりの措置が法律の解釈、運用によってでき得ないものではなかろうという気もいたします」と答え、まずは法の運用や解釈で何らかの措置が可能か検討することを示唆した。とはいえ、皇室典範の改正によって昭和天皇の退位も可能であること、受田の主張するような国事行為代行などの措置も否定しておらず、天皇の高齢化という状況をふまえ、政府も皇室典範の改正を含めたさまざまな対応を考慮しなければならないと考えていたものと思われる。

ところが、この姿勢は翌一九七二年の国会での議論で変化する。この年も国会では退位論に関する議論が交わされ、四月一三日の参議院内閣委員会において社会党の山崎昇が皇室典範改正による退位の検討を政府に求めた。それに対して宇佐美毅宮内庁長官が、「歴史においても、御退位というようなことがむしろいろいろな政治的な紛争になったことさえある」「陛下もすでに七十歳をおこしになりましたけれども、御外遊以来いよいよお元気で、どこも悪いところはございません」と述べ、「いまこれを検討するというような段階ではないと思います」と答えたのである。先の山中総務長官とは異なり、検討するつもりがないと断言したのである。その理由として宇佐美が述べたのは、天皇が健康であるということであった。おそらく普段から昭和天皇に接する機会の多かった宇佐美は、まだ退位を含めてさまざまな措置を考える必要な状態に天皇はないと判断したのではないだろうか。天皇が退位する意思をもっていなかったことを知る立場だったといえるかもしれない。この後、政府は法改正で退位は可能であると述べつつも、基本的にはこの宇佐美答弁の方向性（過去の歴史と天皇は健康という論理）を繰り返すことになる。

ところで、ヨーロッパ訪問は昭和天皇の戦争責任問題を再燃させた［舟橋　二〇一三など］。この点から退位について言及する人々も登場する。『時事通信』のパリ特派員であった小林淳宏は、天皇のヨーロッパ訪問に随行した後に記した文章に、「ご退位後だったらよかったのに」とのタイトルを付した（『世界週報』一九七一年一一月二日号）。なぜ小林はそうした感想をもったのか。この訪欧は国際親善が目的で実施されたものであったが、各国が天皇の出迎えのための準備を大規模で行っているのを見、「これは最高の政治、外交にならざるを得ない」と感じた。元首のように天皇が扱われることで、各国の人々に過去の戦争の歴史を含めた天皇の存在を知らしめることになったというのである。であるならば、「センチメンタル・ジャーニーならそうと割り切った方がよかった」と小林は述べ、外遊は退位後にすべきだったと主張した。昭和天皇のヨーロッパ訪問における状況を目の当たりにした記者が、退位について言及したのである。

一九七五年九月から一〇月にかけてのアメリカ訪問時にも、戦争責任論による退位論が再浮上した。『週刊読売』一九七五年九月二七日号は「消えてない〝人道上の戦争責任〟どうする?」との特集を組み、訪米後の退位について言及している。このなかでは、さまざまな識者による意見が紹介されている。作家の井上ひさしは、訪米後に天皇は退位するだろうと主張し、その理由を第一に「余生をのんびりお過ごしになってはどうか」、第二に訪欧訪米によって「最終的な謝罪が完了した」、第三に皇太子が年齢を重ねてきたことを挙げている。これまで繰り返されてきた退位論の論理をまとめたものといえる。一九七〇年代の退位論はこうした観点から主張されてきたのである。

この記事では、より明確に戦争責任論から退位論を展開した意見も紹介されている。作家の豊田穣は「元日本軍兵士の魂」が戦地の「空を飛び交って」おり、それを「鎮めるのは、天皇以外にない」と述べて、そのためにも退位すべきと主張した。作家の五味川純平はより厳しく、「象徴」になっても天皇制の本質は変わっていない、訪米は「日米軍事同盟の総仕上げ」であって政治に利用される存在であり、すぐにでも退位すべきと述べた。両者ともに、敗戦後の昭和天皇が戦争責任をとっていないことへの批判が内在していた。それをこの期に解消するため、退位を主張したのである。[2]

『サンデー毎日』一九七五年一〇月一二日号は天皇訪米に関する大きな特集を組むなかで、退位問題についても小特集を掲載している。そこでは、読者に手記を募集し、天皇制や昭和天皇に関する意見を求めた。東京都の元教員・所栄吉（七〇歳）は、天皇の戦争責任を強調し、「「懺悔」の天皇であって欲しい」と文章を結んでいる。戦争責任論の観点から、はっきりと天皇の退位を求めたのである。この小特集に掲載された手記には、退位までは言及しないものの、昭和天皇の戦争責任について展開する意見は多かった。

一方、神戸市の通訳・杉田亀久夫（七四歳）は、「陛下もご老体である。そろそろ退位したいものだと心の中では考えておられるのではないだろうか」と述べ、高齢の天皇の負担を考えて退位する制度を整備すべきとの意見も見られた。「定年退職」「余生」といった考え方を提起して、退位論を主張したのである。

両者に言及して退位論を展開した手記もあった。鹿児島県の運送業・吉尾藤逸（五六歳）は、戦争責任をとるかたちで敗戦直後に天皇は退位すべきであったと述べつつ、現在なぜ再び退位論を主張するかといえば「今の陛下はお年」であり、皇太子の即位によって「「若い天皇陛下」の誕生」を願っているからだと強調する。それによって、「象徴」の実を得られるからだという。中曽根以来の「天皇制の若返り」ともいえる論理であった。

こうした意見に対し、宇佐美宮内庁長官は同誌のインタビューに「退位ということはありえない。まあ、退位論は、多分に情緒的なものですが、天皇の地位は、そんな情緒的なものじゃありませんからね」と、退位論をまったく相手にしないかのような態度で否定している。先述した国会での答弁での姿勢をここでも貫いていた。

以上のように、昭和天皇が七〇歳を迎えた一九七一年以降、退位論がたびたび提起された。それは、天皇が仕事を高齢となっても果たすことができるのかという観点から出された退位論であった。天皇の「余生」という表現は、天皇を「人間」としてとらえているからこそ出てくるものであったと思われる。そして、昭和天皇の二回の外遊を契機に、退位論はより広がっていく。皇太子が国事行為の代行を務めたことで、天皇としての経験値を高めたからであった。そしてそれ以上に、昭和天皇の戦争責任論が再燃し、その観点からの退位論も再浮上した。この時期の退位論は、敗戦直後から提起されていた論理が複合的に絡みながら主張されたのである。

その後も展開される退位論

その後も、退位論は噂のレベルも含めて、時々提起されていく。天皇が喜寿（七七歳）、皇太子が四五歳になるのを契機に退位や摂政を検討すべきとの声があがった。『サンデー毎日』一九七八年四月九日号によれば、そうした声は「皇室尊崇派といわれる政財学界の名士で、その内容も大変好意的」であった。『週刊現代』一九七八年三月二三日号はその声を具体的に特集している。「財界の幹事長」と呼ばれた今里廣記日本精工会長はこのなかで摂政論を主張しているが、その理由は天皇の仕事が多忙であり、高齢になって果たせないからというものであった。保守派の論客として知られた会田雄次京都大学教授は、「ともかくご高齢ですから、見ているだけでもお気の毒です」と述べ、やはり年齢という観点からの天皇退位論を主張している。しかも会田は、ここで天皇が交代すれば天皇制への関心も高まり、景気浮揚につながるという。この時期、天皇制への人々の関心は薄らぎつつあった。また、高度経済成長も終息し、低成長時代に突入しつつあった。それへの起爆剤として、昭和天皇は退位してはどうかと会田は提案していた。またこの記事では、清水馨八郎千葉大学教授も退位を提案している。

その清水は、一九八一年に『諸君！』第一三巻第四号に「天皇譲位のすすめ」という論文を発表し、退位論を提起した。

陛下の健康状態は良好とのことであるが、八十歳は何としてもご高齢である……このあたりで日常の激務から解放し、お気軽な生活ができるようにして差し上げたい……他方皇太子は昭和八年の酉年生れ、今年四十八年の壮年で、皇嗣として立派に円熟されている……譲位も退位も許されないというのは、皇室典範の矛盾ではなかろうか。今、日本の社会が高齢化社会の到来に悩んでいるように、これは「皇室高齢化」の矛盾というべきであろう

清水はここで、やはり天皇の高齢を退位の理由として述べている。皇室典範が制定時に想定していなかった高齢化社会が生じるなかで、天皇の「余生」をどう考えるべきなのか、皇太子がいつまで経っても天皇に即位できない状況に提起をしたともいえる。清水はこれを「人権問題」ととらえた。憲法の天皇条項と基本的人権条項の矛盾を突いたものともいえるだろう。こうした退位論は「思いやり」（『週刊新潮』一九八一年四月三〇日号）とも評された。清水は後に自由主義史観系の評論家・論客として知られた地理学者である。前述の会田を含めて、いわゆる保守派と呼ばれる人々が退位論を主張したことに意味があるだろう。彼らは昭和天皇の年齢ではその仕事量は激務であり、それから解放することで天皇の健康が保たれ長生きにつながるとみたこと、その「余生」について自分たちが考える必要があることを提起したのである。

これは、平成の退位をめぐる動きのなかで、有識者会議ヒアリングにおいて保守派と呼ばれる人々が退位に反対したことと［山口 二〇一七：一四五―一五三］とは真逆の思考であった。たしかにそのように発言した渡部昇一上智大学教授が、翌月の『諸君！』第一三巻第五号に「天皇譲位論に賛成せざるの弁」という文章を寄せ、清水の提案を批判している。とはいえ、この号では清水の提案に賛成する意見も掲載されており、この時期、退位論には一定の広がりがあった。

そしてその後も退位論は噂されつづけた。「御成婚六十周年」(『週刊現代』一九八四年一月七日・一四日号)や「在位六十年」(『週刊新潮』一九八五年四月二五日号)などを区切りとして、ある種の「花道」として天皇は退位してはどうか／するのではないかという記事が掲載された。こうした記事は、やはり天皇の「余生」とともに、皇太子も高齢化していていつまでも「部屋住み」でよいのかという意識が根底にあった。

一九八六年ごろには皇太子夫妻の韓国訪問が政府内で計画されており、それが摂政就任の布石であるとの観測も流れた(『週刊ポスト』一九八六年四月四日号)。また、昭和天皇が手術・入院したことを契機として、摂政論が登場したこともあった(『週刊朝日』一九八七年一〇月一六日号)。これらの記事では、退位は皇室典範改正をともなうことからやや否定的であり、できるだけ早急に対応するためにも皇太子を摂政にすべきとの論理が展開された。天皇が高齢であり、法改正では時間がかかると思われたからではないだろうか。ここでも、天皇の年齢などが理由として挙がっていた。

以上のように、占領終了後も、戦後日本社会のなかでは時折、昭和天皇の退位論が登場した。一九五〇年代末は、皇太子夫妻の人気を背景に、天皇制の「若返り」を求めるかたちで「花道」としての退位論が登場する。その後、退位論が提起されたのは、一九七〇年代の天皇外遊を契機とした時期であった。ちょうどその時期、天皇は七〇歳を超え、高齢化を迎えていた。そのため、天皇の「余生」をどう考えるのかという観点から退位論が展開されることになる。日本国憲法や皇室典範が制定時にはあまり想定していなかった「天皇の高齢化」という状況に直面するなかで、「人間」としてどう天皇を処遇するのかという問題が突きつけられたとみてよいだろう。皇太子も年齢を重ねており、いつまでも天皇としての助走期間でよいのか、という観点も天皇退位論の根底にあった。

一方、外遊は天皇の戦争責任を再燃させるきっかけとなった。それゆえ、その観点から退位を求める動きも出てくる。外遊によって戦争責任を果たし、「花道」になるとの論もあった。そうした議論は登場するものの、政府・宮内庁は基本的にはそれに関する議論を深めることはなかった。皇室典範の改正をともなうものだったこと、そして天皇自身にその意思がなかったことなどがその理由として考えられるのではないだろうか。そして結局は、昭和天皇は一九八九年一月七日、天皇のまま死去する。退位をどうするのかという問題は、次の明仁天皇まで解決されることなく、二〇一六年八月を迎えることとなった。

3　「象徴」の模索――明仁天皇の思想

本節では、戦後における明仁皇太子のあゆみ、そして天皇になってからの思想と行動を検討することで、退位に至る過程を明らかにしてみたい。

明仁皇太子は敗戦後、経済学者で元慶應義塾塾長の小泉信三の影響を大きく受けた。小泉は一九四九年二月に東宮職常時参与に就任し、明仁皇太子への教育の責任を負うことになった。小泉は立憲君主とは何か、天皇・君主としてのあり方を皇太子に教育していく。

小泉は毎週火曜と金曜にそれぞれ二時間、皇太子に対して講義を行った。イギリスの作家ハロルド・ニコルソンが執筆した『ジョージ五世伝』を原書で読み、福澤諭吉の『帝室論』もテキストとして用いた。これによって皇太子は天皇・君主としてのあり方を学んだのである。小泉は一九五〇年四月、皇太子に対して、敗戦後の天皇制と人々との関係性を「悲むべき敗戦にも拘らず、民心は皇室をはなれぬのみか、或意味に於ては皇室と人民とは却て相近づき相親しむに至つた」と述べている。どうしてそのような状況になったのか。小泉は次のように意見を展開させている。

責任論からいへば、陛下は大元帥であられますから、開戦に対して陛下に御責任がないとは申されぬ。それは陛下御自身が何人よりも強くお感じになつてゐると思ひます。それにも拘らず、民心が皇室をはなれず、況や之に背くといふ如きことの思ひも及ばざるは何故であるか。一には長い歴史でありますが、その大半は陛下の御君徳によるものであります［保阪　二〇〇九：九二―九五］

ここで小泉は天皇の戦争責任については認めつつ、天皇自身がそれを考え続けていることの意味を皇太子に説いた。それは、人格者としての天皇（君主）の姿ともいえる。そうした姿を人々は見、感じるものがあるからこそ、天皇制は敗戦後も維持されたと小泉はいう。1でみたように、この時期に道徳的責任論からの退位論が提起されており、小泉の意見はそれに近いとも思われる。そして、「何等の発言をなさらずとも、君主の人格その識見は自ら国の政治によくも悪るくも影響するのであり、殿下の御勉強とは修養とは日本の明日の国運を左右するものと御承知ありたし」と述べ、国家を担う存在としての天皇の意味を強調した。このように、皇太子は天皇（君主）としてのあり方とともに、人々を常に意識することを小泉から学んだ。そして、常に自分の人格や振る舞いが人々に意識され、それによって天皇制が継続していることを認識していったのである。人々との触れ合いが重要視される、いわゆる「平成流」の原型はここにあったともいえるのではないか。

その後、皇太子は一九五一年一二月に一八歳の誕生日を迎えて成人し、社会における「新生日本」の雰囲気とも相まって、その人気も高まった。マスメディアは彼の一挙手一投足を報じ、一九五三年の初めての外遊は大きくとりあげられた。しかし、結婚相手選考報道が始まり、それが長期化するにつれ、次第にその人気も陰りをみせる。それが再び復活するのは、前述したミッチー・ブームである。「平民」出身の正田美智子との婚約は人々やマスメディアの予想をよい意味で裏切ることとなり、「恋愛結婚」と評されることで戦後民主主義との親和性が語られ、二人の人気は高まり、実質的な象徴天皇制の完成を迎えることとなる［河西　二〇一六：九二など］。とはいえ、これも長続きしなかった。美智子妃の病気をきっかけに、それまでの雑誌報道に対する批判が高まり、マスメディアは美智子妃についての報道を縮小していった［森　二〇一四：二二〇—二二二］。人々も高度経済成長にともなって生活水準が向上してくると、皇太子一家を理想的なモデルとみなくなっていく。それは飽きでもあった。強烈なブームだったがゆえに、二人の人気が下降するのも早かったといえる。こうしてミッチー・ブームは終焉した。そして象徴天皇制は「地盤沈下」の時代を迎えることになり、人々の関心が薄れていく［渡辺　一九九〇：二四五—二二三］。

このような状況のなかで、皇太子は自らの存在意義を確かめるべく、模索をしていくことになる。皇太子という存在は、日本国憲法においても皇室典範においても天皇の国事行為のように、その職務が何か規定されているわけではない。そのため、初代「象徴皇太子」である明仁皇太子は、日本国憲法下で初めての皇太子として、手探りで模索を繰り返していく。とくに、２でも述べたように、昭和天皇が長く在位しつづけたこともあり、明仁皇太子も皇太子としての地位を長く続けざるをえなかった。それが、模索の時期を長くすることにもつながったのである。

こうした模索のなかで、明仁皇太子は天皇制の歴史にも注目するようになっていく［河西　二〇一八c：六四—七二］。一九七七年一二月一九日の四四歳の誕生日記者会見では次のような話を展開している。

記者　浩宮様が今、歴史上名を残された各天皇方の事績を勉強されていて、殿下も一緒にお聴きになっていると伺っているのですが……

皇太子　天皇の歴史というものは、今度も児玉学長に話を伺いました。ただ（私の場合は）少し前ですね、中学から高校にかけてだから。

記者　それはご自身にとって役に立っているとお考えですか。

皇太子　何というのでしょうか、こう「しみついてくる」というようなことはあると思いますね……天皇の歴史というものを、その事実というか、そういったものを知ることによって、自分自身の中に、皇族はどうあるべきかということが、次第に形作られてくるのではないかと期待しているわけです……
記者　さきほどの天皇の歴史の御進講の内容はどのような……。
皇太子　黛学習院大学教授や笹山教授の二人がやっておられますが、日本書紀とか続日本紀とかを中心にしておられる。古代ですから、史料というのは少ないわけですね。だからその史料から考えられる限り、こうが正しいじゃないかとできる限り正確を旨としてやっておられるので、私は大変いいんじゃないかと思っています

皇太子は、日本近世史が専門の児玉幸多学習院大学学長・教授、日本古代史が専門の黛弘道学習院大学教授や笹山晴生東京大学教授より進講を受けていると述べ、そうした話が「しみついてくる」というような感覚にあるとの感想をもらした。こうした感覚を皇太子がもったことは興味深い。天皇制の歴史を学ぶことで、自身の体にその事績が取り込まれていくという意識を皇太子が有していったのである。個としての身体という感覚ではなく、そうした過去の天皇の集積を身に付け自身が存在するという思考は、天皇制を継承し継続させていく立場であるがゆえに感じるものではなかろうか。

一方で、この天皇制の歴史を学ぶことについてはとくに、黛・笹山から受けている講義を皇太子は詳しく説明しており、『日本書紀』や『続日本紀』といった史料を読みながら、その解釈を通じて天皇制の歴史を学んでいたという。ここでは、原典史料にあたって歴史を学ぶ姿勢が貫かれている。それは科学的な思考ともいえる。近代天皇制下で繰り返されてきた神話的な天皇制論とは異なり、史料に忠実に過去の天皇の姿をみようとする態度は、先述した小泉の教えにも通じるところがあるように思われる。このように浩宮と一緒に天皇制の歴史を学んでいくなかで、皇太子はそれを「象徴」を模索する際の参考にしていったのではないだろうか。

そしてこうした模索のなかで、皇太子は次第に日本国憲法で規定された「象徴」という地位と天皇制の歴史を融合

していく（一九八四年四月六日記者会見）。

日本の皇室は、長い歴史を通じて、政治を動かしてきた時期はきわめて短いのが特徴であり、外国にはない例ではないかと思っています。

政治から離れた立場で国民の苦しみに心を寄せたという過去の天皇の話は、象徴という言葉で表わすのに最もふさわしいあり方ではないかと思っています。私も日本の皇室のあり方としては、そのようなものでありたいと思っています

ここで明仁皇太子が述べる天皇不執政の論理は、敗戦後に津田左右吉や和辻哲郎ら象徴天皇制を擁護して支える根拠となった言説と同じ展開構造であった。近代天皇制のような政治的に権限・権力のある状況を異質化し、むしろ前近代の天皇制のように政治に関与しないかたちこそがその本質だとする論理である。そしてさらに興味深いのが、「象徴」こそ歴史的な天皇のあり方に合致していると皇太子が主張している点であろう。天皇制のあり方を「象徴」と表現することは日本国憲法制定以前にももちろんあるものの、前近代や近代に天皇制のあり方をそのように表現することが主流だったわけではない。しかし明仁皇太子は、敗戦後に日本国憲法で「象徴」と規定されたことを評価し、過去の天皇の事績と結びつけた。次の『読売新聞』一九八六年五月二六日に掲載された皇太子の言葉は、そうした彼の思考を最も端的に表現しているものであろう。

天皇が国民の象徴であるというあり方が、理想的だと思います。天皇は政治を動かす立場になく、伝統的に国民と苦楽をともにするという精神的立場に立っています。

このことは、疫病の流行や飢饉に当たって、民生の安定を祈念する嵯峨天皇以来の天皇の写経の精神や、また、「朕、民の父母と為りて徳覆うこと能わず。甚だ自ら痛む」という後奈良天皇の写経の奥書などによっても表されていると思います

ここで明仁皇太子は古代や中世の具体的な天皇の事績に言及し、人々のことに心を寄せる立場こそ天皇のあるべき姿であり、それこそが「象徴」であると言及している。そして、天皇は「国民と苦楽をともにする」ような「精神的立場」であるべきと語った。政治的に実際上の権限・権力がある存在ではない、日本国憲法の「象徴」のあり方こそが「理想的」なかたちであると、皇太子は歴史をみていくなかで発見したのである。

以上のような思考を有しつつ、明仁皇太子は「象徴」としての模索のなかで、福祉へのとりくみ、戦争の記憶に対してふれることなど、さまざまな「公務」を創出していく。それは天皇に即位した後も継続された。それゆえ、憲法に規定された国事行為以上に、そうした公的行為と呼ばれる活動が数多くなされ、またマスメディアはそれを積極的に報じていく［河西　二〇一六：一五九—一六二］。これが「平成流」と称された。それに対して明仁天皇は、二〇〇九年一一月の即位二〇年に際しての記者会見で次のように答えている。

私は、この二〇年、長い天皇の歴史に思いを致し、国民の上を思い、象徴として望ましい天皇のあり方を求めつつ、今日まで過ごしてきました。質問にあるような平成の象徴像というものを特に考えたことはありません

ここで天皇は自身のとりくみは特別ではないという意識を表明している。先述したように、歴史的な天皇の事績を学び、それが「しみついてくる」という感覚をもっていた明仁天皇にとって、自身の活動は平成に限定されたもので

はなく、歴史的な天皇のあり方そのものなのだという自己意識をもっていた。

一方で、二〇一六年八月の「おことば」は、自身の行為に対する強い自負心をにじませるものであった。自身が模索してきた「象徴」としての行為は、社会や人々の期待や声に応えつつ行ってきたものであること、そしてそれを高齢という理由で減らされることはあるべき「象徴」ではなくなること、それゆえ「象徴」として次の世代にすべてを引き継ぎたいという意思を示したといえる。それは、マスメディアにさらされながら常に「象徴」としてどうあるべきかを模索してきた明仁天皇の自負心であったのではないだろうか。彼がここで退位の意思を表明したのは、「象徴」としての「理想形」を求めてきたことの帰結であった。

おわりに

敗戦後、天皇制という制度を維持するために天皇退位論が提起された。こうした退位論は、政治上の戦争責任ではなく、道徳的な戦争責任を提起するものであった。天皇の自発的な退位を求める動きによって、個人としての自発的な決断＝退位が道徳的行為として想定され、天皇の個人としての立場、「人間」であることが浮上する。しかし、日本国憲法は天皇の意思をそれまで以上に抑制する規定であった。それゆえ、人々に自由な意思を担保する基本的人権の枠外に天皇は置かれることとなる。その矛盾が退位論では提起されつつも、一方で現実の政治社会状況のなかで昭和天皇の退位や天皇制廃止につながってしまう危険性があったため、退位を皇室典範などの法律で規定することはできなかった。矛盾はそのまま取り置かれ、平成になって天皇が「おことば」を発表することで吹き出したのである。

退位論はその後も戦後日本社会でたびたび提起されつつ、しかし次第にかたちを変えていく。一九五〇年代以降、戦争責任論の観点以上に、天皇や皇太子の高齢化という基本的人権の問題からの提起が増えていった。もちろん、一九七〇年代の二度の外遊時のように、諸外国との関係性のなかで再び戦争責任論からの退位論は述べられることはあったものの、天皇の「余生」などのように、人としての権利や生き方からの提起が重要視された。昭和天皇の間では退位に関する最終的な解決は果たされなかったが、そこで出された論点は、平成の問題にも通底するものであった。

同時期、小泉信三から道徳的な教育を受け、マスメディアからの人気を得てしかしその後にそこから落とされた皇太子夫妻は、次第に「象徴」としての模索を繰り返すなかで、新しい自らの仕事を担っていく。これは自らの意思の発露ともいえる行動であろう。一方、皇太子は歴史を学ぶなかで、そうした自らのとりくみは歴史的な天皇のあり方にふさわしいものだと自己意識化し、特別なものではないと考えるようになる。とはいえ、客観的にみれば、それは明仁皇太子（天皇）が「象徴」を模索し生み出したものであった。

天皇の高齢化にともなって、平成の後半になると、その仕事を減らそうとする動きが出てくる。しかし明仁天皇にとってそれは、あるべき「象徴」ではなくなることを意味した。歴史的な天皇のあり方が「しみついてくる」感覚とあるべき「象徴」であろうと模索してきた自らの意思が合わさって、新たな仕事を生み出してきたと明仁天皇は認識していたと思われる。自らの模索への強い自負心をにじませた「おことば」を発表したのは、まさにそうした自己意識を有していたからだろう。

私たちはその「おことば」を、高齢だから（疲れたから）天皇を辞めさせてあげてはどうかという、いわば基本的人権の立場から聞いたのではないか。退位をめぐる有識者会議での議論やその周辺での議論はそのようなものだったと思われる。しかし、天皇自身はあるべき「象徴」とは何か、そして天皇の意思の発露という敗戦後以来私たちが見過ごしてきた矛盾を提起するため、退位をにじませた「おことば」を発したのではないだろうか。

注

（1）なお、『週刊新潮』は一九六〇年三月七日号でも徳仁（なるひと）親王誕生を機に、「天皇にご退位していただいてスンナリと皇太子を天皇に、皇孫を皇太子にしたい、という思い」があるとの退位論を紹介する記事を掲載しており、こうした退位論に積極的なメディアであったともいえる。

（2）『正論』一九七五年八月号において、右翼の児玉誉士夫は敗戦後、「陛下に天皇としての責任を明らかにしていただきたかった」、具体的にいえばそれは「天皇の御退位を願いたかったと言うことだ」と主張した。天皇制を今後においても維持するために児玉は昭和天皇の退位に言及しており、敗戦直後からの道徳的退位論を展開していたのである。この時期、この問題に児玉が言及したのは、天皇の外遊を契機にした戦争責任論の再燃に触発されたからだろう。『週刊読売』はこの児玉の意見を紹介している。

文献一覧

奥平康弘『「萬世一系」の研究——「皇室典範なるもの」への視座』岩波書店、二〇〇五年
加藤陽子『増補版　天皇の歴史8　昭和天皇と戦争の世紀』講談社学術文庫、二〇一八年（初出は二〇一一年）
河西秀哉『明仁天皇と戦後日本』洋泉社、二〇一六年
河西秀哉『近代天皇制から象徴天皇制へ——「象徴」への道程』吉田書店、二〇一八年a
河西秀哉『天皇制と民主主義の昭和史』人文書院、二〇一八年b（初出は二〇一〇年）
河西秀哉「象徴天皇制と歴史意識」羽賀祥二編『近代日本の歴史意識』吉川弘文館、二〇一八年c
瀬畑　源「明仁天皇論——近代君主制と「伝統」の融合」吉田裕・瀬畑源・河西秀哉編『平成の天皇制とは何か——制度と個人のはざまで』岩波書店、二〇一七年
薗部英一編『新天皇家の自画像——記者会見全記録』文藝春秋、一九八九年
冨永　望『象徴天皇制の形成と定着』思文閣出版、二〇一〇年

冨永　望『昭和天皇退位論のゆくえ』吉川弘文館、二〇一四年
舟橋正真「昭和天皇訪米決定の政治過程――一九七一年から一九七五年まで」『歴史学研究』第九〇八号、二〇一三年
古川隆久「戦後帝国議会・国会における生前退位論議」『日本歴史』第八四〇号、二〇一八年
保阪正康『明仁天皇と裕仁天皇』講談社、二〇〇九年
松下圭一「大衆天皇制論」『中央公論』第七四巻第五号、一九五九年
森　暢平「ミッチー・ブーム、その後」河西秀哉編『戦後史のなかの象徴天皇制』吉田書店、二〇一四年
吉田　裕『昭和天皇の終戦史』岩波新書、一九九二年
山口輝臣「宮中祭祀と「平成流」――「おことば」とそれに映る天皇像」『平成の天皇制とは何か』岩波書店、二〇一七年
渡辺　治『戦後政治史の中の天皇制』青木書店、一九九〇年

▼もっと知りたい人のための参考文献

高橋紘・鈴木邦彦『天皇家の密使たち――秘録・占領と皇室』現代史出版会、一九八一年

戦後天皇制研究においては、ジャーナリズムの成果は欠かせない。本書は共同通信記者による著作。敗戦前後の近衛文麿による天皇退位の動きのなかで、昭和天皇を出家させ、仁和寺に住まわせようとした計画があったことを明らかにする。

吉田　裕『昭和天皇の終戦史』岩波新書、一九九二年

アジア・太平洋戦争の戦争責任をいかに回避し、象徴天皇制へと向かっていったのか。退位論や「昭和天皇独白録」をめぐる、昭和天皇やその側近たちの動きを史料にもとづきながら明らかにした書。平成初期の歴史学における象徴天皇制をめぐる研究の到達点。

東野　真『昭和天皇二つの「独白録」』日本放送出版協会、一九九八年

ＮＨＫスペシャルでの取材をもとにして執筆された。それまで知られていた日本語の「独白録」だけではなく、英語の「独白録」が存在していることを突きとめ、敗戦直後にいかにして退位・戦争責任を回避し、天皇制を存続させていったのかを明らかにする。

茶谷誠一『象徴天皇制の成立――昭和天皇と宮中の「葛藤」』NHK出版、二〇一七年
　近年の研究成果をふまえつつ、新しい史料の発掘と丹念な分析によって、象徴天皇制がいかに形成されていったのかを解明する。著者がこれまで研究してきた宮中という視点が、戦後の天皇制研究においても十分に発揮されている。

奥平康弘『「萬世一系」の研究――「皇室典範なるもの」への視座』岩波書店、二〇〇五年
　憲法学からの検討。明治と戦後の二つの皇室典範をめぐる問題を歴史的に検討し、それぞれの制度がいかにして成立したのかを解明する。「天皇の人権」に関して論じた終章は、今日の退位問題を考えるうえで重要な示唆を提供している。

渡辺　治『戦後政治史の中の天皇制』青木書店、一九九〇年
　戦後の保守政治のなかでの天皇・天皇制の役割を検討する。天皇制の危機であった敗戦直後から次第に変化し、復活をめぐる攻防があった一九五〇年代、「地盤沈下」を迎える高度経済成長期、そして「復権」する一九八〇年代など、戦後史のなかでの天皇制を通時的にみる。

冨永　望『昭和天皇退位論のゆくえ』吉川弘文館、二〇一四年
　昭和天皇退位論を「敗戦」「東京裁判」「再軍備」「御成婚」の四つの時期から論じる。その内容を紹介しつつ、歴史的な意味を明らかにする。同著者の『象徴天皇制の形成と定着』（思文閣出版、二〇一〇年）は「東京裁判」のときの退位論について詳しく論じている。

君塚直隆『立憲君主制の現在――日本人は「象徴天皇」を維持できるか』新潮社、二〇一八年
　イギリスを中心として北欧、ベネルクス諸国のヨーロッパ、アジアにおける君主制の歴史と現状を述べながら、日本の天皇制との比較検討を試みている。退位が恒常化しているヨーロッパ王室をみることで、天皇制の問題点がよりクリアーとなっている。

薗部英一編『新天皇家の自画像――記者会見全記録』文藝春秋、一九八九年
　明仁天皇・美智子皇后の皇太子・皇太子妃時代からの記者会見の記録を収録した書。いわゆる「平成流」の原点をここからうかがうことができる。記者とのやりとりが緊張感に満ちていたりする点から、メディアと天皇制との関わりを考えさせられる。

吉田裕・瀬畑源・河西秀哉編『平成の天皇制とは何か――制度と個人のはざまで』岩波書店、二〇一七年
　いわゆる「平成流」とは何か。その特徴を描き出した論文集。天皇・皇后に焦点を当てた論文、公的行為（皇室外交、慰霊）や祈りの意味について検討した論文、メディアとの関係性を明らかにした論文、そして憲法学から検討した論文から構成される。

コラム

皇室財政と皇室財産

加藤　祐介

近代日本において皇室の存在はどのように担保されてきたのであろうか。この問題については、法的基礎と経済的基礎という二つの視角から説明が可能であろう。前者については、皇室に関する基本的原則は憲法ではなく皇室典範によって定められたこと、明治後期の国制改革によって皇室典範は天皇家の家法ではなく〈国家の法〉として位置づけられるとともに、皇室典範の下位法として皇室令という法種が創出され、これを機に皇室法の整備が進むこと、皇室法への議会の関与は一貫して否定され、皇室自律主義（＝議会からの自律）が担保されたこと、などがこれまで明らかにされてきた。

これに対し、近年においては皇室の経済的基礎について研究が進みつつある。以下、その成果を簡単に紹介してみたい。

明治初年以来、皇室の経理は宮内省が担当していたが、当初の宮内省は他省と並立する行政府の一機関であり、皇室の経理は国家財政から独立してはいなかった。ところが、明治一四年政変以降、議会の開設が既定路線となるなかで、議会による予算を通じた皇室への容喙という事態を防止する仕組みの必要が叫ばれ、改革が模索されていく。まず一八八四年五月の達によって宮内省は歳費の剰余を国庫に還付する必要がなくなり、また一八八五年一二月に内閣制度が発足し、宮内省が内閣から独立したことにともなって、受払決算を政府に証明することも不要とされた［川田二〇〇一］。なお、後に宮内省が作成した『皇室財政沿革記』（宮内庁書陵部図書寮文庫所蔵）には、一八八六年度以降の皇室は「完然たる独立の経済体となりたり」と記されている。さらに帝室会計法によって会計制度が整備されるとともに（一八八八年）、大日本帝国憲法と皇室典範によって、国庫から支出される皇室費は定額とされ、増額する場合を除いて議会の協賛を必要としないことが定められた（一八八九年）。

こうした動きと並行して、一八八五年に日本銀行と横浜正金銀行の株券が、一八八九年から一八九〇年にかけて北海道・長野県・静岡県などに所在する土地が、それぞれ皇室財産に編入される。以上の結果、近代の皇室は、国庫から支出される皇室費と皇室財産からの収益を歳入とし、必要な歳出——天皇・皇后の歳費、皇族の歳費、恩賜・行幸啓に関わる費用、宮内官（内大臣府・宮内省の官僚）の俸給、学習院の運営費など——を行う独自の財政体系（＝皇室財政）を備えるに至る。

議会は皇室費の増額という局面を除いて皇室財政に関与できなかったため、皇室は、法の次元における自律性ほど完全なかたちではないものの、経済の次元においても高い自律性を有していたといえよう。なお、皇室財政と皇室財産の法的な性格は当初は曖昧であったが、明治後期の国制改革によって、それらは私財政・私有財産ではなく、国家財政・国有財産とは区別された、もう一つの「公的」な財政・財産であると規定された［加藤　二〇一七］。

ところで、皇室財産中の土地のことを御料地（ごりょうち）という。近代の皇室は御料地において事業を営んでおり、その収益は、とくに大正期以降において重要な歳入源となっていく。御料地における事業というと林業の経営をイメージするかもしれない。もちろんそれは間違いではないが、一八八九〜一八九〇年の時点においては林業のほかに鉱業と農業が計画されており、木曽の優良な山林のほかに、佐渡・生野の鉱山や北海道・北関東などに所在する開墾予定地が御料地に編入されている。このうち鉱山は一八九六年に払い下げが決まる［池田　二〇一四］。一方、農地経営は入植者に土地を貸与して貸地料を取得するという形態であり、明治中期から後期にかけて積極的に展開していった。しかし大正期になると、林業経営が軌道に乗るなかで農地経営による収入の比重が低下したこと、農地の管理および借地人の監督の不備が宮内省内で問題視されたことを背景として、一九一八年に処分方針が決定されていく。その結果として、御料地における事業は林業に収斂していくのである。

参考文献

池田さなえ「明治二〇年代における皇室財産運営の特徴及びその変容——御料鉱山を素材として」『史林』九七巻五号、二〇一四年

加藤祐介「皇室財産課税問題の展開——一八九〇〜一九二〇年」『歴史学研究』九六一号、二〇一七年

川田敬一『近代日本の国家形成と皇室財産』原書房、二〇〇一年

コラム

代替わりと「おことば」

国分　航士

新たな「御代」に際して、天皇はいかなる言葉を発し、それを人々は、どのように受けとるのか。

大日本帝国憲法の制定後、最初の代替わりを経験した大正という時代は、その始まりから波瀾含みであった。立憲政友会を与党とする第二次西園寺公望内閣が、予算問題で倒れ、後継選びは難航した。最終的には、内大臣兼侍従長の職にあった桂太郎が三度目の内閣を組織するに至る。組閣にあたり、桂は天皇の勅語を利用した。すなわち、新帝を支えるために側近になったばかりの自身が首相になることを正当化し、そして西園寺内閣の海相だった斎藤実を留任させるために、勅語が出されたのだった。

このような桂の動きに対して、多様な「変革期待」が桂への攻撃に結集する［坂野　二〇一〇］。一九一三年（大正二）二月、衆議院で尾崎行雄（政友会）は、「常に玉座の蔭に隠れて、政敵を狙撃するが如き挙動を執って」おり、「彼等は玉座を以て胸壁となし、詔勅を以て弾丸に代へて政敵を倒さんとするものではないか」と桂に批判を加えた（『帝国議会衆議院議事速記録』二七、東京大学出版会、一九八一年、一五頁）。尾崎の演説は、「詔勅批判の自由と国務大臣の輔弼責任についての憲法論」でもあり［増田　一九九九］、詔勅および勅語とは何かがやり取りされていた。ここであらためて留意すべきは、この議会で政友会側によって出されていた「質問主意書」である（前掲『帝国議会衆議院議事速記録』八―九頁）。質問書では、争点化した桂首相と斎藤海相への勅語だけでなく、「今上陛下践祚の始」に出された勅語にも言及がなされていた。この勅語とは、践祚後朝見の儀におけるもので、次のような一節があった。

朕今万世一系の帝位を践み統治の大権を継承す祖宗の宏謨に遵ひ憲法の条章に由り之れか行使を愆ること無く以て先帝の遺業を失墜せさらむことを期す（『官報』号外、大正元年七月三一日）

新たな治世の始まりに際して、文武の高官を前に天皇は勅語を発した。質問書では、この勅語を受けて「上下戮力以て憲政の完美を期」す時だと信じるとし、内閣に所信を問いかけている。当時の新聞や雑誌を眺めてみると、勅語の「憲法の条章に由り之れか行使を愆ること無く」という箇所を中心に、質問書にもあるように「立憲」という文脈に引き付けて勅語を読み込もうとする一方、「先帝の遺業を失墜せさらむことを期す」という部分を重視する立場も存在していたことがわかる。

明治から大正への代替わりにともなう数々の行事では、この勅語も含めた天皇の詔勅が数多く出されており、多くの関心が寄せられていた。そして、それぞれの立場や信条によって、天皇の詔勅を読み込み、解釈を表明するという事態が生じていたのである。この時期、内閣の交代にともなう混乱への対処として出された天皇の勅語に加えて、代替わりにおける儀礼での数々の詔勅が折り重なっていたことは、尾崎の発言が飛び出す背景の一つとして、注目すべきだと思われる。

さらに、大正において勅語を読み込んだ先人たちに倣い、「憲法の条章に由り」という一節から、さらなる飛躍が許されるならば、日本国憲法制定後の最初の代替わり、すなわち昭和から平成に際しての「おことば」を、私たちは想起することもできるだろう。一九八九年（平成元）一月九日の「即位後朝見の儀」での「おことば」は、口語体の「です・ます調」であり、「皆さんとともに日本国憲法を守り、これに従って責務を果たすことを誓い、国運の一層の進展と世界の平和、人類福祉の増進を切に希望してやみません」とあった。別の記者会見においても、天皇は「日本国憲法とともに自身があること」を提起していた［河西二〇一六］。朝見の儀での大正の勅語と平成の「おことば」は、天皇と憲法の関係という観点での読み込みの可能性をそれぞれ有している。それは、どのようなかたちであれ、国家の統治のしくみのなかに、天皇・皇室制度が位置づけられている以上、避けては通れないものである。天皇自らが言葉を表出するということのもつ力に留意しつつも、歴代の天皇と憲法の関係をいま一度、立ち止まって考えてみる必要があるだろう。

参考文献

坂野潤治『明治国家の終焉――一九〇〇年体制の崩壊』筑摩書房、二〇一〇年
増田知子『天皇制と国家――近代日本の立憲君主制』青木書店、一九九九年
山本四郎『大正政変の基礎的研究』御茶の水書房、一九七〇年
河西秀哉『明仁天皇と戦後日本』洋泉社、二〇一六年
「主な式典におけるおことば（平成元年）」宮内庁ホームページ http://www.kunaicho.go.jp/okotoba/01/okotoba/okotoba-h01e.html#D0109（二〇一八年一二月一四日最終確認）

V　アジアの君主とその表徴

中国皇帝の譲位と元号

金子　修一

はじめに

私は一九八九年正月に昭和天皇が亡くなったとき、今上（平成）天皇が直ちに即位した、という報道に接して強い違和感を覚えた。私は漢代から唐代までの皇帝に関わる祭祀・儀礼を研究しているが、たとえば前漢では新しい皇帝は前の皇帝を埋葬したときに即位するので、生身の皇帝の不在期間が数十日間続くこともある。ではこの間は皇帝は不在なのかというとそうではなく、大行皇帝[1]として崩御した皇帝の在位が続いていると観念されるのである。後漢では即日即位といって、前の皇帝が崩御した当日に新しい皇帝が即位するので、生身の皇帝の不在期間はほとんどなくなるが、唐代では前の皇帝の崩御から次の皇帝の即位まで一週間ぐらいの空白期間のあるのが普通なので、唐代でも生身の皇帝の不在期間はある程度認められるのである。したがって、昭和天皇が崩御した後に直ちに今上天皇が即位したことについては、「何をそんなに急ぐ必要があるのか」というのが偽らざる私の心境であった。

同じことは元号についてもいえる。平成の元号が公布されたのは、昭和天皇の亡くなった当日の一九八九年一月七日の午後二時三六分であり、平成の年号はそれまでに準備されていた。しかし、中国ではある年の途中で皇帝が亡くなって次の皇帝が即位しても、その一年は前の亡くなった皇帝の年として、新しい年を迎えて初めて新しい年号を発布すると同時に自分の治世を開始するのである。後述するように、これを踰年改元という。年号は前漢の武帝（在位前一四一―前八七）のときから始まるので、元号のない高祖（在位前二〇二―前一九五）から武帝の前の景帝（在位前一五七―前一四一）までの前漢時代や、春秋戦国時代の王や諸侯の場合には、即位翌年から自分の治世を始めるのを踰年称元という。こうした考え方からすれば、次の天皇が即位すると同時に新しい年号が発布されるというのは、かえって前の天皇の記憶を早々に消し去る行為のように思えるのである。

そこで、本稿では、中国の皇帝の譲位やその際の改元等に関する問題について、私が研究している漢から唐までの事例を中心に説明することとした。魏晋南北朝から隋までは、それぞれの王朝の存続期間も短く、帝位の継承に例外的な現象が種々見られるので、王朝の存続期間の長い漢と唐との事例を重点的に挙げることにする。

1　帝位の継承

天皇位の継承

今上天皇が昭和天皇の死去した後に直ちに即位し、平成の元号の発布されたことの背景に、以下のような発想のあることは次の新聞記事から知った（二〇一八年八月九日〈木〉、『朝日新聞』〈東京版〉夕刊、編集委員・三浦俊章）。

こんなこともあった。八八年末、昭和天皇の容体が危ぶまれたとき、仮に年末に改元するより、元旦から新年号を施行する「踰年」が望ましいという話が浮上した。

官邸の幹部は血相を変えた。当時の取材メモには、次のような激しい言葉が残っている。

「そんな議論をするのは、元号の何たるかを知らない人だ。元号は天皇制と一体という考えでやっている。踰年するくらいなら元号なんてやめてしまえばいいんだ」

つまり、天皇が即位すると同時に元号の発布されることが天皇位の継承には必須である、という発想であるが、そうすると前の天皇が死去した後に新しい天皇が直ちに即位するという発想はどこからくるのであろうか。

この点については、奥平康弘に次のような指摘がある［奥平　二〇一七：一七五］。

> けれども、憲法第二条にもとづいて制定された皇室典範の第四条には「天皇が崩じたときは、皇嗣が、直ちに即位する。」と定めていて、この条文は一般に次のように解釈されている。すなわちこれは、まず第一に、天皇が死去したならばただちに、天皇の跡継ぎ（皇嗣）が、皇位に就くことを宣言している。そして、第二に、皇位継承は、天皇の死去のみ（傍点原文）を原因とし、したがって、天皇は生きているかぎり天皇であり続けるのであって、生前退位ということはあり得ないことを含意している、と。

すなわち、前の天皇が死去した後に新しい天皇が直ちに即位することの根拠は、皇室典範にあったのである。そして、現行皇室典範第四条は、旧皇室典範に由来し、その第一〇条では、第一に「皇嗣ノ践祚ハ天皇ノ崩御ト其ノ時ヲ同フシ、直接当然ニ行ハレ、其ノ間何等儀文ノ要件ヲ為スモノナキヲ謂ヘルナリ」というように、皇位継承は寸毫の隙もなく天皇死去と同時に行われることを意味する、と説かれている［同前：一七七］。伊藤博文が明治憲法を解釈した『憲法義解』中の「皇室典範義解」第一〇条部分でも「本条ハ皇位ノ一日モ曠闕スベカラザルヲ示」す、と強調され、「一日不可曠」（一日も空位があってはならない）という文句は、いろいろな意味をこめてこの法領域でしばしば登場するのが、つねであったという［同前：二二〇、註（5）］。

つまり、天皇の空位を避けるという発想は、明治二二年(一八八九)に制定された旧皇室典範を根拠としていたのである。そしてまた、天皇の在位と元号とが一体である、という考え方から、新しい天皇の即位と同時に新しい元号が発布されたのである。これらの点を確認したうえで、中国古代の帝位継承や改元の実態について話を移すことにする。なお、「曠」とは「むなしい」、あるいは「むなしくする。何もせずにあけておく」という意味である。また、以下には元号ではなく年号という表現を用いることとする。

皇帝位の継承

初めに、中国の帝位継承のあり方について説明しておこう。前の皇帝が崩御した後、次の皇帝の即位するのが基本であるが、前の皇帝崩御の当日の即位か、しばらく日を置いて即位するかは一律ではない。漢と唐との間にある魏晋南北朝では、各王朝はいずれも短命で、皇帝の廃位や弑逆も頻繁に行われたので、本稿では皇帝制度の基本が作り上げられた漢代と、王朝が二九〇年間存続して帝位継承の形式をある程度帰納できる唐代を例として説明しておく。

前漢では、建国当初は即位儀礼は宗廟で行われた。宗廟とは祖先の位牌を安置しておく御霊屋(おたまや)であるが、前漢では宗廟は皇帝ごとに置かれ、各皇帝の位牌(神主(しんしゅ))はそれぞれの廟に安置されたが、後漢では光武帝の世祖廟のみが置かれて、明帝以後の神主も世祖廟に集められた。王朝を代表する宗廟に各皇帝の神主が置かれる太廟(たいびょう)の制度は後漢に始まったのである。漢の高祖は主だった臣下の推挙で皇帝となったが、次の恵帝以後の場合は高祖廟(高廟)に謁する宗廟即位となり、武帝の頃から宮中に置かれた先帝の柩の前で即位する柩前(きゅうぜん)即位に変わった。しかし、前漢の前半では先帝の埋葬の後に新帝が即位するので、先帝の崩御と新帝の即位とは数日から二〇日間ぐらい空いている。後半になると新帝の即位の後に先帝の埋葬が行われるが、やはり先帝の崩御と新帝の即位とは二〇日間ぐらい空いており、先帝の埋葬はさらにそれより遅くなった。なお、前漢では皇太子が次の皇帝になるのが通例であったが、漢代の皇太子と皇后の問題はあらためて後述する。

後漢では、光武帝に続く明帝—章帝—和帝の最初の三代は皇太子から即位しており、いずれも先帝の崩御当日の即日即位である。しかし、和帝の次の殤帝は生後百余日で即位しており、以後の後漢では幼帝の即位とそれにともなう外戚や宦官の跳梁が相継いだが、それでも先帝の崩御と新帝の即位とが一〇日以上空く例は少ない。

唐代では、途中で則天武后が周朝を開くまでは皇太子の即位が通例であったが、則天武后の子で皇太子から即位した中宗が韋皇后に毒殺された後、睿宗—玄宗—粛宗と異例の即位が続いた。粛宗の次の代宗からは徳宗—順宗と皇太子の即位が続いたが、その次の憲宗が宦官に殺害されるなど、唐後半になるとまたしても異例の即位が続き、皇后・皇太子が立てられる例もほとんど見られなくなる。しかし、先帝の崩御と新帝の即位の間にはそれほどの相違はなく、ほぼ七日ほどである。即位儀礼そのものは太極殿（中国で太極殿が出現したのは三国の魏のときである）での柩前即位であったが、粛宗のころから皇帝は太極宮の東北にある大明宮で生活し、大明宮で崩御するようになる。すると、いったん大明宮で新帝の即位を記した先帝の遺詔が宣言され（宣遺詔）、その後に皇帝の柩（唐代では梓宮ということが多い）を太極殿に移して（移杖）、新帝の柩前即位は太極殿で行われる。このように、唐後半の即位儀礼は大明宮での宣遺詔と、大明宮から太極殿への梓宮の移杖とを経た後に太極殿で行われるので、二つの過程で行われるようにもみられ、天子即位の第一次即位、皇帝即位の第二次即位の二段階で行われる、と説かれることもある。しかし、新帝は太極殿での即位の時に初めて皇太子から皇帝となるので、第一次—第二次の二段階即位という説明の仕方は誤りである。また、先帝の埋葬（唐代では山陵という）は太極殿での新帝の即位の後に行われるので、唐代では先帝の崩御から埋葬までは何ヵ月かかかるのが普通であった。[2]

踰年改元と未踰年之君

次に改元に話を移すが、その前に中国の皇帝の統治はいつから始まるのか、という点をとりあげたい。簡単にいうと、即位後最初の正月を迎えてからなのである。清朝までの中国に限らず、君主制をとる国家では歴史的に前の君主が亡くなってから次の君主が即位する例が多い。前の君主が亡くなるのは年の途中であることが多いから、次の君主の治世も当然ある年の途中から始まることになる。しかし中国では、その年の間は前の王や皇帝の治世として扱い、次の年の正月を迎えて晴れて新しい王、新しい皇帝の治世の始まりとするのである。初めにふれたように、年号の制度は前漢の武帝の途中から始まるので、それ以前では踰年称元（踰はこえる）、武帝の次の昭帝（在位前八七―前七四）からは踰年改元ということになる。

つまり、新しい皇帝の即位の最初の年は、あくまで前の皇帝の年なのである。そうすると、極端な場合は次のような例が生じる。三国時代に興味をもっている方は多いであろうが、魏の明帝（在位二二六―二三九）は景初三年（二三九）正月一日に崩御し、当日に皇太子に立てられたばかりの斉王の曹芳（そうほう）（後に皇帝を廃位されて斉王の地位に落とされたので、帝位にあっても歴史的には「斉王芳」と呼ばれる）が即日即位した。斉王芳は翌年の正月になって自分の年号の正始を立てたが、それまでの丸一年間は明帝の年号の景初で政務を執っていたのである。この年は邪馬台国の卑弥呼が魏都の洛陽まで使節の難升米・都市牛利を派遣した年であるが、明帝の年号でも実際の皇帝は斉王芳であった。

ちなみに、明帝の景初年間は正月をひと月早めて従来の一二月に置く、景初暦という暦法の行われていた期間であった。年の初めの歳首の正月は一月にあるとは限らず、漢の歳首は武帝の途中まで一〇月に置かれ、その後に一月歳首となったのであった。斉王芳の場合、正月一日に先帝が亡くなったのでは、皇帝の命日が元日に重なってしまうので、新年の祝賀行事が挙行できない。中国では正月元日は、皇帝と群臣・異民族の使節が一堂に会する、朝賀の礼という儀礼の行われる重要な節日であった。幸いにというべきか、景初暦の正月はそれまでの一二月であったので、斉王芳は景初暦を廃止して一二月を二回設けることで、暦日を元に戻すとともに明帝の命日と元日とが重なる事態を避けることができた。卑弥呼を親魏倭王に任命する制書が発布されたのは景初三年一二月であり、二回の一二月のどちらであったか気になる。おそらく初めの一二月であったのであろうが、史料のうえからその点を確かめる手段はない。

　それでは、皇帝が翌年の正月を迎える前に、即位した年の内に亡くなったらどう扱うのか。そのときには、死後には皇帝として扱わないのが原則である。後漢は幼帝が続出して、先帝の皇后一族の外戚や皇帝に近侍する宦官が政治を乱した時代として知られるが、幼少で即位してしかも夭折した皇帝には殤帝（百余日で即位、在位一〇五―一〇六）・北郷侯（即位時の年齢は不明、在位一二五）・沖帝（二歳で即位、在位一四四―一四五）・質帝（八歳で即位、在位一四五―一四六）がいるが、このうち在位中に新年を迎えた殤帝・沖帝・質帝はいずれも皇帝としての謚号（謚号とも、おくり名）を持っているが、即位した年の内に亡くなった北郷侯は即位前の侯爵号で呼ばれて、皇帝としての謚号を有しない。このような君主を未踰年之君、年を越えずに亡くなった君主と言い、正式の皇帝としては扱わない。

　後漢では最後の献帝（在位一八九―二二〇）の兄の弘農王は一八九年に一七歳で即位したが、同年中に董卓によって廃位され、弟である陳留王の献帝が九歳で皇帝に立てられた。弘農王は後漢王朝で在位中に廃された唯一の皇帝で、在位中に亡くなった北郷侯の場合とは違うが、やはり皇帝扱いされていない。なお、唐の順宗は病弱で即位したその年（永貞元年、八〇五）のうちに退位して子の憲宗（在位八〇五―八二〇）に帝位を譲ったが、皇帝としての謚号や廟号を得ている。謚号や廟号（後述）については漢代と唐代とでは多少相違があるが、順宗のときに皇帝号を贈ることについてとくに論争はなかったようである。憲宗が皇太子の立場で即位したからであろうか。この時には順宗派の官僚と憲宗派の官僚との間に厳しい対立があり、順宗を一代の皇帝として扱う必要があったのかもしれない。なお、古文派の官僚として当時の文体改革の一翼を担った柳宗元は順宗派であり、憲宗即位後に地方官に左遷されている。

2　帝位と年号

元号の出現

中国で最初に年号の建てられたのは、前漢の武帝のときである。高祖は一二年（前一九五）に崩じ、文帝は在位一七年目を後元（こうげん）として後元七年（前一五七）に崩じた。次の景帝は初めの七年の後、六年間を中元として、その後の後元三年（前一四一）に崩じた。これに対して、次の武帝には建元・元光・元朔（げんさく）・元狩・元鼎（げんてい）・元封（げんぽう）がそれぞれ六年あり、次いで太初・天漢・太始・征和がいずれも四年、最後に後元として後元二年（前八七）に崩じた。しかし、最初の建元は特定の元号としての意味をもたず、武帝が元号を創始してからさかのぼって年号とした、という説が有力である。それでは元光以後のどの年号から、実際に在位しているときに元号として発布したのか。諸説あるが、北京大学の辛徳勇は、秦漢のそれまでの一〇月歳首（年の初め）を一月歳首に改めた太初元年（前一〇四）が、武帝が実際に在位しているときに年号を唱えた最初の年であったとする。しかし、武帝の最後の年の数え方は後元元年・二年であって、武帝も元号を完全に定着させたわけではなかった。ちなみに、辛は「建元」「元光」等の年号をもつ文物について、それらが後世の偽物であることを該博な知識を駆使して逐一明らかにしており、辛の『建元与改元』は読んでいてすこぶる面白い［辛　二〇一三］。

前漢を簒奪した王莽の年号は始建国（九—一三）・天鳳（一四—一九）・地皇（二〇—二三）であるが、辛に拠れば、始建国の後は始建国天鳳・始建国地皇と、始建国を上に重ねるのが正しい年号である。その点では王莽を倒した後漢初代の光武帝（在位二五—五七）は、建武三一年（五五）の後に中元と改元して中元二年（五七）に崩御するが、これも建武中元と、中元の上に建武を重ねるのが本来の形である。『後漢書』倭伝に「建武中元二年、倭奴国奉貢朝賀し、使人自ら大夫と称す。倭国の極南界なり、光武賜うに印綬を以てす」とある記事は、「漢委奴国王」金印が賜与されたことを伝えた記録として日本人には馴染深いが、辛はここにみえる「建武中元」の表現こそ、光武帝の中元の年号が本来その上に建武を冠していたことの何よりの証左である、とする。なお、『後漢書』光武帝紀では倭国使が洛陽入りしたのは同年の正月であるが、翌月の二月に光武帝は崩御した。

譲位について

皇帝の地位は先帝の死後にその子などに継承されるのが通常であり､中国の王朝では生前の譲位はきわめて少ない。漢代では後漢末の弘農王の廃位があったが、これは董卓の強制によるものであった。魏晉南北朝でも、太上皇や太上皇帝が存在した例はなくはないが、一つの王朝で譲位が複数回行われた例は多くはない。唐代では周を立てた則天武后を含めて二一人の皇帝が続いたが、そのうち高祖—太宗、睿宗—玄宗、玄宗—粛宗および前にふれた順宗—憲宗の間で、都合四回の譲位が行われた。このうち、高祖—太宗、睿宗—玄宗の場合は、皇帝と皇太子との間が厳しくなった結果の譲位である。玄宗—粛宗の場合は、安史の乱（七五五—七六三）の最中に玄宗と別行動をとった皇太子の粛宗が、周囲の勧めもあって先に独断で即位して玄宗がこれを追認したもので、実質的には粛宗のクーデタであった、という見方もある。順宗—憲宗の場合には順宗派の革新官僚と憲宗派の官僚との対立があった。日本の院政期の天皇と院との間とは違って、中国では皇帝の譲位には政争をともなうのがむしろ普通であった。しかし今回はこうした問題にはふれず、唐代の譲位における建元の時期についてのみ確認しておく。

高祖は武徳九年（六二六）八月八日に譲位して翌日に太宗が即位したが、太宗が貞観と改元したのは翌年正月朔日のことであった。睿宗は延和元年（七一二）八月三日に玄宗に譲位し、玄宗は七日に先天と改元した。粛宗は天宝一五載（七五六）七月一二日に即位し、当日に至徳と改元した。憲宗は八月九日に即位したが、太上皇となる順宗は貞元二一年（八〇五）八月四日の詔で本人の譲位と憲宗の即位とを公布し、翌日の誥（太上皇のみことのり）で永貞への改元を公布した。このように、唐代における譲位と改元との関係は一概にはいえない。太宗は先帝崩御後に即位する通常の場合と同様に、翌年の正月に改元した。順宗が在位中に先帝の徳宗の貞元の年号で通したのは、踰年改元を予定していたからであろう。太上皇の誥で永貞の改元に言及しているのは、順宗がなお政治の主導権を握ろうとしていたから、とも受け取れる。これに対し、独断で即位した粛宗が即位当日に改元したことは、自分の即位の正当性を天下に公示する必要があったからではなかろうか。他の王朝の例を見ても、臨時の改元には即位の正当性を表明しようとする側面が多分に見受けられる。その点でいうと、高祖の譲位を受けた太宗が翌年正月に踰年改元したのは、最も穏便な改元であったといえよう。

皇帝の呼称

皇帝の呼称も年号の問題と関わってくるので、あわせてこの点も説明しておく(3)。周知のごとく、皇帝号は秦の始皇帝によって中国君主の称号として用いられるようになった。ただし、始皇帝の在位中の称号はあくまで「皇帝」である。二世皇帝が立った時に、本人と父とを区別するために始皇帝と呼ぶようになった。漢の皇帝の「文帝」「武帝」等は諡号である。諡号は、生前の業績を評価して死後に贈る称号で、始皇帝はこれを臣下が君主を評価するものとして嫌い、自身の称号は皇帝のみとしたのである。漢の劉邦の「高祖」は廟号であり、廟号とは祖先を祭る廟（おたまや）に置く神主（位牌）の称号である。さしずめ、仏壇に置く位牌の戒名と考えればよい。祖や宗のつく称号は廟号である。中国の宗廟制度が確立するのは後漢代であり、漢の皇帝には廟号の記録のない者も多く、高祖を除いて諡号で呼ぶのが普通である。ただし正確には、漢の皇帝の諡号には「孝文帝」「孝武帝」など「孝」がつく。今日、「孝」字を省略して「文帝」「武帝」と呼ぶようになった事情は明らかではない。また、高祖は漢代には高帝と呼ばれた。ちなみに在位中の称号は生（せい）

号（ごう）といい、文帝などの帝号を生号に用いた例は前漢に滅ぼされた南越にあるが、一般的には在位中の皇帝は形容詞抜きで「今上」と呼ばれる。朝廷で皇帝と臣下が向き合うときは、上殿を許された臣下でなければ陛（きざはし）の下から呼びかけることになるので陛下というのである。

今日、皇帝を廟号で呼ぶか、諡号で呼ぶかは多分に習慣に依っている。唐代以後に廟号で呼ぶ例が多くなるのは、諡号が長くなったことによるのであろう。たとえば、唐の高祖の諡号は当初は大武皇帝であったが、最終的には神堯大聖大光孝皇帝となっている。通常、唐の玄宗や北宋の徽宗（きそう）など、唐から元（げん）の皇帝は廟号で呼ばれている。ちなみに、隋の高祖の諡号は文皇帝であり、一般に高祖とも文帝とも呼ばれている。また隋の煬帝のみ、「ようだい」という特殊な呼び方が用いられている。(4) また、在位中の皇帝が聖神皇帝などと形容詞を冠して呼ばれるようになるのは、唐（周）の則天武后のときからであり、こうした称号を尊号・徽号と呼ぶ。その後の唐の皇帝の諡号は、在位中の尊号(5)にもとづくものが多かった。

明以降は、皇帝一代の間を一つの年号で通す一世一元の習慣が定着する。すると、皇帝を廟号や諡号ではなく、年号で呼ぶほうがわかりやすく便利になる。明の初代皇帝洪武帝の廟号は太祖、当初の諡号は高皇帝であったが、最終的な諡号は開天行道肇紀立極大聖至神仁文義武俊徳成功高皇帝である。今日、洪武帝を諡号で呼ぶことはほとんどなく、廟号で太祖と呼ぶこともあるが、年号の洪武で呼ぶことのほうが多いのではなかろうか。清の皇帝も、廟号より年号で呼ぶのが一般的である。乾隆帝（けんりゅうてい）の廟号は高宗であるが、乾隆帝の呼称のほうが遥かによく知られているであろう。(6)

3　漢代から隋までの皇帝と皇后・皇太子

漢代の皇后と皇太子

帝位継承を考える際には、皇帝と皇后・皇太子との関係も考慮に入れたほうがよい。中国を統一した君主として初めて皇帝を名乗った秦の始皇帝には、皇后の存在も皇太子の存在も伝えられていない。しかし、漢の高祖が漢王五年（前二〇二）に皇帝位に即いたときに王后（呂后）を尊んで皇后、太子（恵帝）を皇太子としており、皇后および皇太子の観念は漢初から存在していたことになる。しかしその後、恵帝（在位前一九五—前一八八）の朝廷では皇太后となった呂太后が臨朝称制した。呂太后が崩じ、呂氏一族が誅滅されてから立った文帝（在位前一八〇—前一五七）は、即位後まもなく皇太子（景帝、在位前一五七—前一四一）と皇后とを立てたが、皇太子を立ててから生母の竇氏を皇后としており、この頃にはまだ皇后の制度が確立していなかったことが推察される。しかし、皇后の竇氏は皇太后（恵帝の張皇后か）の詔で立てられ、高祖の呂后も恵帝即位時に皇太后となっており、前の皇帝の皇后が皇太后となる慣例はすでにできあがっていたことになる。なお、臨朝称制とは朝廷に臨んで、皇帝に代わって政治の指示（制）を出すことであるが、女性の場合には顔を見せずに、皇帝の後ろに簾（すだれ・みす）を垂らして発言するので垂簾の政という。中国史上唯一の女性皇帝である唐の則天武后も、高宗朝（六四九—六八三）で政治を取り仕切っていたときには垂簾の政を行った。皇帝になってからは簾を取り去ったものと思われるが、これは唐代までの感覚では異例なことである。

前漢では、皇后の子が皇太子となり成人になってから皇帝となる例が多く続き、帝位継承の安定性が中国における皇帝制度の基礎を築いたと考えられるが、前漢皇帝制度確立の立役者であった武帝（在位前一四一—前八七）の衛皇后は、武帝の姉の平陽公主の謳者（歌手）から武帝に見初められて皇后になり、その子は皇太子（衛太子、戻太子とも）となった。

後に陰謀を讒言されて衛太子は反乱を起こして誅滅され、衛皇后も自殺に追い込まれたが、この事例は当時は皇后の出自がほとんど考慮されることなく、皇太子についても母の出身の良非は問われなかったこと、つまり皇后が名家の出身である必要がなかったことを示している。武帝はその後長く皇太子を立てず、晩年になって昭帝（在位前八七―前七四）を皇太子としたがまもなく崩じ、昭帝は八歳で皇帝となった。その昭帝が子のないままに二一歳で崩御すると、武帝の衛太子の孫の宣帝（在位前七四―前四九）が即位した。その朝廷で権威を振るったのが、武帝に遺嘱されて昭帝を後見した霍光であるが、その女（むすめ）は宣帝の皇后となった。宣帝にはその前に許皇后がいたが急死し、霍光の妻の差し金による毒殺であったと噂された。宣帝は霍光の死後に霍氏一族を滅ぼし、霍皇后は廃されて自殺した。この事例は、有力な臣下の女が皇后となる例が漢代で登場したことを示している。

これ以後になると、前漢の朝廷では有力な臣下の女が皇后となる例が増えてくるが、それでも成帝（せいてい）（在位前三三―前七）の皇后となった趙氏（趙飛燕）は陽阿公主の府で歌舞を習っているときに成帝に見初められて皇后になっており、後世に比べると前漢の皇后の選択にはまだ皇帝自身の自由が効いたといえる。この趙飛燕の事績は、唐宋代の伝奇「趙飛燕外伝」の題材となっている。なお、皇后は次の皇帝が立つと皇太后となり、さらに次の皇帝が立つと太皇太后となる。皇后の制度が定着すると、先帝の皇后のみならず、皇帝の生母が後（死後も含む）に皇太后の称号を授けられる事例も生じてくる。

後漢の朝廷では外戚が権力を振ったことが知られているが、皇后と皇太子との関係が希薄になることにも注意すべきである。二代目の明帝（在位五七―七五）の馬皇后は名将馬援の女であり、後世にも皇后の鑑として記憶される女性であるが、養育した三代目の章帝（在位七五―八八）らに経書を教授したという。こうして後漢になると高官の女が皇后になる例が一般化し、また儒教の教養を特記される例も増えてくる。前漢末以降、官僚制度が発達して官僚に儒教の資質が求められることと比例した現象といえるであろう。一方で明帝馬皇后には子がなく、賈（か）貴人の生んだ章帝を養育したが、後漢には皇后の子が皇太子となる例はきわめて少なく、初代の光武帝（在位二五—五七）の陰皇后が明帝を生んだのがほとんど唯一の例となる。後漢の外戚政治の一因として、弱年の皇帝の即位が相継いだことが説かれるが、実子のない皇后が相継いだことはその反面であったともいえる。また、章帝の次の和帝（在位八八—一〇五）の鄧皇后（和熹太后）は殤帝（在位一〇五—一〇六）・安帝（在位一〇六—一二五）の朝廷で称制したが、本人自身が政治を執り、『三国志』以降の皇后伝にもその執政を讃える文言が散見する。順帝の梁皇后は沖帝（在位一四四—一四五）・質帝（在位一四五—一四六）・桓帝（在位一四六—一六七）の三代にわたって称制し、兄の梁冀を中心とした梁氏一族は史上最大の外戚として評判が悪いが、梁太后も初期には善政に努めた。このように、後漢の皇太后には自身が執政に努めた例のあることも注意されるべきであろう。

保科季子によれば、前漢初期から武帝期前半まで、皇太子妃は皇太子の皇帝即位と同時に皇后に昇格し、大げさな立后儀礼は必要としなかった。しかし、後宮制度の整備される武帝期の後半におそらく皇后の地位は変化し、前漢後半には立后儀礼を必要とする皇后独自の権威が生まれ、『礼記』に描かれる「天子の后」に比される地位を獲得した。「后」は本来君主の意味の「后」であるが、こうして后の意味に固定されていく。前漢末になると、皇太后の称号は先帝の皇后によって独占され、皇帝の生母に対する先帝皇后の権威が優越するようになる。後漢になると皇后の地位が確立する一方、和帝の頃から「母は子を以て貴し」を理由に、皇帝の生母に皇后を追尊する例が頻発し、正規の皇后の権威は相対化されて嫡妻としての皇后の地位は低下していった［保科　二〇〇二］。上述の漢代の皇后のあり方と対比すると、漢代では前漢中期以降に宮中での皇后の地位が明確になる一方、皇后と皇太子との関係は希薄になっていった、と概括できる。ただし、後漢では五代目の殤帝以降は皇太子が皇帝となる例はほとんどなくなるので、皇后と皇太子との関係については三国時代以降についてもみていかなくてはならない(7)。

魏晋南北朝の皇后と皇太子

小説の『三国志演義』の叙述とは違い、魏・蜀（漢）・呉の三国では魏が圧倒的に優勢であったが、二代目の明帝（在位二二六―二三九）の後には権臣の司馬氏が権力を振い、次の斉王芳（在位二三九―二五四）以後の三少帝はいずれも司馬氏によって廃され、魏の皇后の地位は高いとはいえなかった。三国のうち、蜀漢は二六三年に魏に滅ぼされ、魏は二六五年に晋（西晋）に取って代わられ、西晋が二八〇年に呉を滅ぼして、後漢末の分裂時代以来百年ぶりに中国は統一される。しかし、初代の武帝（在位二六五―二九〇）の楊太后と次の恵帝（在位二九〇―三〇六）の賈皇后との覇権争いに端を発した八王の乱によって西晋の政治は混乱し、後漢の間に長城以南に定着し力をつけていた匈奴や、その他の部族が台頭した五胡十六国の時代に突入する。晋は江南の建康に拠って再建されたが（東晋）、東晋末期の三、四世紀の交には華北に北魏が建国して皇帝を名乗り、四二〇年に東晋が滅んで宋（劉宋）が建国すると南北朝時代が到来する。

晋では恵帝のみが皇后の子の皇太子であったが、武帝が廃太子を考えたほど暗愚で、八王の乱の遠因を作ってしまった。その他の西晋・東晋の諸皇帝はすべて皇后の実子ではなく、『晋書』各本紀の冒頭には皇帝の母親に関する記述がない。宋以後の南朝の皇后にあっても、多くは皇太子の母親ではない。僅かに、南朝最後の陳には皇帝の母親や皇太子の母親もいるが、南朝全体としては皇后と皇太子の関係は無に等しいものがあった。宋の文帝（在位四二四―四五三）には袁皇后の生んだ皇太子の劉劭がいたが、北魏討伐を主張する文帝と皇太子が対立し、四五三年（元嘉三〇）には皇太子が文帝を弑殺する事件が起きた。皇太子の劭は弟の孝武帝（在位四五三―四六四）によって倒されるが、皇太子の身で父の皇帝を殺害したことから、『宋書』巻九九の劉劭の伝は元凶伝と記されている。そしてその序文に「前代自り以来、未だ人君（君主）即位の後に皇后の太子を生むこと有らず。唯だ殷の帝乙のみ既に践祚して正妃は紂を生む。是に至りて又た劭有り」と記されている。すなわち、古来君主が即位した後に皇后が太子を生んだことはない。

唯一の先例が、殷の帝乙の正妃が悪逆無道で殷を滅ぼすことになった紂を生んだことであり、その次が宋の文帝の皇太子劉劭の例である、というのである。このような評価からは、南朝に入ってから皇后と皇太子との関係が密接なもの、ましてや不可分のものと考えられていなかったことがみてとれるであろう。

北朝・隋の皇后と皇太子

遊牧民の伝統も有する北朝では、皇后のあり方は南朝とは相当異質である。北魏の場合、後宮の女性に金人を鋳らせて成功した者を皇后とすること、および「魏の故事」として皇太子の生母に自殺が命じられたことが挙げられる。そこで北魏では皇帝が乳母に育てられることもあり、『魏書』皇后列伝では乳母・保母で立伝された者もいる。北魏が東晋に対抗して皇帝を名乗るのは道武帝（皇帝としての在位は三九八―四〇九）のときからであるが、次の明元帝（在位四〇九―四二三）の母の劉氏やその次の太武帝（在位四二三―四五二）の母の杜氏も、それぞれ子が皇帝となる前に薨去し、子の皇帝から皇后を追尊された。在位中の皇帝の皇后は別にいるので、北魏の初期には皇后と皇太子とはまったく関係のない存在であったことになる。

北魏で有名な皇太后は、漢化政策を推進した孝文帝（在位四七一―四九九）の祖母の文明太后であるが、太后を孝文帝の実の母とする説もあり、その説に従えば皇太子を生んでも自殺させられなかった北魏最初の皇后ということになる。文明太后は孝文帝の太和一四年（四九〇）に崩ずるまで臨朝称制し、若い皇帝は政務に関わらないことが多く、均田制など孝文帝の漢化政策のかなりの部分は、文明太后によって推進されたことになる。北魏の後宮で皇太子を生んで自殺を免れた最初の女性は宣武帝（在位四九九―五一五）の霊皇后であるが、宣武帝在位中は充華嬪（かひん）という地位にあり、子の孝明帝（在位五一五―五二八）が即位した後に皇太妃から皇太后となった。幼い孝明帝に代わって政治を主導したが、後に孝明帝と対立し、帝の崩御は霊太后の側近の仕業ともいわれ、北魏が東魏・西魏に分裂する原因を作った。このように、霊太后の場合は成功例とはいえないが、東晉・南朝に比べると北魏では皇太后の政治への積極的な関与がめだつ。

北斉では、建国の基礎を築いた高歓（神武帝を贈られる）の妃の婁氏（神武明皇后）が高澄（文襄帝）、初代皇帝の文宣帝（在位五五〇―五五九）、三代目の孝昭帝（在位五六〇―五六一）、四代目の武成帝（在位五六一―五六五）を生んでおり、二代目の廃帝（在位五五九―五六〇）、五代目の後主（在位五六五―五七七）、最後の幼帝（在位五七七）は婁氏の子ではなかった。したがって、北斉において神武明皇后の存在は大きかったが、北斉全体でみるとその他の皇后に権威があったとは思われない。北周では、在位中に皇帝にふさわしい働きをしたのはほとんど武帝（在位五六〇―五七八）のみであり、正規の皇后で政治的に注目すべき働きをした者は見当たらない。また、皇后と皇太子との関係もなかったといえる。よって、北魏の文明太后・霊太后の二人の例から、北朝では南朝に比べて皇后の地位が高かった、というわけにはいかない。

隋の文帝（在位五八一―六〇四）の独孤皇后は、北族の名門北周の衛国公独孤信の七女であり、独孤信の長女は北周の明帝（在位五五九―五六〇）の皇后、四女は唐の高祖の母であり、独孤信の家は当時随一の閨閥を誇った。そのためか、独孤皇后は一四歳で嫁ぐと自分以外の子を作らないことを文帝に約束させた。皇后には四男がおり、長男が皇太子の楊勇、二男が煬帝の楊広である。独孤皇后は宦官に文帝の政の過失の有無をうかがわせ、文帝と政事に言及すると往々にして意は合い、宮中では二聖と称した。当時の聖とは皇帝について用いる語で、唐では高宗朝に高宗と則天武后とが二聖と言われたが、その先例はすでにあったのである。しかし、楊広は皇后を誘導して兄の楊勇を廃太子として自分が皇太子になったといわれ、独孤皇后の政治に対する意欲には適否両面があったといえよう。これと対照的に、煬帝（在位六〇四―六一八）の蕭皇后は南朝の梁が滅亡した後に長江中流に残った後梁の孝明帝（在位五六二―五八五）の女で、煬帝が皇太子になる前に文帝が後梁から妃を選ぶこととして王妃となり、皇后になっても積極的な活動はしなかった。

以上のようにみると、隋を含む北朝では隋文帝の独孤皇后の存在が圧倒的であり、北魏の文明太后・霊太后の二人の皇太后がこれに次ぐが、続く唐初の皇后の存在にも大きなものがあった(8)。

4　唐の皇后と皇太子

唐の皇后

唐の太宗は玄武門の変で、唐建国時の皇太子で兄の李建成と弟の李元吉とを倒して皇太子の地位に就いたが、この三人はいずれも高祖李淵（在位六一八―六二六）の竇皇后の実子である。太宗の長孫皇后は隋の右驍衛将軍長孫晟の女で、後漢の明帝馬皇后と並んで皇后としての内助の功の誉れが高い。当初、その長男の李承乾（りしょうけん）が皇太子に立ったが、その後弟の魏王泰と反目し合い、六四三年に皇太子を廃された。魏王泰も太宗に疎んじられ、その結果として皇太子となったのが高宗（在位六四九―六八三）であるが、彼らはいずれも長孫皇后の所生であった。高宗の皇后は初めは皇太子妃から皇后となった王氏であったが子宝に恵まれず、有名な則天武后が皇后となった。武后は政治家としては優れていたが、残酷なことでも知られており、彼女の最初の皇太子の李弘、次の皇太子の章懐太子李賢とも実子であるが、李弘は皇太子在位中に薨去し敬帝を追贈された。李賢は廃されて後に自殺に追い込まれたが、李弘の薨去も武后の差し金であるともみられている。次に皇太子としたのがやはり実子の中宗で、中宗は六八三年の高宗の崩御後に即位した。しかし、翌年二月には廃位され、六八五年には房州（湖北省十堰市）に流された。中宗廃位後はこれも実子で中宗の弟の睿宗を即位させた。則天武后は六九〇年に即位するが、睿宗はかたちのうえではそのときまで皇帝で、武后が周王朝（六九〇―七〇五）を開いてからは皇嗣という地位をあてがわれ、武后が崩御するまで洛陽に留め置かれた。武后が中国史上唯一の女性皇帝になれたことには、その手腕もさることながら、男子に恵まれたことも与っていたといえる。

武后は病に伏していた七〇五年正月にクーデタで退位させられ、その年の一一月に崩じた。中宗（在位七〇五—七一〇）が皇帝に返り咲いたが、政治に積極的に臨んだ気配はなく、七一〇年に韋皇后に毒殺された。韋后は中宗の第四子で後宮所生の温王重茂（李重茂）を即位させ、韋后の娘の安楽公主は自ら皇太女となることを望んだ。しかし、睿宗の三男の玄宗が韋皇后や安楽公主を誅殺し、睿宗（在位七一〇—七一二）が即位して玄宗が皇太子となった。温王重茂から睿宗への譲位には睿宗の妹の太平公主が一役買ったが、まもなく玄宗と睿宗・太平公主とが対立し、七一二年に睿宗は玄宗に譲位して太上皇帝となった。しかし、翌年に玄宗が太平公主を誅殺、高官の任命権や死刑の決定権および外交権を握っていた睿宗はすべての政治の権限を玄宗に返上して引退した。これらの武后から韋后に至る政治の混乱を武韋の禍、または女禍と称する。そこでは韋后は武后に倣って権力を握ろうとした皇后として語られることが多いが、韋后の唯一の男子である重潤（懿徳太子、李重潤）は七〇一年に武后によって殺されていた。したがって、韋后は自分が皇后になっても自分の子を皇太子に立てることはできないのであり、また夫君の中宗とその弟の睿宗とでは、睿宗のほうが人格的に優れていたと思われる。韋后が中宗を毒殺し、安楽公主が皇太女となることを望んだというのも、睿宗に権力が移行することを恐れた韋后母子の焦りの表れでなかったかと、私には思われる。

唐の初期の皇后の話をするとなると、武韋の禍のことは避けて通れないので長くなるが、以上から確認できることは皇后の子が皇太子となり、皇帝となることが唐初の政権では長く続いた、ということである。しかしそれは、後漢以降の中国史のなかでは、むしろ異例なことであった。

唐代の皇太子

しかるに、皇后・皇太子をめぐる情況は玄宗朝以降では大きく様変わりする。玄宗（在位七一二―七五六）は七一二年に王仁皎の女を皇后としたが、七一五年には趙麗妃の子を皇太子とした。玄宗は多分に則天武后に批判的であったようであるが、このように当初から皇后の子を皇太子とするつもりはなかったようである。唐では、玄宗の後に一四代の皇帝が続くが、皇后所生の皇太子で皇帝となったのは順宗（在位八〇五）のみであり、次の憲宗（在位八〇五―八二〇）以降は皇帝の在位中に皇后を立てることもなくなる。一方で、唐代の即位儀礼では先帝の遺詔に皇太子の即位が盛り込まれ、遺詔の内容が確認されてから皇太子が即位するようになるので、皇太子となることは帝位継承の必要条件となる。よって、唐の後半では憲宗のように宦官に弑殺された皇帝にも遺詔が偽作され、そこで指名された皇太子が即位するという情況すら出来（しゅったい）する。そして、皇太子は先帝の崩御直前に指名され、その生母が皇后にならずに一足飛びに皇太后になることも頻繁に起こった。

皇帝と皇太子との関係も崩れた。文宗（在位八二六―八四〇）は実子の皇太子が薨去（こうきょ）した後、兄の敬宗（在位八二四―八二六）の子の陳王成美を皇太子としようとした。しかし、文宗崩御の際に宦官の仇士良らが暗躍し、陳王成美を殺して文宗の弟の武宗（在位八四〇―八四六）を皇太弟に立ててから即位させた。武宗は危篤になってから憲宗の子の宣宗（在位八四六―八五九）を皇太叔としている。次の懿宗（いそう）（在位八五九―八七三）は宣宗の長子であるが、宣宗の遺詔で皇太子として即位した。僖宗（きそう）（在位八七三―八八八）は懿宗の第五子で、懿宗が危篤になってから皇太子となって即位した。次の昭宗（在位八八八―九〇四）も懿宗の子で、僖宗が危篤になると皇太子となって即位した。唐最後の皇帝哀帝（昭宣帝、在位九〇四―九〇七）は昭宗の第九子で、九〇四年に昭宗が朱全忠に洛陽で殺されると、偽作された遺詔で皇太子となり、やはり偽作された何皇后の令で皇帝となった。何皇后は皇太后となったが、翌年に朱全忠に殺された。

このように、唐後半では皇后は立てられなくなり、皇太子も先帝の死の直前に立てられるようになる。そして、皇太弟・皇太叔の語が示すように、皇帝の実子以外でも「皇太」の称号を得て即位するような情況も起こった。また、文宗は兄の子を皇太子としている。したがって、唐後半は我々が思い描くような、典型的な皇后・皇太子はむしろ存在しない時代だったのである。一方、隋の文帝の独孤皇后、唐初の高祖の竇皇后、太宗の長孫皇后、そして高宗の則天武后はいずれも実子が皇太子となった。時はあたかも遣隋使や初期の遣唐使が送られ、現代の日本人にもよく知られた時代であるが、唐全体の歴史からみれば、皇后の実子が皇太子から皇帝となるというむしろ例外的な時代であった。また、漢代から南北朝時代の範囲でみても、皇后制度の確立していない前漢を除けば、皇后の子が皇太子となって皇帝となる例は稀少であった。中国の帝位継承の問題を考えるとき、皇后の子が皇太子となって皇帝となるという事象は自明のことではない、ということを忘れてはならないであろう。

おわりに

以上、日本の天皇位の継承と対比させる意味で、唐以前の中国の皇帝の即位儀礼や在位年数の数え方、年号、譲位の事例、帝や宗という称謂、等の原則および実態について述べた。また、私が最近関心をもっている問題として、皇帝と皇后および皇太子との関係についても述べてきた。皇帝と皇后、皇帝と皇太子という一対一対応ではなく、皇帝と皇后・皇太子という三者の関係でみると、じつに多様な事実が浮かび上がってくる。唐の則天武后と韋后の事績は武韋の禍または女禍と一括りにされてしまうが、武后が皇太子とする男子に事欠かなかったのに対し、中宗が皇帝に返り咲いたときに韋后が実子を失っていたことを考えれば、単純に韋后が武后を真似しようとしたとはいえなくなるであろう。しかし、皇帝・皇后・皇太子の三者の関係は複雑であるので、拙論では漢代から唐代までの皇帝・皇后・皇太子の問題に相当の紙幅を割くことになってしまった。読者諸賢の関心からはやや外れた問題を長々と述べたことについては御容赦いただきたい。

注

（1）大行皇帝については、戸崎哲彦「中国古代の大喪における「大行」称について」（『史学雑誌』第一〇〇編第九号、一九九一年）参照。

（2）漢代から唐代までの皇帝の即位儀礼については、拙著『中国古代皇帝祭祀の研究』（岩波書店、二〇〇六年）第二部第八章「中国古代の即位儀礼と郊祀・宗廟」参照。

（3）拙稿「中国の帝と宗――皇帝の呼称をめぐって」（岩波書店PR誌『図書』二〇一一年一一月号）参照。

（4）松下憲一は、藤原南家が継承した『貞観政要』の読みに呉音のヤウタイがあるので、博士家が天皇に『貞観政要』を進講するときに煬帝を暴君としてヤウタイと読んだのが、煬帝の読みの始めであったであろう、とする。また日本の天皇でも、反乱に荷担したとして廃位された淳仁天皇と仲恭天皇の二人の廃帝もハイタイと読んで区別した、と指摘している。同「隋の煬帝はなぜヨウダイと読むのか」（『史朋』第五〇号、二〇一八年）参照。

（5）唐を中心とした中国皇帝の尊号については、戸崎哲彦に以下のような一連の研究がある。「唐諸帝号攷（上）――皋陶から睿宗まで」（『彦根論叢』第二六四号、一九九〇年）、「唐諸帝号攷（下）――殤帝から哀帝まで」（同誌第二六六号、同年）、「古代中国の君主号と「尊号」――「尊号」の起源と尊号観念の成立を中心に」（同誌第二六九号、一九九一年）、「唐代君主号制度に由来する「尊号」とその別称――唐から清、および日本における用語と用法」（同誌第二七〇・二七一合併号、一九九一年）。なお、単純に「皇帝」の称号そのものを尊号と称することもある。

（6）小島毅『天皇と儒教思想――伝統はいかに創られたのか』（光文社新書、二〇一八年）によれば、明治時代に一世一元を提唱したのは岩倉具視であった。

（7）漢代から隋代までの皇后と皇太子との関係については、拙稿「権力と皇后」（『中国女性史研究』第二六号、二〇一七年）参照。

（8）唐代の皇后と皇太子との関係については、拙稿「武韋の禍――楊貴妃への序曲」（松原朗編『杜甫と玄宗皇帝の時代』所収、【アジア遊学】二二〇、二〇一八年）参照。

文献一覧

奥平康弘『「萬世一系」の研究（下）――「皇室典範的なるもの」への視座』岩波現代文庫、二〇一七年（初出は二〇〇五年）

辛徳勇『建元与改元　西漢新莽年号研究』中華書局、二〇一三年

保科季子「天子の好逑――漢代の儒教的皇后論」『東洋史研究』第六一巻第二号、二〇〇二年

▼もっと知りたい人のための参考文献

小島　毅『天皇と儒教思想――伝統はいかに創られたのか』光文社新書、二〇一八年

明治以降の天皇や皇后に関わる行事や儀礼は日本の伝統に深く根ざしていると思われがちだが、そのなかに意外に新しく作られたものがあり、またその多くが儒教の古典を参照していることをわかり易く説明した、時宜にかなった好著である。

金子修一『中国古代皇帝祭祀の研究』岩波書店、二〇〇六年

自著であるので挙げにくいが、漢から唐までの皇帝の即位儀礼の原則と変遷について詳述している。また、中国皇帝の即位儀礼は儒教の祭祀と密接に関係しているが、漢から唐までの皇帝の主だった祭祀の特質についても、その原則と各王朝における運用の実態の両面から明らかにしている。

金子修一主編『大唐元陵儀注新釈』汲古書院、二〇一三年

唐以前の皇帝の即位儀礼は前の皇帝の喪葬儀礼の最中に行われ、凶事である皇帝の喪葬儀礼は記録に残りにくい。元陵は唐の代宗皇帝の陵で、元陵儀注は代宗の皇太子であった徳宗の即位の際に作られた、代宗の喪葬儀礼に関する貴重な式次第であり、徳宗の即位に関わるところもある。本書はその詳しい注釈書。

コラム

姿を現すシャー

――ガージャール朝イランにおける君主像の表象

小澤　一郎

王権がどのように表象されるかという問題は、その王権の性格を探るうえで重要な論点となりうるとともに、それぞれの時代・地域の特徴を映し出す。本稿ではガージャール朝期（一七九六―一九二五）のイランで国王（シャー）の姿が統治下の人々の前にいかに立ち現れたのか、その変遷を概観してみたい。

サーサーン朝までのイラン高原では君主の姿をかたどった磨崖像（まがいぞう）や硬貨は王権表象の一般的手法であったが、この伝統は偶像描写を忌避するイスラームの到来とともにいったん姿を消した。しかし、モンゴル侵入以降、宮廷画院で文学作品の写本を飾る細密画が制作されるなかで君主の姿は再び描かれはじめる。サファヴィー朝期には、首都エスファハーンの宮殿内に君主の参加した戦争や宴の壁画も描かれた。ただ、これらは宮廷関係者の目にふれるのみで、君主は統治下の人々にその姿をさらすことはなかった。

ガージャール朝が成立し、第二代ファトフ・アリー・シャーの治世（一七九八―一八三四）に入ると、宮廷画院では西欧の影響を受け、細密画から油彩画に媒体を移して君主の肖像が活発に描かれた。一方、この時期の新展開として、シャーの姿を統治下の人々に顕示する動きがみられはじめる。前イスラーム期に回帰するような磨崖像の造営はそのひとつであり、なかでもテヘラン南郊のレイに造営された二つの磨崖像にはそれぞれ、獅子を狩るシャーの姿と王子たちに囲まれるシャーの姿が描かれた。前者は前イスラーム期の王権表象の伝統的なモチーフであり、後者はガージャール朝王家の永続性をアピールする意図があったとされる。また、それまで文字のみが刻まれていた硬貨にもシャーの姿をかたどったものが現れるが、これは玉座に座るシャーの全身を幾分デフォルメしたもので近代以降の硬貨にみられるような肖像とは異なり、前イスラーム期の硬貨のデザインとの共通性がみられる。

君主の姿が公に顕示されるようになった要因として、先行研究では、ガージャール朝宮廷を訪れた西欧人が西欧において君主をかたどった各種モニュメントが制作されている事実を伝え、シャーの関心を引いたことが指摘される。一方、磨崖像や硬貨など、前イスラーム期と共通するような王権表象の手法が採用されたのは、ファトフ・アリー・シャーが即位以前にイラン南部ファールス州の総督を務め、ペルセポリスに代表される前イスラーム期の遺跡に親しんでいたからであるという。すなわち、西欧の影響下でシャーはその姿を統治下の人々の前に現したが、その手段としてイスラーム以前の伝統的王権表象の手法が一時的ながら復活したことになろう。

一九世紀後半、イランへの西欧の文物の流入はより活発となるが、第四代ナーセロッディーン・シャーの治世（一八四八―九六）に君主像の表象はさらなる展開をみせる。その最も大きな変化は写真技術の導入である。彼は西欧人写真家を雇用するだけでなくイラン人写真家を育成し、また自身でも写真を撮影したため、後世「写真家（アッカース）」とも呼ばれることもあるが、彼の治世に油彩による肖像画制作は写真撮影によって徐々に取って代わられてゆく。彼の写真は複製の容易さもあってパネルや絵葉書のかたちで有力政治家や外国人らに配布されたほか、近代日本の「御真影」と同様、官公庁にも掲示された。これに加えて、彼の治世には新たな描画・印刷技術を利用してシャーの肖像のリソグラフが官報に掲載・流布され、また西欧から導入された圧印機によって、同時代の西欧における硬貨と同様に写実的な彼の肖像が硬貨に刻まれた。これらの変化も西欧の技術導入の結果と評価できる。こうして、シャーの姿はより多くの人々の目にふれるようになり、イランの統治者としてのその存在を人々の心に植えつけることになった。また、この時期に写真・定期刊行物・硬貨といった手段が出そろったことは、同時期にシャー自身の服装が西欧化していくという展開とも相まって、イランにおける王権表象の手法とモチーフをともに西欧化させた。こうした王権表象のあり方はその後も踏襲されて定着していく。

ガージャール朝滅亡後、パフラヴィー朝（一九二五―七九）もこうした手法を受けついで発展させ、シャーの肖像は人々に自らの統治者を意識させる有効な道具となった。一方、ナーセロッディーン・シャーの肖像は、図案化されて紅茶用グラスにデザインされ、現在でもその姿を見ることができる。彼の統治した王朝が消滅した現在、その肖像はイランの「古き良き時代」を想起させるアイテムとして命脈を保っている。

コラム

近代中国における皇帝の退位と「人治」志向

久保茉莉子

中国では、約二〇〇〇年にわたり、皇帝を頂点におく専制王朝体制が維持されてきた。たとえ王朝が交代し、諸制度が改められたとしても、皇帝という絶対的権力者とそれを支える官僚層からなる統治形態は、ほぼ変わることなく続いてきた。一人の人物に権限を集中させる統治のあり方は、ときに「人治」と呼ばれ、権力者の専横をもたらすものとして批判される。しかし、それはあくまで一つの見方であって、あらゆる時代・地域の人々が同じように考えていたとはかぎらない。むしろ、一人の有能・有徳な人物に統治を委ねることは、社会秩序の安定のために必要とされることもあった。一九世紀まで、中国の多くの人々は専制王朝体制そのものについては何ら疑問を抱くことなく日々の生活を営んでいたのであり、皇帝という存在が姿を消すなどという事態は想像すらされていなかった。

ところが、一九世紀半ば以降、欧米諸国の中国進出が活発化し、清朝の力が相対的に弱小化していくなかで、専制王朝体制の維持は難しくなっていく。そして、少なくとも知識人たちの間では、旧来の王朝体制を何らかのかたちで改革しなければならないという意識が共有されていく。また一部の人々は、王朝体制の打倒と新たな体制への変革をめざし、勢力を拡大させていった。二〇世紀初年には、清朝の権力中枢においても、近代国家建設に向けた抜本的な制度改革の必要性が強く認識されるようになり、国家統治のあり方を定める憲法の制定に向けた動きが本格的に開始された。清朝のもとで進められた体制改革では、皇帝の地位を維持することが前提とされていたため、明治日本の法制度などを参照した立憲君主制の確立がめざされた［曽田二〇〇九、野村　二〇〇七］。こうして、清朝が旧体制の改革と近代国家建設という一大事業を開始した後も、皇帝の退位ということはほとんど想定されていなかった。

しかし、一九一一年の辛亥革命を経て清朝は政権を失い、一九一二年、中華民国という共和制国家が誕生した。このことは、帝政国家に代わる新たな政治体制が創出されたことを意味する。そして、皇帝という絶対的権力者は、中国から姿を消すことになった。中華民国成立後、権力の空白ともいえる状況のなか、中国では、統治のあり方をめぐる模索と混乱、対立が続いていくこととなった。

長きにわたり帝政が維持されてきた中国において、十分な準備もないままに共和制へ急転換することは、さまざまな問題を引き起こしうるものであった。人口の大部分を占める一般の人々はもちろん、知識人層すらも体制転換の意味を十分に理解しないまま、予想外の速さで辛亥革命が成功してしまったため、新たな体制のもとで統治を安定させることはきわめて困難であった。人々は、革命の成功によって中国は良くなると考えていたが、実際には政治と社会は混乱状況に陥った。そのため、人々は失望し、専制王朝時代を懐古した。そして強い政府の出現を求め、袁世凱（えんせいがい）のような強力な政治家に期待した［王　二〇一五］。

このように、近代中国における王朝体制の終焉と皇帝の退位は、それに代わる体制が未整備であったことから、人々の「人治」志向をもたらす結果となった。「人治」は、しばしば独裁者個人ないしはその周辺の人々を批判する文脈で用いられる。しかし「人治」のような統治形態が登場する背景には、それを要請・承認するような社会状況も存在するということに留意しておかなければならない。

参考文献

野村浩一『近代中国の政治文化——民権・立憲・皇権』岩波書店、二〇〇七年

曽田三郎『立憲国家中国への始動——明治憲政と近代中国』思文閣出版、二〇〇九年

王奇生著・張玉萍訳「「神聖」から「唾棄」へ——国会への期待と幻滅」深町英夫編『中国議会一〇〇年史——誰が誰を代表してきたのか』東京大学出版会、二〇一五年、四三—六一頁

Ⅵ　ヨーロッパの王政と王位継承

ヨーロッパの選挙王政と世襲王政——天皇譲位に寄せて

中澤　達哉

はじめに

「大和王朝、依然として王座に就く」。これは、天皇の退位が国会承認を受けた際、皇太子への皇位継承に焦点を当てたポーランドのテレビニュースの言葉である［TVP info 09. 06. 2017］。平成の天皇を大和王朝（dinastia Yamato）の君主ととらえるこの報道に違和感をもつ読者も少なくないだろう[1]。たしかに単に「天皇家」や「皇室」という語に慣れてきた私たちは、そもそも天皇家の王朝名は何か、普段から意識することはほとんどない。神聖ローマ皇帝を歴任したハプスブルク朝、ロシア皇帝を歴任したロマノフ朝、フランス国王を歴任したブルボン朝とはどこか違う存在として、天皇家を差異化してしまっているのかもしれない。この問題に意識的でなかったならば、「大和王朝」ないしは「大和皇室」という語を通じて、現皇室を理解しようとするポーランドの人々の認識を無下に批判することもできないであろう。

しかし、ここで重要なのは、天皇家が大和朝なのかどうかではない。ポーランドで天皇の退位と皇太子への継承について報道される際、トップの見出しの多くは「日本天皇、退位の意向。国民に告知の予定」［Dziennik 04. 08. 2016］や「日本天皇の退位可決。国会が同意」［TVP info 09. 06. 2017］であったことに着目したい。国家の大事である君主の退位と継承について、「大和王朝」が存続するか否かよりも、広く国民の同意が得られているのかどうか、そちらに関心を向けていたのである。

そもそも、なぜポーランドの人々は皇位継承に対する国民的同意の有無を気にするのだろうか。じつは、ポーランドは近世の約二百年の間、すべての貴族による自由選挙によって国王を選出してきた選挙王政の経験をもつ国家であった。世襲天皇、世襲将軍に慣れてきた私たちには想像しがたいが、歴史上のヨーロッパには二つの王政、二つの王位継承原理が存在した。ドイツの歴史家ハインリッヒ・ミッタイスがかつて簡潔に指摘したように、古来、ヨーロッパでは、王家の一族一体が後継候補として尊重される血統権と直系間の相続・世襲権とが区別されており、最低でも王位獲得には「血統権による選挙」が必要要件であった［ミッタイス　一九七一：二一四―二一五］。そのうえでミッタイスは、この認識から大きく分けて二つの方向へと近世・近代の王政が発展したと考えた。①血統権から直系間の世襲相続、すなわち世襲王政、②血統権をいっさい問わない自由選挙、いわゆる完全な選挙王政、である。①はイングランド、フランス、スペインなど西欧に顕著であろう。これに対して、②は中東欧のポーランドが好例である。聖界のローマ教皇（法皇）も常に選挙教皇であることに留意する必要があるだろう。さらに、同じく中東欧のボヘミア、ハンガリー、神聖ローマ帝国などのハプスブルク家の統治領域においては、選挙で世襲王を選ぶ①②の中間形態も機能した［中澤　二〇一二：九七―九八］。また、稀ではあったが、①②の原型にあたる血統権にもとづく王家一族全体からの選出選挙（もしくは推挙・推戴）が行われることもあった。いずれにせよ、王位の世襲相続原理（世襲王政）と王位の選挙原理（選挙王政）は、近世・近代ヨーロッパ政治文化史を二分する対極的な君主政体であったといえる。

もっとも当時のヨーロッパの人々は、相対立する二つの王政・王位継承の存在を常に意識してきた。シェークスピアの『ハムレット』（一六〇四―〇五年）に登場する国務大臣ポローニアスをみるとき、都市共和政下のマキアヴェルリが『ローマ史論』（一五三一年）で共和政ローマ、スパルタ、ヴェネツィアなどの、君主ないし統治者を選挙によって選出した国家を「幸福の国」と定義するとき、また、世襲王政のフランスで生きるルソーが『社会契約論』（一七六二年）で選挙王政の特性を精緻に分析するとき、私たちはヨーロッパの人々が常に王政のありようについて世襲と選挙を参照しあい、それぞれの改善のために実践を積み重ねてきたことに気づくのである。

これに対して、日本の君主政あるいは君主政論はどうだろうか。今日の譲位の議論に接するとき、ヨーロッパ史研究の観点からすれば、世襲王政という一つの王政観しかみえてこない。君主を選挙ないし推戴するという発想のない特殊な歴史認識が存在するようにさえみえるのである。また、たとえ世襲であったとしても、ヨーロッパの人々は世襲王政がいかにして臣民や国民の同意を得られるかを不断に思考しつづけてきた。仮に日本の人々が世襲に合意を与えているとするのならば、肝心の合意調達の過程が形式のうえでもヨーロッパと比べてみえにくい。逆に合意調達の過程が存在しないのならば、それはなぜなのか。本章は、以上の問いに直接答える力は到底ないが、中近世ヨーロッパに現出する選挙王政と世襲王政の王位継承を事例に、上記の視点をもつことの意義を日本史研究に提起しつつ、天皇の譲位問題から私たちの歴史認識を問い直してみたい。

1　世襲王政

本節では、世襲王政の異なる二つの典型として、フランスとイングランドの世襲王政を概観しよう。

フランスの男系男子世襲王政

カロリング朝のルイ五世（位九八六―九八七）は世継ぎなく死没し、同王朝は断絶した。これを受け、有力者の集う封建諸侯の会議でカロリング家と縁戚にあたるユーグ・カペー公が王に選挙された（上記①②の原型にあたる血統権にもとづく選出選挙。選挙だが血統を重視している点に注意したい）。以後のフランス型世襲王政のあり方に決定的な道筋を与え、また、歴代フランス王家では最長の王朝となるカペー朝（九八七—一三二八年）が創始されたのである。

カペー朝は一四世紀に至って、古代ゲルマン法のサリカ法（Lex Salica）第五九章「遺産について（「De alodis」）の相続条項(2)を再解釈して、これを王位継承に適用するという挙に出た。サリカ法とは、フランスの前身にあたるフランク王国初代国王メロヴィング朝のクローヴィスが編纂した古代ゲルマン法を原型とする。本法第五九章は本来、注2にみるように、王家の土地相続から女子を排除することを定めたのみで、王位継承を規定する条文ではなかった。フィリップ四世（位一二八五—一三一四）の治世に、かのアナーニ事件（一三〇三年）や「教皇のアヴィニョン捕囚」（一三〇九—七七年）を乗り切り、教皇権にも匹敵する権力を保持したカペー朝が、なぜ王位継承へのサリカ法の拡大適用を望んだのだろうか。これにはカペー家のお家事情が複雑に絡みあっていた。

フィリップ四世には三人の息子がいたが、フィリップの死去にともない、嫡男のルイ（位一三一四—一六）が王に即位した。しかしまもなくルイも死去してしまう。王位への野心を隠さなかったその弟のフィリップ（のちの五世）は、一部から推戴の声があったルイの長女ジャンヌの即位を阻止するため、まさにこのとき、サリカ法を拡大解釈し、自らの王位継承の正統性を主張したのである。フィリップ五世（位一三一六—二二）の即位により、サリカ法は実際に以後のフランスの王位継承原則と化した。

自らの決断がカペー朝の断絶を招来しようとはフィリップ五世はつゆにも思わなかっただろう。当のフィリップ自身の息子は夭逝しており、ほどなく末弟のシャルル四世（位一三二二—二八）が即位した。だが、そのシャルルもまた男子だ早逝し、女子三人であった。兄が拡大解釈したサリカ法にもとづき、カペー朝は断絶した。これを受け、男系をたどって、ヴァロワ伯フィリップ六世（フィリップ四世の甥）（位一三二八—五〇）に王位が移ることになった。ヴァロワ朝の成立である。いずれにせよ、これにより女子と女系の王位継承が実際に排除され、男系男子を基盤とするフランス型世襲王政の枠組みが完成することになった。以後もフランス史には女王もいなければ女系王もいない。実際に、カペー朝、ヴァロワ朝、ブルボン朝へと至る歴代王朝は名こそ異にするものの、すべてカペー家と男系でつながっている。男系男子の圧倒的優位という意味において、フランス王国はヨーロッパの世襲王政国家のなかで最も極端な王政と王政観をもつ国であったといえよう。

イングランドの男女系男女世襲王政

一方、イングランドはフランスと異なる。世襲王政であることには変わりがないが、すでに一一三五年および一一五四年の段階で女系男子の王が即位しているのである。フランスでは起こりえない事態である。

当時の状況を概観しよう。ノルマン朝第三代のヘンリー一世（位一一〇〇―三五）は、一一三五年に男子を残さず死去した。これを受け、フランスのブロワ家に嫁いでいた姉アデルの息子スティーヴン・ブロワと、アンジュー家に嫁いでいたヘンリーの娘マティルダとが王位をめぐって激しく対立することになる。結果的に、諸侯会議の承認により女系男子のスティーヴン一世（位一一三五―五四）が即位した（ユーグ・カペーの選出時にもみられるように、英仏では直系嫡子が王位に就かない際の即位について、諸侯による血族からの推戴が重視される点に注意したい）。しかし、世襲権にもとづかず即位したことが以後もスティーヴンの弱点となりつづけた。逆に、世襲権のほか諸侯の推戴という二つの条件を兼ね備えうる後継者として、マティルダの息子アンジュー伯アンリ（英名ヘンリー）が衆目を集めたのである。実際に、スティーヴンの他界により、同じく女系男子のヘンリー二世（位一一五四―八九）が即位した。ブロワ朝からプランタジネット朝（アンジュー朝のイングランドでの通称）への王朝交代が起こるのもこのときである。次期王位が血縁内にとどまったとしても、系統が変わるのであれば、その家系の名へと王朝名が変更することがわかる。この慣行が世襲王政の政治文化圏で広く共有されていたことも指摘しておきたい。

さて、この時点では、イングランドにはまだ女王はいない（上記の王位請求者マティルダの正統性を認める歴史家もいるが、歴代王には数えない）。つまり、男系の女王も女系の女王もいない。存在するのは、男系と女系の男性君主だけである。女王が現れるには、一六世紀のテューダー朝ヘンリー八世（位一五〇九―四七）の治世以後を待たねばならない。自身の離婚問題から英国国教会を創設したヘンリーの死後、当初、男子を優先し虚弱なエドワード六世（位一五四七―五三）が即位するが、一五五三年に世継ぎなく死去した。ここで、ヘンリーと最初の后との間に生まれた娘メアリと、ヘンリーの妹の孫娘ジェーン・グレイが後継を争った。わずか九日間だけジェーンがイングランド初の女王の座に就くが、最終的にはメアリが勝利し、メアリ一世（位一五五三―五八）が即位する。単なる骨肉の争いにしかみえない王位争奪戦ではあるが、このプロセスの歴史的意味はきわめて大きい。つまり、フランスはサリカ法で女子の家督相続・王位継承を禁止しているのに対して、イングランドは排除しない。男子を優先するが、ここで女子を排除すると、単なる対立がより規模の大きな戦乱や流血の事態を招く可能性が高い。そうした危機感から、きわめて現実主義的に女王を選択したのである。ここにおいて、イングランドに男女系男女世襲王政が出現することになった。

その後、エリザベス一世も輩出し、順調に王位継承を果たしてきたイングランドにとって、継承上の難題に見舞われたのが、名誉革命後のステュアート朝アン女王（位一七〇二―一四）である。アンは一七人の子を身籠ったがすべて夭折し、ステュアート家の断絶が即位前の段階で明らかになった。そこで、以後をにらみ、王室および政府は、メアリが戴冠する前年の一七〇一年に「王位継承法」(Act of Settlement)(3)を成立させた。

しかしここで留意せねばならないのは、いくら女王が現れたとしても、女系王が誕生したとしても、世襲王政には変わりないということである。ひとつの王家・王族の血統のなかに、君主政の柱を見出している点において、イングランドもフランスも本質においてはなんら変わらないのである。

2　選挙王政

本節では、これまで検証してきたフランスの男系男子世襲王政およびイングランドの男女系男女世襲王政と対極に位置する選挙王政、なかでもポーランドの国王自由選挙、神聖ローマ帝国の七選帝侯による選挙王政をとりあげよう。日本の読者には馴染みの薄い君主政体であると思われる。

ポーランドの国王自由選挙

ポーランドの選挙王政は女王の選出と深く関わっていた。外来王家アンジュー朝ルドヴィク王（位一三七〇―八二）には息子がなく、娘ヤドヴィカに王位を継承させようとした。しかし当時、女子への継承には反発も多かった。そこで、一三七四年、ルドヴィクは娘への王位継承を認めてもらうのと引き換えに、貴族層に大幅な特権を与えたのである（コシツェの特権）。こうして一三八四年、諸身分の同意を得て、ヤドヴィカが晴れてポーランド初の女王（位一三八四―九九）に迎えられた。

さて、コシツェの特権以来、「王は公共の事柄については課税できる。しかし、特権諸身分の同意がなければいっさい、課税できない」という原則が成立した。この結果、課税承認の場として身分制議会（王、元老院、代議院からなる三院制議会）が発展することになったほか、やがて「王位」「領土変更」「戦争」についても諸身分の同意が必要になり、とくに王位については選挙によって諸身分の同意を判断するという慣習が定着していくことになる。しかし、この時期の選挙とは、特定の集団が協議して君主を決定する推戴ないし推挙を意味した。

このような状況に一石を投じる役割を果たしたのが、ヤギェウォ朝のジグムント一世（位一五〇六―四八）であった。

世襲王政の実現をもくろむジグムントは在位中に、九歳の嫡男ジグムント・アウグストへの世襲継承、つまり「譲位」を実現しようとし、一五三〇年に選挙と戴冠式を突如強行した。こうして父子がともに王座に就くという異常事態となった。諸身分の多くは王の「暴挙」に反発し、二度とこのような事態が起こらぬよう、同王の戴冠式後の議会で従来の選挙方式に関する原則を定めた。現代ポーランドのメディアが天皇の譲位について国民的同意があるかどうかに徹底的にこだわるのは、以上の伝統をもつことと無関係ではないだろう。

　この選挙原則はやがてヤギェウォ朝断絶後の一五七三年に、貴族たちの主導のもとで「ヘンリク諸条項」（Articuli Henriciani）全二一カ条へとまとめられた。本諸条項は以後、召集直後の議会でそのつど確認・更新されていくことになる。つまり、以後のすべての選挙王はヘンリク諸条項に忠誠を誓わねばならず、永続的な制定法となった。

　ヘンリク諸条項の王位継承にかかわる骨子は、王はすべての貴族によって選挙されるのであり、決して世襲によって継承されるものではない、という国王自由選挙の原則である。つまり、国王の死後に全国的な選挙議会を開催し、これに参加するすべての貴族による自由な国王選挙の実施を高らかに宣言したのである。小山哲の簡潔な整理によれば、結果的に定まった選挙制度は以下の特徴をもつ。①国王候補者は特定の王朝に限定されず、国内外の有力家系の出身者が選択の対象となる。②国王在任中に次期王位継承者を選定することを禁じる。選挙の主導権は王権側にではなく諸身分側にある。③人口の一割を占める貴族身分のうち、土地を所有する成人男子全員に選挙権が与えられる。④全員一致の原則が尊重される。⑤複数の王領都市代表も選挙に参加する［小山　二〇〇一：七―八］。

　この形式に則った最初の国王自由選挙（当選者はアンジュー家のヘンリク・ヴァレジ）の模様をみてみよう。前王の死にともない空位期が訪れる。空位期摂政としてグニェズノ大司教が召集議会の開催を告げる。これを受けて、地方議会は召集議会への代表を決定した。この召集議会は、国王選挙の期日と実施方法の仔細を定めること以外に、前王の不法行為の総括および次王との契約事項の確認、空位期の国土防衛と国内の秩序維持についても議論した［同前：八］。

図１　1573年のヘンリク・ヴァレジの選挙（Ｊ・マテイコ画，1889年）
Jan Matejko [Public domain], via Wikimedia Commons

直後に行われる選挙議会において選挙が実施される。議場には元老院議員と各県の代表が座し、議場外には全国から貴族たちが県別に集結する。一五七三年には約四万の貴族が選挙に参加したといわれている［同前：九］（図１・２参照）。外国使節による各候補の推薦演説の内容はすぐさま参加者に伝聞された。その内容を吟味のうえ、記名による投票が行われ、元老院議員が集計にあたった。多数決ではなく全員一致の原則をとるため、最有力候補が絞り込まれてくると、その者を当選者とするための協議が各県別に行われることになる。すべての協議で合意が形成されると、首座大司教が当選者の名を告知し、宮廷長官がこれを布告した。

しかし、選挙だけでは王は誕生しない。このあと、当選者を王とするための戴冠式が待っているのである。この戴冠式の場で、当選者がヘンリク諸条項を誓約して初めて国王として承認されることになる。なお、選挙王政のポーランドは一五六九年のルブリン合同以来、ラテン語のレスプブリカ（res publica 英語では commonwealth, republic）のポーランド語訳ジェチポスポリタ（rzeczpospolita）、すなわち「共和国」を名乗っている。王は共和国国王として、名実ともに「王のいる共和政」

図2　1764年のスタニスワフ・アウグスト・ポニャトフスキの選挙（B・ベッロット画, 18世紀）　Bernardo Bellotto [Public domain], via Wikimedia Commons

を実現していくことになったのである。

神聖ローマ帝国の七選帝侯による選挙

ポーランドと異なり、東フランク王国／神聖ローマ帝国、いわゆるドイツではわずか七名の少数者による選挙が制度化された。これは一三五六年のことであるが、選挙自体の歴史は古い。そもそも、諸侯の力が拮抗していた東フランク王国では、九一一年にカロリング家が絶えると、九一九年にザクセン家のハインリヒ一世（位九一九―九三六）が国王に選挙された。圧倒的な王家がないため、諸侯の間で選挙が行われたのは自然な流れであった。こうしてザクセン朝（九一九―一〇二四年）が成立するが、第二代オットー一世（王位九三六―九七三、帝位九六二―九七三）の活躍は目覚ましく、東フランク王でありながら、ローマで教皇から帝冠を受け、いわゆる「神聖ローマ帝国」初代皇帝に就任した。以後、東フランク王が神聖ローマ皇帝に就任する慣習が生まれるが、この複合君主政は以下の戴冠手続きをとることになる。①諸侯が東フランク王

(ローマ人の王ともドイツ王ともよばれる)を選出する。②東フランク王がローマで帝冠を受けローマ皇帝に即位し、東フランクおよび他の地域を神聖ローマ帝国として統治する。実際、皇帝オットー一世は東フランク王(ドイツ王)であるばかりでなく、イタリア王も兼任した。いわゆる「複合国家」ないし「礫岩国家」の君主として君臨したのである。

とくに、一二二〇年に皇帝に即位したホーエンシュタウフェン朝のフリードリヒ二世(王位一二一二―一二〇、帝位一二二〇―五〇)の統治はのちのドイツのありように大きな影響を与えた。フリードリヒはイタリア政策に傾注し、生涯の多くをパレルモで過ごした。このため、ドイツの統治は地方の有力者に任せきりとなった。つまり、国王のもと統一に向かうのではなく、群雄割拠が常態化したのである。この結果、一四世紀以降には、帝国内に約三百もの小さな君主国(王国・大公国・公国・自由都市)が並存する領邦国家体制が成立することになる。

歴代の君主の多くがドイツを不在とする状況下で諸侯の力が増し、やがて東フランク王(兼神聖ローマ皇帝)の選出は常に有力諸侯の同意が必要となった。そのつどの選挙によって王は交代するので、当初のザクセン朝が永久に続くことはない。選挙結果に応じて、ザーリアー朝、ザクセン朝、ホーエンシュタウフェン朝、ヴェルフェン朝、再度、ホーエンシュタウフェン朝……というように、西欧と比べ頻繁に王朝交代が起こったのである。

こうした不安定の帰結たる大空位時代(一二五四―七三年)を経て、空位による無秩序を二度と繰り返さぬよう、また、ローマ教皇の政治的介入を回避するために、国王・皇帝選挙の方法を条文化したのが、一三五六年のルクセンブルク朝カール四世(王位一三四六―七八、帝位一三五五―七八)の手による『金印勅書』(Bulla aurea)全三一カ条である。一三世紀以降、帝国では七名の選帝侯(ケルン大司教、マインツ大司教、トリーア大司教、ライン宮中伯、ザクセン公、ブランデンブルク辺境伯、ボヘミア王)が国王を選出する方式が定着化していたが、『金印勅書』はこれを法的に明文化したのである。とりわけ第二章「ローマ人の王の選挙について(De electione Romanorum regis)」と第五章「宮中伯およびザクセン公の権利について（De iure comitis palatini et eciam Saxonie ducis）」の骨子は以下のとおりである。①選挙侯は上記七名に定める。②選挙はフランクフルトで行われる。③過半数が王を選出した場合、全員一致の原則により一人の反対者もなく行われたとみなされる。④選挙後に選挙侯全員に対して諸特権を確認し承認し、戴冠式後にこれらを更新する。⑤空位期にはライン宮中伯が帝国の代理となり統治する［Weinrich, 1983: 334-344］。

やがてハプスブルク家が頭角を現し、一五世紀前半から帝国崩壊までの近世・近代全体にわたって、当家が王位と帝位をなかば世襲する格好となる。厳密には選挙で君主が選ばれるので世襲王政ではないが、選挙で世襲王を選んでいるという面白い現象が生じた。選挙王政下で世襲を可能にした理由として、第五代のフリードリヒ三世（王位一四四〇―九三、帝位一四五二―九三）と息子で第六代のマクシミリアン一世（王位一四八六―一五一九、帝位一五〇八―一九）の二代にわたる結婚政策が挙げられる。当家家訓の一つ「戦いは他のものに任せよ、汝幸いなるオーストリアよ、結婚せよ」は、選挙で選ばれるには血縁が重要との強い確信が存在することを表す。選挙王政下で成長する王家は敵対しそうな有力者と縁結びをするきらいがある。この「世襲的選挙王政」は、ハプスブルク朝下の近世ハンガリー王国でもみられ、世襲王政と選挙王政の中間形態と考えられる［中澤　二〇一二：九七―九八］。

3　世襲と選挙の淵源

なぜこのように一つのヨーロッパで二つの異なる王政が生まれたのだろうか。世襲王政と選挙王政はいかなる相違から生まれるのか。この解明は古典古代までさかのぼらねばならない。

二つの公共善

古代ギリシアの哲学者アリストテレス著の『政治学』は、家僕とは異なり、本来命令できない関係にある市民を治めるのが「政治」であることを示唆するとともに、その治め方の政体について詳述した。アリストテレスは最良の国制形態を「ポリテイア」（πολιτεία）と名づけた。実際にポリテイアとは、富裕と貧困の両極を排除した中間層による統治を理想とし、その政体は「一人支配」、「少数者支配」、「多数者支配」の三つが混ざれば混ざるほど良いとされた［アリストテレス　一九六九：三二］。

この文脈は古代ローマでも共有される。ローマ共和政期の政治家キケローは、著書『国家論』において、レスプブリカとは人民（populus）[4]のものであり、それゆえに法についての合意があり、公共善が実現されている国家のことであると定義した。そうした国家の政体には、古来、「一人支配の王政」、「少数者支配の貴族政」、「多数者支配の民衆政」があったが、最良の政体は王政であるという。しかし長期的には三つの混合形態、すなわち選挙王政が望ましいとした。しかも、その最善の実例こそ共和政ローマであると考えた［キケロー　一九九九：三七―四一、四六、六〇］。

これに対して、帝政ローマ期パレスチナ・カイザリアの司教エウセビオスは著書『コンスタンティヌスの生涯』を著し、皇帝は神によって選ばれるだけでなく、神の恩寵を受ける存在であるとする神寵帝理念を定式化した。この理念はのちに専制君主政期の皇帝権を支える論拠となったほか、以下の同書第九章第二項は世襲王政の基盤ともなった。「帝国の玉座は、父から彼へと下がり、自然の法により、彼のご子息たちとその子孫のために、父からの遺産のように、年を経ることのない時のなかで取っておかれることになったのです」［エウセビオス　二〇〇四：一八］。キケローの混合政体論と大きく異なることがわかる。

古典古代の世襲の神寵帝理念は、中世初期のカール大帝のカロリング朝において、キリスト教的神権政治にもとづく「一人支配」の世襲王国観へと純化・発展した。その先例として、上記の帝政ローマの神寵帝理念以外にも旧約聖書のヘブライ王権や新約の神権政治などが想定されるが、重要なのは、カロリング朝が行う世襲王政も当時、レスプブリカの一形態と認識されたことである［井内　二〇〇五：六一］。このレスプブリカは、神と王との一対一の相応から王が誕生するという継承原理をもつ点において、選挙を通じて民意を介在させるローマ共和政のレスプブリカと明らかに異なる。他の政体と混合しない純粋な「一人支配」のもとでも公共善を実現できるとする世襲王政の成立によって、確かに、中世初期の統治において王と人民との間の合意や相談の機会が減少したかのようにみえる。実際に中世後期のローマ法学者バルトルスにみるように、神権政治的な君主政観は中世全般にわたって強固に存在しつづけた［徳橋　二〇〇四：一三二］。これはやがて、近世西欧ではボシュエやフィルマーの王権神授説、そしてボダンやホッブズの絶対王政を彷彿させる君主主権論へとつながることになる。

しかし、人民との合意によるキケロー的なレスプブリカの伝統が消滅してしまったわけではない。合意の原則は君主への忠実宣誓のほか、保護・助言の関係を軸に、双務的な封建制の普及とともに中世初期ヨーロッパに浸透していたこともまた指摘しなければならない。実際に、ルネサンス期に至り、キケロー型のレスプブリカ概念は劇的な変化を遂げている。マキアヴェルリは『ローマ史論』において、レスプブリカを「幸福の国」と形容し、その国は「君主政」「貴族政」「民衆政」のどれを通じても実現しうると主張した。人民が幸福に生活できる国がレスプブリカとされ、その政体は問われなかった。あえて理想的なレスプブリカを挙げるなら、それは三つの政体の混合形態が望ましい。歴史の実例としては、共和政ローマ、スパルタ、ヴェネツィアなどの、君主ないし統治者を選挙した国家がレスプブリカであると考えられたのである［マキアヴェルリ　一九四九：一二四―一三二］。

やがて、フィレンツェの書記官レオナルド・ブルーニ以降、レスプブリカは、多数を占める中間層が支配する国家を意味して使用されるようになり、王政を含む混合政体として選挙王政が最適であるとの意味合いが近世ポーランド王国、神聖ローマ帝国、ハンガリー王国などの中東欧諸国に拡散することになった。合意の最も基礎的な手続きたる選挙で統治者を選出することが最も良く、むしろ選出する側の人民に主権が存するとの意識さえ生まれたのである［中澤　二〇一二：六九］。このように、西欧と中東欧で異なる経路のレスプブリカ論が受容され、異なる公共善のイメージが形作られたのであった。この点、ハバーマスの「代表具現公共圏」は「国王の身体が公的秩序を体現する」代表具現を意味していることからわかるように、西欧の世襲王政下のレスプブリカを想定している［ハバーマス　一九九四：一八―一九］。そのうえでそれに対抗的な「市民的公共圏」が対置されているのである。この議論は、中東欧の選挙王政下のレスプブリカには当てはまらないことは明らかであろう。ヨーロッパの個々の歴史的文脈を考慮しないまま、ハバーマスの公共圏論を引用するのには、かなりの自制が必要である。

二つの政治神学：直接的恩寵と間接的恩寵

世襲と選挙の背後には二つの異なる政治神学も存在する。図3・4のように、キリスト教王権の宿命として神の恵みたる恩寵を通じて王位に就くという論理をもつ点では、じつは世襲王政も選挙王政も同根である。しかし世襲の場合、神の恩寵は直接的に王に降り注ぎ、統治権が「神授」されるという。これを政治神学上、「神の直接的恩寵」と表現することができよう。さらに、王位が世襲で継承されるということは、神学上の帰結として、神が王個人というより王家の血統に信頼を寄せていることになる。つまり、世襲王政は神の恩寵のもと高貴な血統に国家統合の柱を見出す政体なのである。世襲王は神にのみ統治の責任を負うため、死亡時に王位は瞬時に神に戻り、その瞬間に嫡子へと移転する、という形式を踏むことになる。カントロヴィッチの言を借りるまでもなく、自然的身体は滅びても政治的身体は次王に乗り移ることで生き残り、これによって威厳や永続的な王朝の概念が生じるのである［カントロヴィッチ　一九九二：三一、三二五、三七六］。

なお、以上の世襲原理は、戴冠および埋葬儀礼から確認することができる。ヨーロッパの儀礼研究は、とくに戴

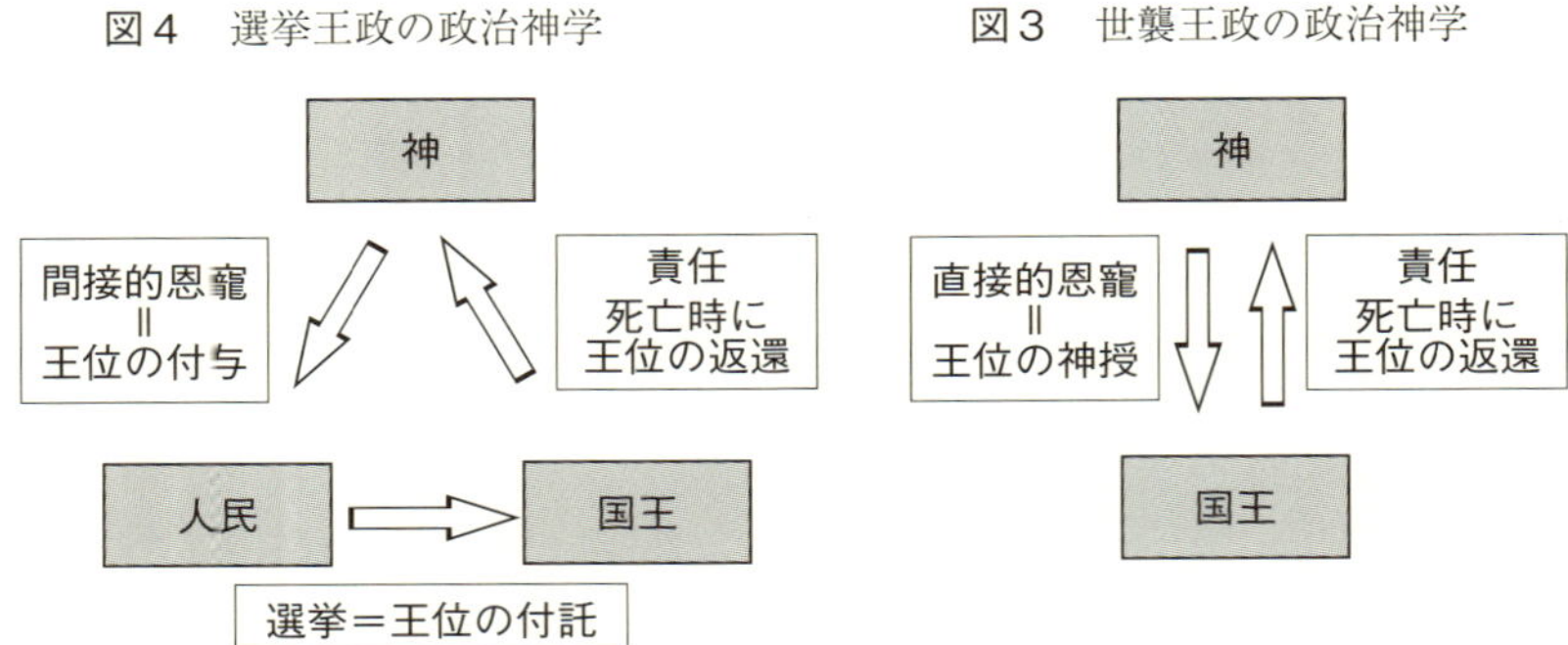

図３　世襲王政の政治神学

図４　選挙王政の政治神学

冠儀礼のなかに王権の合法的な行使方法が表現されていると認識する［Bak, 1990: 3］。つまり、王権の正統性の獲得とその政治神学への接合とを理解するうえで、儀礼の検証は重要であると思われる。そのような問題意識のもと、以下では世襲と選挙の戴冠儀礼を検証してみよう。

ヴァロワ朝のフランスでは、戴冠式において、大司教（国内における神の代理人）がテ・デウムを詠唱する慣習があった［Le Goff, 1990: 55］。テ・デウムは戴冠を喜ぶ神への感謝を表現する賛歌である。ここで重要なのは、戴冠を喜ぶ神に神の代理人のみが独唱を通じて感謝の意を表そうとしていることである。逆にいえば、あくまで教会が神の名において、神の代理人として国王に王位を与えたことをよく表しているのである。この過程に人民は関与せず、いわば神と王との一対一の相応関係によって王権の基礎が成立していることがわかる（図３）。なお、世俗の参列者はキリエ・エレイソンを詠った［Le Goff, 1990: 55］。

また、同じくヴァロワ朝のシャルル五世（位一三六四－八〇）の戴冠式では、首座のランス大司教のみ「国王万歳」を唱えている［O'Meara, 2001: 80］。いうまでもなく首座大司教は、神の意志を解釈し伝える代理人と解釈されるため、この行為も神の直接的恩寵による王位継承を明示している。なお、時代を下って英王エドワード七世（位一八四一－一九一〇）の事例となるが、戴冠式における「万歳」は、式最終部の臣従礼の直後に行われる国歌斉唱のなかの歌詞にある［Pascoe, 1902: 273］。

対して、後者の選挙の場合、神と王との一対一の相応関係を前提としない。神と王との間に人民が介在するのである（図4）。つまり、神から人民にまず恩寵が降り注ぎ、統治権が付与される。その後、人民は選挙行為を通じて、当選者に対して神から付与された統治権を「付託」する。つまり恩寵は人民を通じて戴冠式を経て間接的に王に降り注ぐのである。これを「神の間接的恩寵」と表現しよう。世襲王政の政治神学では神が王家の血に信頼を寄せるが、対して選挙王政の政治神学では神が人民の「民意」に信頼を寄せていることになる。その民意が選ぶ選挙王は、当然ながら、戴冠時に「良き統治」を行うことを人民に誓約しなければならない。神に対して統治の責任をもち、死亡時に統治権を神に返還するという点では選挙王も世襲王と同じであるが、異なるのは、次王の選出選挙とその戴冠式が終わるまでの間、選挙王政には必ず相応の空位期間が生じるということである。それゆえに、空位期の無秩序と混乱を避けるため、ポーランドではグニエズ大司教が空位摂政として、神聖ローマではライン宮中伯が帝国代理人として、王権を代行することが定められていた。

さて、選挙原理にもとづく儀礼の最たる特徴は、オスマン戦争期の危機的状況に直面していたハプスブルク朝ハンガリー王のマクシミリアン二世（位一五六三―七二）の戴冠儀礼に顕著に現れる。同国では、選挙は国家存亡の危機に瀕しても維持された。しかし危機ゆえにこそ、王位継承の正統性の確保はより可視化される必要があった。マクシミリアンの「神の間接的恩寵」による選挙王政の儀礼を三つに絞り考察してみよう。

なによりも重要なのは、①マクシミリアンへの戴冠の直前に行われる戴冠同意の儀礼である。議会の最長老の大貴族フランキスクス・バッチャーニが戴冠聖堂内の祭壇に上がり、参列者たる有権者に向かい、三度大きな声で問う。マクシミリアンを王としたいかどうか、彼を尊重し、承認するかどうかを。記録上、参加者は一様にハンガリー語で三唱している。Akarjuk! Akarjuk! Akarjuk!（かくあるべし！　かくあるべし！　かくあるべし！）[Listhius. 1735: 312]。これによって、再度、選挙結果の確認および承認がなされ、大司教がマクシミリアンに戴冠するのである。すでに聖別や塗油が行われているにもかかわらず、ふたたび戴冠直前に世俗の貴族が登場しあらためて戴冠に同意し、それを経て初めて戴冠が可能になるという事実は、マクシミリアンが王位継承に際して神の直接的恩寵によって王となるのではなく、人民の同意を通じた神の間接的恩寵によって王となるということを強調しているといえよう。

戴冠式の次に、②参列者「全員」がテ・デウムを詠唱する［Listhius, 1735: 313］。つまり、戴冠を喜ぶ神に人民が感謝するという形式を踏襲しており、神の間接的恩寵による戴冠であることを表す。戴冠後は聖堂をあとにし、新王は戴冠都市ポジョニを行進する。最後に、必ずしも選挙権をもたないポジョニ市民にもむけて、③国の権利と自由の保持、国土防衛を誓約する（「戴冠の丘の誓約」）［Listhius, 1735: 314］。つまり、「良き統治」を行い、「幸福の国」レスプブリカを実現することを臣民全体に約するのである。

おわりに

ヨーロッパの王権は、相反する二つの政治原理（神権的世襲王政・王位の世襲相続原理と、合意の選挙王政・王位の選挙原理）を内包している［井内　二〇〇五：六〇］。西欧のイギリスやフランスが世襲原理を選択するのに対して、中東欧のポーランドや神聖ローマ帝国は後者の選挙原理を尊重した。しかし今一度強調しなければならないのは、双方が常に互いを参照しあい、改善のための思考と実践を繰り広げたという事実である。あのルソーでさえ、ポーランド論を展開していた。意外かもしれないが、すべての市民革命は世襲王政下で起こった。ただし、名誉革命の後ですら、イングランドの参政権の比率は遠くポーランドには及ばなかった。アメリカ独立革命が世襲王政を駆逐し終えたあとに、ようやく参政権の比率がポーランドに並んだくらいである。アメリカ大統領ワシントン（任一七八九―九七）と同時期のポーランド王スタニスワフ・アウグスト・ポニャトフスキ（位一七六四―九五）がほぼ同等の民意を得ていることは、読者はにわかに信じがたいと思うが、事実である。選挙王政の経験をもった国でよくいわれる、「国民的同意を得た即位」、「公共的国王」、「国民とともに歩む王」の意味は重い。

翻って日本はどうだろうか。「譲位」は世襲を前提とする行為である。選挙王政には「譲る」という発想はない。公平な手続きがないほか、公的な同意がまず得られないからである。その譲渡可能な皇位が男系男子世襲であることは（日本風サリカ法の）皇室典範をみれば一目瞭然である。だが、本章がむしろ問題としたいのは、この間、私たちは世襲を前提に、あまりにも世襲を自明のものとして天皇の譲位を論じてはいなかったか、という歴史認識の問題である。譲位後の名称を「上皇」とするか否かの議論もそうである。たしかに「象徴」天皇という憲法規定のあり方のほか、祭祀・祈禱に特化した天皇の存在意義に関する議論はよく耳にするが、「世襲」皇位継承の再検討には議論が及んでいない。ともすると、現代日本においては世襲を疑わなくともよい歴史認識が浸透しているということだろうか。

これと関係すると思われるが、現代日本では共和政は君主政と対立するものとして一面的に理解されている節がある。これは逆に、君主政といえば世襲王政しか想像できないことの証左でもある。共和政ないし共和国とは、本章が論じたレスプブリカの訳語の一つでもあることを今一度想起されたい。

また、昨今行われた有識者会議一六名による譲位の承認とは、カペー朝創始期の有力者による推戴（または古代日本の群臣推戴）と形式としては同じなのだろうか、それとも、ランス大司教にみる神の「直接的恩寵」に類するのだろうか？　あるいは、神聖ローマの七選帝侯による選出に似た「間接的恩寵」とでもいうべきものか？　または、ポーランド的な全国民的同意を調達するための手続きなのだろうか？　こういう問いたてをするとき、「そもそもヨーロッパの君主政とは違う」と文明の相違を強調することによって、この問題を避けて通るような反応に出くわすことがある。しかし、これは反歴史学的であるし、なによりも、ナショナルな応答と受け取られかねない。世襲と選挙の世界史的課題を抜きにして君主政を語る歴史認識のありようこそ、問われねばならない。世界史のうえでは、世襲は一つの選択肢にすぎないのである。

注

（1）ポーランドでは歴史家の発言にさえ次の表現がある。「日本では、悠仁親王の誕生により、天皇制の将来と大和皇室の存続に関する深刻な議論が巻き起こった」[Muszalska, 2013: 260]。

（2）同章第六項は以下のとおりである。「土地については、いかなる相続財産も女性には帰属せず、男性、兄弟たる者にすべての土地は帰属すべし」[Geffcken, 1898: 59]。

（3）王位継承法による継承の主たる条件は以下の三点である。①ステュアート家の血を分かつ者。②女子の王位継承を排除しない。男女系男女の世襲王位継承を承認。③たとえステュアートの血統であっても、カトリックでは王になれない [Douglas, 1953: 129-135]。名誉革命で追放したカトリックのジェームズ二世（位一六八五―八八）の系統を王位に就かせないための法といえる。イングランドは中世の時点ではサリカ法のような王位継承を規定する法をもたず、慣習的に男女系男女世襲を守ってきたが、革命後の緊急事態に対応して成文化に踏み切った。

（4）元来、ポプルスとは、古代ローマにおいて政治権をもつ者を意味した公法概念である。これは、中世後期までに一般に、貴族下層部の中小貴族の存在を意識的に強調する特権身分概念に転化した。また同様に、都市においても、キウィスやホスピテスの下部に位置する手工業者層が慣習的にポプルスと総称された 。要するに、中近世ヨーロッパのポプルスとは、国家なり都市なりの社団において一定の主体的権利をもつ階層のなかで中下層に位置する人々を想定する概念であった[中澤二〇〇九：六一―六二]。近代以降の人民主権を意味するものではないこと、全住民を含むものではないことに留意したい。

文献一覧

Bak, Janos M., „Introduction: Coronation Studies–Past, Present, and Future," in Bak, Janos M. (ed.), *Coronations: Medieval and Early Modern Monarchic Ritual*, Berkeley- Los Angels- Oxford: University of California Press, 1990.

Douglas, David C., *English historical documents*, 8 (1660-1714), London: Eyre & Spottiswoode, 1953.

Geffcken, Heinrich, (eds), *Lex Salica zum akademischen Gebrauche*, Leipzig, Veit & comp., 1898.

Listhius, Iohannes, „Commentariolus de coronationi Maximiliani II," in Bel, Mátej, *Adparatus ad historiam Hungariae*, Posonii: Typis J. P. Roye Posonii, 1735.

Le Goff, Jacques, „A Coronation Program for the Age of Saint Louis: The Ordo of 1250," in Bak, Janos. M. (ed.), *Coronations: Medieval and Early Modern Monarchic Ritual*, Berkeley- Los Angels- Oxford: University of California Press, 1990.

Muszalska, Urszula, „Pozycja ustrojowa cesarza w konstytucjach Japonii," *Acta Erasmiana,* V, Wrocław: Wydział prawa, Administracji i Ekonomii Uniwersytetu Wrocławskiego, 2013, 247-262.

O'Meara, Carra, F., *Monarchy and Consent, the Coronation Book for Charles V of France*, London-Turnhout: Brepols Publishers, 2001.

Pascoe, Charles E., The *Pageant and Ceremony of the Coronation of their Majesties King Edward the Seventh and Queen Alexandra*, New York: D. Appleton & company, 1902.

Weinrich, Lorenz, (ed.), *Quellen zur Verfassungsgeschichte des Römisch-Deutschen Reiches im Spätmittelalter (1250-1500),* Darmstadt: Wissenschaftliche Buchgesellschaft, 1983.

TVP info, 09. 06. 2017, https://www.tvp.info/32736680/abdykacja-japonskiego-cesarza-zatwierdzona-parlament-wydal-zgode（二〇一八年九月三〇日閲覧）

Dziennik, 04. 08. 2016, http://wiadomosci.dziennik.pl/swiat/artykuly/527935,japonia-cesarz-przemowienie-narod-abdykacja-media-zagraniczne.html（二〇一八年九月三〇日閲覧）

アリストテレス、山本光雄訳「政治学」『アリストテレス全集15』岩波書店、一九六九年
エウセビオス、秦剛平訳『コンスタンティヌスの生涯』京都大学学術出版会、二〇〇四年
カントロヴィッチ、エルンスト、小林公夫訳『王の二つの身体――中世政治神学研究』平凡社、一九九二年
キケロー、マルクス・トゥッリウス、岡道男訳「国家について」『キケロー選集8　哲学1』岩波書店、一九九九年
シェークスピア、ウィリアム、野沢秀勝訳『ハムレット』岩波文庫、二〇〇二年
ハバーマス、ユルゲン、細谷貞雄・山田正行訳『公共性の構造転換――市民社会の一カテゴリーについての探究　第二版』未來社、一九九四年
マキアヴェルリ、ニッコロ、大岩誠訳『ローマ史論』第一巻、岩波文庫、一九四九年
ミッタイス、ハインリッヒ、世良晃志郎訳『ドイツ法制史概説　改訂版』創文社、一九七一年
ルソー、ジャン・ジャック、桑原武夫・前川貞次郎訳『社会契約論』岩波文庫、一九五四年
池谷文夫『ドイツ中世後期の政治と政治思想――大空位時代から『金印勅書』の制定まで』刀水書房、二〇〇〇年
井内敏夫「戴冠祭式書にみる中近世ポーランド王権への神の宿り方――テオクラシー的専制と合意」『西洋史論叢』二七、二〇〇五年、五九―九一頁
小山　哲「貴族が王を選ぶ国――近世ポーランドの国王選挙」『歴史と地理　世界史の研究』一八九、二〇〇一年、一―一二頁
徳橋　曜「想像のレスプブリカ」小倉欣一編『近世ヨーロッパの東と西――共和政の理念と現実』山川出版社、二〇〇四年、一二四―一四九頁
中澤達哉「ハプスブルク家とハンガリー王冠――戴冠儀礼と統治の正統性」篠原琢・中澤達哉編『ハプスブルク帝国政治文化史――継承される正統性』昭和堂、二〇一二年、六五―一〇四頁
中澤達哉『近代スロヴァキア国民形成思想史研究――「歴史なき民」の近代国民法人説』刀水書房、二〇〇九年
仁藤敦史『女帝の世紀　皇位継承と政争』角川選書、二〇〇六年
弓削　達『ローマ帝国の国家と社会』岩波書店、一九八四年

▼もっと知りたい人のための参考文献

井内敏夫「ジェチポスポリタ、あるいは、ポーランドにおける共和主義の伝統について」『史観』第一二四冊、一九九一年、四六—六二頁

ポーランド＝リトアニア共和国の選挙王政にもとづく共和主義的君主政の特性とその歴史的意義について、現代ポーランドの連帯運動との関連において論じた論考である。

井内敏夫「前近代と近代のレスプブリカ——ポーランドからヨーロッパの国制概念からかいまみる」小倉欣一編『近世ヨーロッパの東と西——共和政の理念と現実』山川出版社、二〇〇四年、二四一—二六九頁

近世ポーランド＝リトアニア共和国の共和国（レスプブリカ）概念を軸に、東西ヨーロッパにおける世襲王政と選挙王政の政治文化上の相違および共通性を克明に描きだした論考である。

成瀬　治『近代市民社会の成立——社会思想史的考察』東京大学出版会、一九八四年

とくに主権論の祖といわれるジャン・ボダンの思想のなかに、主権の絶対性のみならず統治の制約性の存在を見出した、西欧の中央集権的な近世主権国家像に相対化を促す著書である。

二宮宏之「フランス絶対王政の統治構造」成瀬治編『近代国家形成の諸問題』木鐸社、一九七九年

フランス絶対王政は中来以来の諸社団を媒介することによってはじめて、全国規模の統治を貫徹することができたと結論した。本書によって、官僚制や常備軍に支えられて中央集権化を進めてきたとされる従来の絶対王政像は全面的な修正を迫られることになった。記念碑的な著書といえる。

古谷大輔・近藤和彦編『礫岩のようなヨーロッパ』山川出版社、二〇一六年

「複合国家」「複合王政」「礫岩国家」論を整理したうえで、グスタフソンの礫岩国家論に再解釈を加えつつ、近世ヨーロッパ国家を従来の絶対王政や主権国家ではなく「礫岩のような国家」（一人の君主のもと複数の国家・地域・政体が合従連衡する固結状態）として再定義する近世史国家史研究の画期的論考である。

ケルゼン、ハンス、清宮四郎訳『一般国家学』岩波書店、二〇〇四年（初版一九七一年）

国家形態、とくに一人支配の君主政と少数者支配の共和政を論じるなかで、世襲王政と選挙王政の法学的解釈を展開した。美濃部達吉による「ケルゼン学説への批判」も有名である。

イェリネク、ゲオルグ、芦部信喜訳『一般国家学』学陽書房、一九七六年

法的観点からみて、君主の選出方法から君主政を二つに分類（世襲君主制と選挙君主制）し、その背後にある政治的権力関係を重視したうえで、君主の権限範囲の相違からこれを三つに分類（無限君主制〔絶対主義〕、等族君主制、立憲君主制〔議会制的君主制〕）した。なお、イェリネクの国家法人説は美濃部達吉の天皇機関説に引き継がれる。

コラム

ローマ教皇と世俗権力

永本　哲也

　ローマ教皇は、キリスト教最大の教派であるローマ・カトリック教会の頭である。ローマ教皇は、イエス・キリストから天の国の鍵を授けられた使徒ペテロの権能を引き継ぐがゆえに、すべての司教の上に立つと主張してきた。この教皇の首位権は、ローマ・カトリック教会において現在に至るまで保持されている。しかし、ヨーロッパにおいてローマ教皇は長らく、教会だけでなく世俗権力とも深い関わりがあった。

　一方で教皇は、ローマ市を中心としたイタリア中部を治める世俗君主であった。七五六年にフランク王ピピンが教皇に領地を寄進し、教皇インノケンティウス三世の時代に教皇領の実効支配が確立され、中世後期にはイタリア屈指の地域国家に成長した。

　他方で教皇は、教会の頭であるだけでなく、皇帝に代表される世俗権力の上に立つという理念がヨーロッパに存在していた。聖俗が密接に関係していた中世のヨーロッパでは、聖職者の任命など教会に関わる事柄も世俗の君主による影響を強く受けていた。しかし、一一世紀になると、世俗権力による教会への介入を排除しようとする動きが強まり、そのなかで教皇と皇帝の間で叙任権闘争も生じた。この時代の改革派教皇の代表であるグレゴリウス七世は、教皇は俗人支配者を任命、廃位できると主張した。

　世俗権力に対し教会が上位にあることを明確に述べたのが、ボニファティウス八世により一三〇二年に出された大勅書である。教皇は、「われわれは、福音書によって、教会とその権力には霊的と現世的の二つの剣があることを教えられている」と霊的権力と世俗権力を峻別した。しかし、「俗界の権威者は精神界の権威者に従わなければならない。（中略）俗界の権力が道をまちがえれば、精神界の権力によって裁かれねばならない」と、上位権力である教会が場合によっては俗権を裁く権力をもっていると主張した［デンツィンガー編　一九八八：二〇二―二〇三］。

　しかし、教皇がこのような主張をした時代には、すでに強大化する世俗権力の力によって教会の裁治権を掘り崩されつつあった。ボニファティウスが勅令を出した契機は、フランス王が、聖職者は世俗の法廷で裁かれることを免れるという特権を侵害したことにあった。また、パドゥアのマルシリウスのように、教皇の首位権を否定し、聖職者はその国の君主の強制権に服従すべきだと述べる反教皇主義者も現れた。

一六世紀に宗教改革がヨーロッパで広まると、ルター派や改革派教会を公認した多くの支配領域がカトリック教会を離脱した。これらプロテスタントの世俗権力は、自国の教会に対する影響力を強めた。しかし、自国教会や聖職者に対する統治権を強化しようという志向は、フランスなどのカトリック諸国の王にもみられた。

他方で、イエズス会士フランシスコ・スアレスなどの近世の教皇主義者は、このような国教会原理を普遍的教会を解体しようとするものと批判し、キリスト教共同体の頭たる教会によるキリスト教君主に対する世俗的介入を正当化した。しかし、近世を通じて、ローマ教皇は、強大化する国家の君主に対抗しきれず、教会・聖職者に対する裁治権を奪われていくこととなった。

近代に諸国で政教分離が進むと、教会は次第に公的な領域から排除されていった。国家と教会が切り離された近代国家においては、もはや教皇が世俗権力に及ぼす強制力は問題とならなかった。また、一八七〇年にイタリア王国に併合され教皇領が消滅したことによって、教皇は地域国家の世俗君主としての役割を終えた。こうして、教皇は名実ともに世俗権力を喪失した。しかしそれは、教皇が、世俗権力者と争うことなく、カトリック教会に裁治権を振るうことができるようになった時代の到来を意味していた。

参考文献

小田　英『宗教改革と大航海時代におけるキリスト教共同体――フランシスコ・スアレスの政治思想』文生書院、二〇一七年

将基面貴巳『ヨーロッパ政治思想の誕生』名古屋大学出版会、二〇一三年

シンメルペニッヒ、ベルンハルト、甚野尚志・成川岳大・小林亜沙美訳『ローマ教皇庁の歴史――古代からルネサンスまで』刀水書房、二〇一七年。

ノーマン、エドワード、百瀬文晃監修『図説ローマ・カトリック教会の歴史』創元社、二〇〇七年

藤内哲也編著『はじめて学ぶイタリアの歴史と文化』ミネルヴァ書房、二〇一六年

デンツィンガー、ハインリヒ編、A・ジンマーマン監修、浜寛五郎訳『改訂版　カトリック教会文書資料集』エンデルレ書店、一九八八年

コラム

中世フランスの世襲王政

鈴木　喜晴

中世フランスの王権は「カペーの奇跡」（miracle capétien）といわれるように、九八七年に即位した初代ユーグ・カペーから一三一六年に死去したルイ一〇世に至るまで、長期間にわたって長子による直系相続が続いたことで知られている。これはイングランドやドイツの王位継承事情と好対照をなしており、一般的にフランスの王権は中・東欧の選挙王政に対して世襲王政のモデルケースであるとみなされがちである。しかし、フランスの王位継承もまた、歴史的にみれば最初から確固とした血統による世襲原理によって支えられていたわけではない。

ユーグ・カペーの即位はそれ自体、同時代の、あるいは後代の敵対者たちによって、「王位簒奪」という非難が繰り返された事件であった。王の即位に大きな役割を果たしたランス大司教アダルベロンによるとされる、「王位は世襲権によって得られるものではなく、身体の高貴さばかりか、精神の賢明さにも秀で、誠実さを備え、雅量を発揮するものでなければ、国王とすべきではない」という、先王の弟シャルル排斥とユーグ推薦の弁は、即位にあたってむしろ、適格者の選出（選挙）という原理が強く意識されたことを物語っている。

ランス（Reims）大司教アダルベロンの甥、ラン（Laon）司教アダルベロンもまたユーグの子ロベールに対して訓戒書『ロベール王に捧げる歌』を著し、祈る者（聖職者）、戦う者（領主）、働く者（農民）の協同という三職分の思想を提示したことで知られているが、聖職者層のカペー家支持は、神による適格者の「召し出し」という聖書的理想を意識した行動でもあった。このような背景ゆえにかえって、ひとたび権力の座に就いた王は、血統による世襲を諸侯や教会に対して正当化すべくさまざまな方策を打ち出していったのである。

カペー家はユーグとロベールの時代から、王の生前に長子を共同統治者として教会に聖別させ、血による世襲と継承の適格性とを調和させる慣習を確立していった。しかし、それにもまして重要な課題は、血統による正統性がしばしば疑問視されたカペー家をシャルルマーニュとカロリング家の真の後継者として人々に認知させることであった。

一一八〇年に先王ルイ七世の死にともない単独王となっ

たフィリップ二世は、エノー伯の娘イザベルと結婚するが、彼女が正統なカロリング家系に属していたことは、「シャルルマーニュの系図への復帰」を示す重要な出来事であった。同時期に広く知られた「聖ヴァレリーの預言」は、カペー家の「七代にわたる」持続を約束していたが、文字どおり第七代の王であったフィリップ二世によってこの「復帰」が成し遂げられたことは、単に王家の正統性強化にとどまらず、王権の永続とフランス王国による「帝国の刷新」(renovatio imperii) という新たな思想をもたらすことになる。

フィリップとイザベルの子であるルイ八世が、初めて先王の死後に聖別を受けたことは、もはや当初の課題であったカペー王家の適格性・正統性に疑義の余地がなくなったことを意味している。同時に、あえて先王死後の聖別が慣例化されたことで、王の聖別は教会による次王の適格性保証という当初の意図を超えて機能しはじめた。

一三世紀初頭においてもなお教皇は、聖職者中心主義の立場から聖別、とくに塗油式の超自然的性格に留保の意を示していた。けれども王権にとって聖別はもはや、即位式とあわせて、「聖性」の継承に不可欠な儀礼であった。この時期までに、サン＝ドニ修道院が王家の特別な霊廟として権威を確立したことも、問題の重心が単純な王位世襲から、王権と王国の永続を基礎にした、天上から地上への「王冠」(corona regni) 継受へと移行しつつあったことを示唆している。カペー王家による世襲確立の努力は、結果的にではあるが「フランス」の超越的、帝国的性格の強調という点において王国原理発達の母胎となったといえるだろう。

参考文献

佐藤　猛『百年戦争期フランス国制史研究――王権・諸侯国・高等法院』北海道大学出版会、二〇一二年

柴田三千雄『フランス史10講』岩波書店、二〇〇六年

ル・ゴフ、ジャック、岡崎敦・森本英夫・堀田郷弘訳『聖王ルイ』新評論、二〇〇一年

渡辺節夫『フランス中世政治権力構造の研究』東京大学出版会、一九九二年

渡辺節夫『フランスの中世社会――王と貴族たちの軌跡』吉川弘文館、二〇〇六年

ヨーロッパ中世史研究会編『西洋中世史料集』東京大学出版会、二〇〇〇年

歴史学研究会編
［責任編集］加藤陽子

歴史学研究会　事務所
〒101-0051　東京都千代田区神田神保町2-20アイエムビル2F
☎03-3261-4985　FAX 03-3261-4993

天皇はいかに受け継がれたか——天皇の身体と皇位継承
2019年2月20日　第1版第1刷発行
2019年5月25日　第1版第3刷発行

編　者　歴史学研究会
発行者　原嶋正司
装　丁　オコデザイン事務所小口智也

発行所　績文堂出版株式会社
〒101-0051 東京都千代田区神田神保町
1-64 神保町ビル402
☎(03)3518-9940　FAX(03)3293-1123

印刷：製本　信毎書籍印刷株式会社

ISBN978-4-88116-134-0　C3022

執筆者紹介（執筆順　①所属　②主要著作・論文）

荒木　敏夫（あらき　としお）
②『可能性としての女帝――女帝と王権・国家』（青木書店，1999年），『日本古代王権の研究』（吉川弘文館，2006年）

仁藤　智子（にとう　さとこ）
①国士舘大学　②『平安初期の王権と官僚制』（吉川弘文館，2000年），「女帝の終焉――井上・酒人・朝原三代と皇位継承」（『日本歴史』837号，2018年）

岩本　健寿（いわもと　たけとし）
①暁星学園　②「長屋王発願経（滋賀県常明寺蔵和銅経）伝来考」（新川登亀男編『仏教文明の転回と表現――文字・言語・造形と思想』勉誠出版，2015年），「平安京施薬院の整備と労働力編成」（『日本史攷究』40，2016年）

佐伯　智広（さえき　ともひろ）
①帝京大学　②『中世前期の政治構造と王家』（東京大学出版会，2015年），「鳥羽院政期の公卿議定」（『古代文化』68巻1号，2016年）

新田　一郎（にった　いちろう）
①東京大学　②『天皇と中世の武家』（共著，講談社，2011年），『相撲　その歴史と技法』（日本武道館，2016年）

池　　享（いけ　すすむ）
②「社会構成体論と社会構成史」（歴史科学協議会編『歴史学が挑んだ課題――継承と展開の50年』大月書店，2017年），「前近代の〈天皇制的国制〉について」（水林彪ほか編『法と国制の比較史――西欧・東アジア・日本』日本評論社，2018年）

井上　正望（いのうえ　まさみ）
①早稲田大学　②「九世紀弾正台の京内巡察体制――検非違使成立後の弾正台の体制強化」（『日本歴史』798号，2014年），「日本における宗廟観の形成――宇佐宮・香椎廟と伊勢神宮」（『歴史学研究』968号，2018年）

遠藤　基郎（えんどう　もとお）
①東京大学　②『中世王権と王朝儀礼』（東京大学出版会，2008年），「天皇作法をめぐる確執と協調」（遠藤基郎編『生活と文化の歴史学２　年中行事・神事・仏事』竹林舎，2013年）

藤田　覚（ふじた　さとる）
②『天皇の歴史６　江戸時代の天皇』（講談社学術文庫，2018年），『光格天皇』（ミネルヴァ日本評伝選，2018年）

佐藤　雄介（さとう　ゆうすけ）
①学習院大学　②『近世の朝廷財政と江戸幕府』（東京大学出版会，2016年），「嘉永期の朝幕関係」（藤田覚編『幕藩制国家の政治構造』吉川弘文館，2016年）

村　和明（むら　かずあき）
①東京大学　②『近世の朝廷制度と朝幕関係』（東京大学出版会，2013年），「近世朝廷の制度化と幕府――東福門院和子の御所を中心に」（『日本史研究』618号，2014年）

西川　誠（にしかわ　まこと）
①川村学園女子大学　②「明治期の内大臣」（坂本一登・五百旗頭薫編『日本政治史の新地平』吉田書店，2013年），『天皇の歴史７　明治天皇の大日本帝国』（講談社学術文庫，2018年）
加藤　陽子（かとう　ようこ）
①東京大学　②『戦争まで――歴史を決めた交渉と日本の失敗』（朝日出版社，2016年），『天皇の歴史８　増補版　昭和天皇と戦争の世紀』（講談社学術文庫，2018年）
河西　秀哉（かわにし　ひでや）
①名古屋大学　②『近代天皇制から象徴天皇制へ――「象徴」への道程』（吉田書店，2018年），『天皇制と民主主義の昭和史』（人文書院，2018年）
加藤　祐介（かとう　ゆうすけ）
①日本学術振興会特別研究員ＰＤ　②「戦間期の皇室財政――政治過程に着目して」（『史学雑誌』124編11号，2015年），「皇室財産課税問題の展開――1890～1920年」（『歴史学研究』961号，2017年）
国分　航士（こくぶ　こうじ）
①九州大学　②「明治立憲制と「宮中」――明治40年の公式令制定と大礼使官制問題」（『史学雑誌』124編9号，2015年），「大正期皇室制度改革と「会議」」（御厨貴編著『天皇の近代』千倉書房，2018年）
金子　修一（かねこ　しゅういち）
①國學院大學　②『中国古代皇帝祭祀の研究』（岩波書店，2006年），『古代東アジア世界史論考――改訂増補　隋唐の国際秩序と東アジア』（八木書店，2019年）
小澤　一郎（おざわ　いちろう）
①東洋文庫　②「露土戦争（1877-78）による小銃拡散と「武装化」――火器史の「近代」の解明に向けて」（『日本中東学会年報』32巻1号，2016年），「19世紀末ペルシア湾武器交易の性格――ガージャール朝による交易規制の検討から」（『オリエント』59巻1号，2016年）
久保茉莉子（くぼ　まりこ）
①日本学術振興会特別研究員PD　②「1930年代前半の中国における検察制度」（『歴史学研究』944号，2016年），「南京国民政府時期における刑事上訴制度」（『史学雑誌』126編9号，2017年）
中澤　達哉（なかざわ　たつや）
①早稲田大学　②『近代スロヴァキア国民形成思想史研究――「歴史なき民」の近代国民法人説』（刀水書房，2009年），『ハプスブルク帝国政治文化史――継承される正統性』（共編著，昭和堂，2012年）
永本　哲也（ながもと　てつや）
①獨協大学ほか　②『ミュンスター宗教改革――1525-34年反教権主義的騒擾，宗教改革・再洗礼派運動の全体像』（東北大学出版会，2018年），『旅する教会――再洗礼派と宗教改革』（共編著，新教出版社，2017年）
鈴木　喜晴（すずき　よしはる）
①早稲田大学　②「「使徒的生活」を目指す改革者たち――中世後期の宗教運動と再洗礼派」（永本哲也ほか編『旅する教会――再洗礼派と宗教改革』新教出版社，2017年），「14世紀におけるカルメル会の正統性と普遍的戒律観」（『西洋中世研究』９号，2017年）

索　引

事項索引

あ行

か行

さ行

た行

な行

は行

ま行

やらわ行

人名索引

あ行

か行

さ行

た行

な行

は行

ま行

やらわ行